Helene Manos
Sankt Pauli

Ergebnisse

SANKT PAULI

Helene Manos

Soziale Lagen und Soziale Fragen im Stadtteil Sankt Pauli

Ergebnisse

CIP-Titelaufnahme
der Deutschen Bibliothek

Manos, Helene:
Soziale Lagen und soziale Fragen
im Stadtteil Sankt Pauli / Helene Manos. –
1. Aufl. – Hamburg : Ergebnisse, 1989
ISBN 3-925622-57-8

Ergebnisse Verlag
Abendrothsweg 58, 2000 Hamburg 20
Auslieferung über Buchvertrieb Grimmstraße
Grimmstraße 27, 1000 Berlin 61
Tel: 030 / 693 30 69
Typographie: Christian Bartholl
Satz: comtext Dunz-Wolff, Hamburg
Druck: Bartels-Druck, Lüneburg

1. Auflage 1989
ISBN: 3-925622-57-8

Inhalt

IV. Für die Politisierung der Armut aus der Armut heraus

Sankt Pauli als Untersuchungsgebiet

Gegenstand, Gliederung und Zielsetzung der Arbeit

Die vorliegende Arbeit entstand im Rahmen einer Untersuchung über Armutszustände und Verelendungstendenzen unter älteren Erwerbslosen am Beispiel der Großstadt Hamburg mit dem Titel »Altern in Armut«; sie wurde von der Hamburger Stiftung zur Förderung von Wissenschaft und Kultur gefördert. Ein Ziel dieser Untersuchung war eine genauere sozialdemographische und sozialräumliche Erfassung und Dokumentation von Armut in ausgewählten Hamburger Stadtteilen bzw. Wohngebieten, in denen wir, nach einer ersten Auseinandersetzung mit vorhandenen sozialhistorischen und aktuellen Daten, Armut – sowohl als sozialstrukturell bedingte, chronische wie auch als krisenbedingte, akute Verarmung und/oder Verelendung – vermutet haben. Das sind im allgemeinen Stadtteile oder Wohngebiete, deren Sozialstruktur sich durch das Überwiegen von Lohnabhängigenhaushalten unter der Wohnbevölkerung auszeichnet. Unter ihnen boten sich für die Regionalanalyse diejenigen Stadtteile bzw. Wohngebiete in besonderer Weise an, in denen die Wohnbevölkerung eine differenzierte Alters- und Nationalitätenstruktur bei gleichzeitiger Anhäufung krisenbedingter, prekärer Lebenslagen unter älteren Erwerbslosen aufweist. Diese sozialstrukturellen Merkmale wurden bei der Auswahl Sankt Paulis als Untersuchungsgebiet besonders berücksichtigt.

Sankt Pauli ebenso wie die diesem Stadtteil unmittelbar benachbarten Altonaer Wohngegenden sind jedoch nicht ausschließlich wegen der rein materiellen Lebenslage ihrer Bevölkerung für diese Arbeit besonders interessant. Als traditionsreiche Orte der gesellschaftlichen Reproduktion erwerbstätiger und erwerbsloser Lohnabhängiger sind diese ehemaligen Grenzgebiete nach wie vor von zentraler sozialhistorischer Bedeutung. Diese läßt sich nicht zuletzt in der Frage nach dem Umgang mit der Subsistenzproblematik erkennen, der an sich ein Merkmal der Qualität der Funktion eines Stadtteils als des wichtigsten Ortes sozialer Reproduktion ist.

Sankt Pauli, der mit Abstand finanziell ärmste Stadtteil Hamburgs, genießt traditionell den Ruf eines Ortes, dessen »innere« ökonomische und soziale Strukturen Menschen, die in Not geraten, Überlebensmöglichkeiten anbieten. Das wirkt in gewisser Weise selektiv bzw. konstitutiv auf die Zusammensetzung der Bevölkerung und prägt somit die spezifische Kultur dieses Stadtteils. In vielen seiner alten, historisch gewachsenen Wohngegenden trafen und treffen sich heute wieder die akut Verarmten und Hilfesuchenden mit relativ Wohlhabenden, die

Einheimischen mit den Fremden, die relativ Integrierten mit völlig Ausgestoßenen, die formal Angepassten mit stets »Aufmüpfigen« oder gar mit Aufrührerischen in einer engen Nachbarschaft, in der Lebensmodi und Überlebensstrategien zugelassen werden, die in soziokulturell homogeneren Stadtteilen kaum anzutreffen sind.

Das kulturelle Pendant dieser sozialstrukturellen Pluralität läßt sich in diesem Stadtteil als eine Art »integrierter Inhomogenität« umschreiben. Es handelt sich um eine Kultur, die – da sie das Konfligierende mit dem Harmonisierenden elementar in sich birgt – als »explosiv«, »besonders lebendig« oder »aufregend«, aber auch als »unerträglich« empfunden werden kann; sie sozialisiert und integriert in ihrer eigenen Weise und läßt leben, oder sie stößt ab; sie bietet Existenzräume an, ohne vor direkten Angriffen effektiv schützen zu können; sie ist diffus und zugleich dynamisch.

Eine bestimmte Eigenartigkeit wird für bzw. in Sankt Pauli auch intendiert, verwertet und entsprechend massiv geschützt. Zwei Faktoren prägen in dieser Hinsicht das Profil des Stadtteils: die wirtschaftliche Dominanz des Vergnügungsviertels und die hervorstechende Präsenz der Hamburger Exekutive. Es kann kaum übersehen werden, daß Entwicklung und Stagnation in Sankt Pauli der diesem Gebiet zugedachten Funktion prinzipiell und faktisch untergeordnet werden.

Das Verhältnis der Sankt Paulianer/innen zu den in ihrem Stadtteil dominierenden Machtstrukturen gestaltet sich ähnlich dem Verhältnis von »Kolonisierten« zu ihren »Kolonisatoren«. Man nimmt sie als »fremd« und bedrohlich wahr, man ist stets darauf bedacht, sich vor ihnen zu schützen, oder man wehrt sich offen gegen sie. Und dieser Kampf um Existenz und Freiräume wirkt sich ganz entschieden auf die soeben beschriebene soziale und kulturelle Funktion des Stadtteils aus.

Es ist ein Ziel dieser Untersuchung, Solidaritätsaktivitäten und Widerstandsmöglichkeiten gegen Verarmung und Passivität nach ihrer Bedeutung für die älteren Menschen im Stadtteil konkret zu hinterfragen. Sankt Pauli läßt sich in dieser Hinsicht als ein Stadtteil charakterisieren, in dem viele in akute Verarmung und/oder Obdachlosigkeit geratene ältere Menschen mit Verständnis für ihre Lage und spontaner Hilfsbereitschaft in der Nachbarschaft rechnen können, soweit sie um Hilfe bitten. Die reale materielle Belastbarkeit dieser solidarischen Strukturen dürfte bei ständig zunehmender Verarmung, Obdachlosigkeit oder Verelendung ihre Grenzen erreicht haben. Ähnlich problematisch verhält es sich mit organisierten Selbsthilfeaktivitäten, an deren Gestaltung die Beteiligung älterer Armer bis zur Zeit rudimentär bleibt. Altern in Armut findet auch in Sankt Pauli, einem überdurchschnittlich politisierten Stadtteil, am Rande der bisherigen Auseinandersetzungen statt. Nicht zuletzt wegen dieses konkreten Widerspruches hat sich Sankt Pauli als der geeignete Ort für diese Untersuchung erwiesen.

Die Arbeit ist in drei größere Einheiten oder Abschnitte gegliedert. Der erste Abschnitt umfaßt eine kurze Beschreibung des Stadtteils und seiner Ortsteile, Materialien zu den sozialdemographischen Wandlungen im Gebiet während der letzten Dekaden, eine Darstellung der sozialstrukturellen und ethnischen Zusammensetzung der Stadtteilbevölkerung heute sowie eine Auseinandersetzung mit den materiellen Lebenslagen bzw. den Reproduktionsbedingungen der durch akute Verarmung betroffenen Menschen im Stadtteil. Verarmungs- oder Verelendungsprozesse unter älteren Menschen, Erwerbslosen und Rentnerinnen/ern sind in diesem Zusammenhang, soweit es möglich war, besonders berücksichtigt worden. Ziele dieser Einheit von Materialien und Überlegungen sind, das Profil des Stadtteils zu skizzieren, auf signifikante Veränderungen und aktuelle Merkmale seiner Sozialstruktur hinzuweisen und auf prekäre Lebenslagen im Stadtteil aufmerksam zu machen. Den deskriptiven Teilen dieses Abschnittes liegt hauptsächlich die Frage nach den stadtteiltypischen Rahmenbedingungen zugrunde, unter denen Armut in Sankt Pauli erlebt wird, während die analytischen Teile über relativ unterschiedliche Armutslagen informieren.

Zu den spezifischen Merkmalen eines Stadtteils, als Ortes der sozialen Reproduktion, gehören dessen territoriale Lage und seine Urbanisierungsbedingungen bzw. -merkmale sowie Wandlungen und Kontinuität bei seiner Verwertung unter kapitalistischen Wirtschafts- und Herrschaftsverhältnissen. Da die Sozialgeschichte Sankt Paulis noch nicht erforscht wurde, bzw. eine Auseinandersetzung mit noch kaum bearbeiteten historischen Quellen den Rahmen dieses Berichtes sprengen würde, setzt sich der zweite Abschnitt dieser Arbeit lediglich aus Informationen und kritischen Überlegungen zu den genannten Merkmalen zusammen. Hauptintention der Arbeit ist auch in diesem Abschnitt das Zusammentragen von Informationen und Materialien und die Auseinandersetzung mit Fragen zu den Lebens- und Reproduktionsbedingungen verarmter Menschen im Hamburger Staat zur Zeit der Urbanisierung bzw. der schrittweisen Eingliederung Sankt Paulis in die Stadt. Dieser Prozeß vollzog sich im wesentlichen während der ersten Hälfte des 19.Jahrhunderts und führte zur Funktionalisierung des Armenviertels zu einem Markt der Hamburger Vergnügungen – eine Entscheidung, die fast ununterbrochen die sozialen Fragen in diesem Stadtteil mitprägte bzw. mitprägt. Einige, zum Teil dokumentierte Ergebnisse und/oder Auswirkungen dieses Prozesses, die an sich Hinweise auf die Genese dieses Hamburger »Grenzgebietes« sind, könnten auch im Rahmen einer sozialhistorischen Untersuchung von Wandlung und Kontinuität bei der Verwertung Sankt Paulis als Hypothesen fungieren.

Der aktuellen Auseinandersetzung mit Verarmungsprozessen und Verelendungstendenzen in den Wohnvierteln des Stadtteils dient der dritte Teil dieser Arbeit. Bestimmte, akut betroffene erwerbslose Menschen, deren Lebenslage und Umgang mit ihrer krisenbedingten, prekären Situation, stehen im Mittelpunkt der Berichte aus dem Karolinenviertel und aus Wohngegenden in Sankt Pauli-Mitte bzw. -West. Dieser Berichterstattung aus den Wohngegenden liegt die Intention zugrunde, die Probleme physischer, psychischer und sozialer Reproduktion innerhalb der Nachbarschaft, zum Teil als deren »Funktionsfragen«, zu diskutieren und nach sozialen, kulturellen und politischen Faktoren zu fragen, die Resignation und Passivität unter Betroffenen bewirken oder aber die Solidarität und Widerstand fördern könnten.

Einige Überlegungen zur stadtteilpolitischen Arbeit gegen Verelendung und Passivität in Sankt Pauli findet man/frau innerhalb der Berichte aus den Wohnvierteln wie auch am Ende dieser Arbeit.

Den Frauen und Männern, die mir bei dieser Arbeit geholfen haben, meinen herzlichen Dank!

H. Manos

I. Sankt Pauli heute

Soziale Lagen und
soziale Fragen
in einem innerstädtischen
»Grenzgebiet«

ST. PAULI
108
109
Schlachthof
Lager-Straße
Merkurstr.
Schonstr.
Heinrich-Hertz-Turm
Rentzel
Jungiusstr.
Funkamt
Zollamt
Veterinärwesen
Amt für Marktwesen
Schlacht-hof
HEW
Baustoff-Prüfamt
Grabenstraße
Karolinenstraße
Karolinenweg
Karolinenpass.
Vorwerk-Str.
Kinderheim
Sonderschule
Spielplatz
Laeiszstr.
Marktstr.
Glasstr.
Mathildenstr.
Ölmühle
Turnerstr.
Feldstraße
Neuer Kamp
Sternstr.
Beckstr.
Augustenpassage
Ludwigstr.
Schanzenstr.
Schanzen-Kamp
Schulterblatt
Susannenstr.
Rosenhofstr.
Eifflerstr.
Juliusstr.
Stresemannstraße
Bernstorffstraße
Budapester Str.
Neuer Pferdemarkt
Beim Grünen Jäger
Jugendheim
Lerchenstr.
Bei der Schilleroper
Thadenstr.
Brunnenhofstr.
Otzenstr.
Otzenstraße
Wohlwillstr.
Friedenskirche
Winklers Platz
Reventlow-Stift
Altenheim
Paulsen-Platz
Mistralstr.
Sonderschule
Schule
Halle 2
Halle 3
Halle 4
Halle 5
Halle 6
Halle 7
Halle 8
Halle 9
Halle 11 Blauer Saal
Halle 12 Festhalle
Gymnasium
Vor dem Holstentor
Holstenglacis
Messehallen
Gnadenkirche
Oberlandesgericht
Sievekingplatz
Ziviljustizgeb.
Sportplatz
Sportplätze
Domwache
Feldstraße

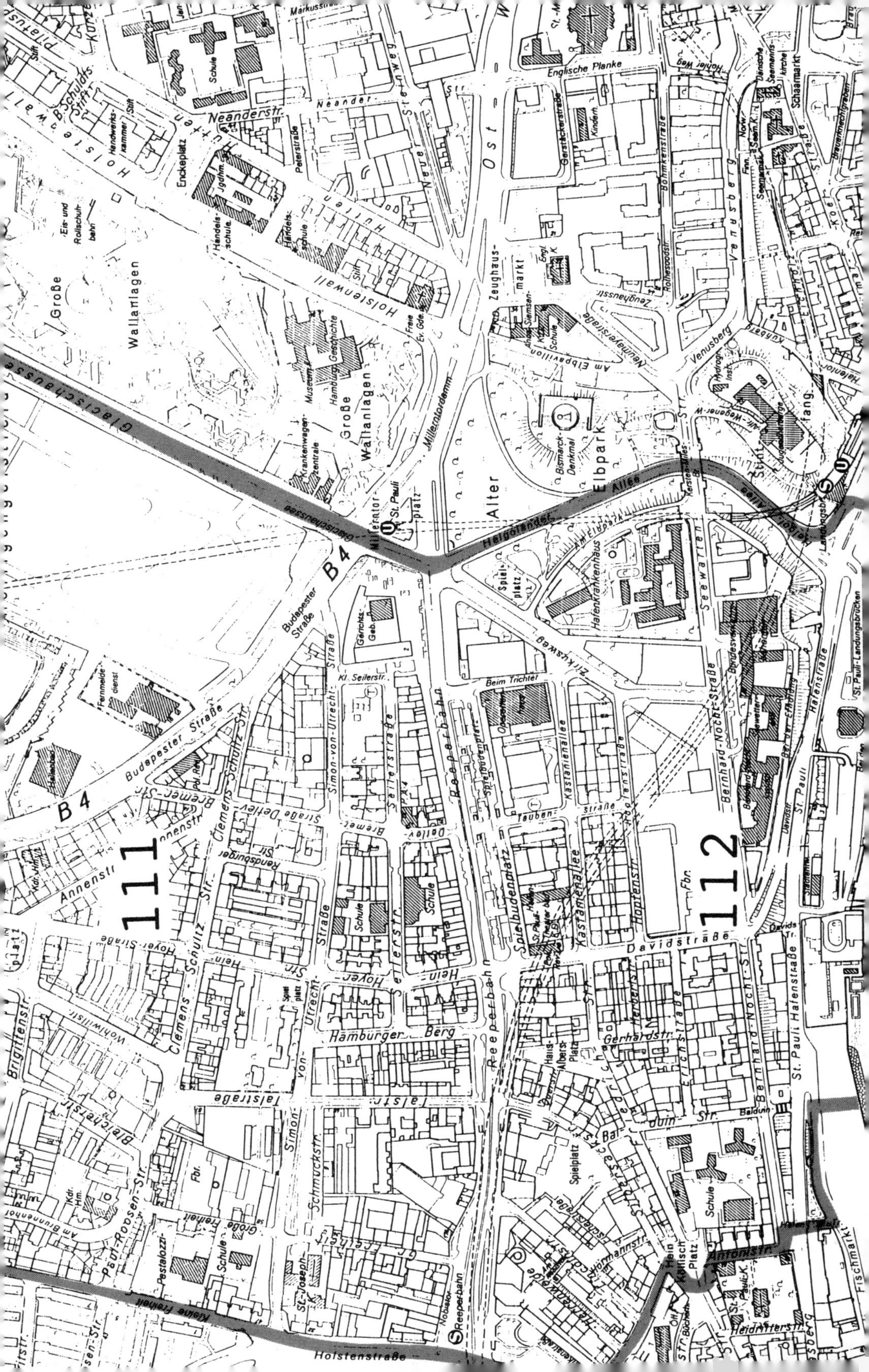

111
112
B 4
Glacischaussee
Holstenwall
Große Wallanlagen
Millerntor
St. Pauli
Helgoländer Allee
Alter Elbpark
Bismarck-Denkmal
Zeughausmarkt
Englische Planke
Neanderstr.
Enckeplatz
Peterstraße
Venusberg
Seewarten
Hafenkrankenhaus
Zirkusweg
Budapester Straße
Reeperbahn
Spielbudenplatz
Kastanienallee
Hopfenstr.
Davidstraße
Bernhard-Nocht-Str.
St. Pauli Hafenstraße
St. Pauli-Landungsbrücken
Clemens-Schultz-Str.
Simon-von-Utrecht-Straße
Seilerstraße
Hamburger Berg
Talstraße
Annenstr.
Hein-Hoyer-Str.
Erichstraße
Gerhardstr.
Balduinstr.
Antonistr.
Hein-Köllisch-Platz
Große Freiheit
Kleine Freiheit
Paul-Roosen-Str.
Holstenstraße
Schmuckstr.
Brigittenstr.
Fischmarkt
Pepermölenbek
Nobistor
Beim Trichter
Kl. Seilerstr.
Rendsburger Str.
Bremer Str.
Detlev-Bremer-Str.
Wohlwillstr.
Bleicherstr.
Am Brunnenhof
Hafentor
Schaarmarkt
Seewartenstr.

Der Stadtteil und seine Ortsteile

Administrative Grenzen und benachbarte Gebiete

Sankt Pauli ist heute ein Stadtteil der Hamburger Innenstadt. Kommunalamtlich gehört es zum Bezirk Hamburg-Mitte. Es liegt an der Elbe, umschlossen von den Stadt- bzw. Ortsteilen Altona-Altstadt im Westen und Altona-Nord/Eimsbüttel im Norden sowie dem Stadtteil Neustadt im Osten. Begrenzt wird Sankt Pauli im Norden durch die Gleisanlagen der Deutschen Bundesbahn und im Osten durch die Wallanlagen. Diese Stadtteilgrenzen, die im Norden zum Teil auch durch den Sternschanzenpark »verstärkt« werden, sind städtebaulich als solche relativ deutlich erkennbar. Anders verhält es sich mit dem westlichen Grenzteil des Stadtteils. Dieser verläuft einfach durch historisch zusammengewachsene Wohngebiete, wobei er zwischen Stresemannstrasse im Norden und Nobistor im Süden aus einem Straßenzug besteht, um dann die Gegend bis zum Hafen administrativ zu zersplittern.

Ein Problem, das zu einem ständigen »Überqueren« dieser Grenze zwingt, ist die Auswertung von Daten zur Bevölkerung dieser zusammengewachsenen Wohngegenden, da diese bekanntlich geteilt, d.h. nach Bezirken, darunter Stadt- und Ortsteilen, erfaßt werden. Relativ unproblematisch scheint dagegen – zumindest was mögliche Verletzungen von Zugehörigkeitsgefühlen der heutigen Nachbarn anbelangt – eine »grenzenunspezifische« Interpretation der Daten zu sein.

Der Stadtteil Sankt Pauli wird nach demographischen Kriterien in fünf Ortsteile geteilt. Sankt Pauli-Süd, das Gebiet zwischen der Reeperbahn und der Elbe, bildet dementsprechend einen Ortsteil,[1] während Sankt Pauli-Nord aus vier Ortsteilen besteht, die in etwa folgende Wohngebiete umfassen:

Das Wohngebiet um die Straße Schulterblatt auf der nordwestlichen Spitze des Stadtteils;[2]

das Karolinenviertel zwischen den Straßenzügen: Lagerstraße – Schanzenstraße – Neuer Kamp – Feldstraße bis zur Karolinenstraße;[3]

die Wohngebiete zwischen den Verkehrsadern: Stresemannstraße – Budapesterstraße auf der einen und der Grenze Sankt Paulis zu Altona-Altstadt auf der anderen Seite.[4]

Städtebauliche »Grenzen«

Nähe und Entfernung

Vergliechen mit manchen administrativen sind städtebauliche »Grenzen« zwar keine offiziellen, unter Umständen aber viel bedeutsamere als jene. Dies, weil sich Raum und Raumpolitik auf die Gesellschaftsbeziehungen, wovon sie ein »Ausdruck« sind, auswirken,[5] mit dem nicht seltenen Ergebnis, daß durch Induziertes erlebte Ganzheit und Zugehörigkeit entstellt wird bzw. erlischt, während Nähe oder Entfernung neu dimensioniert werden. Verkehrsadern wie die Holstenstraße in Altona-Altstadt oder stark befahrene Straßen wie die Reeperbahn oder die Simon-von-Utrecht-Straße quer durch Sankt Pauli und nicht zuletzt die Stresemannstraße sind Beispiele für die zahlreichen, städtebaulich induzierten »Grenzen« innerhalb dieser Stadt- bzw. Ortsteile, wodurch alte Nachbarschaften völlig zerstört wurden. Ein »typischer Ausdruck« der Gesellschaftsbeziehungen zwischen den Intentionen Hamburger Raumpolitik und denjenigen der Stadtteilbewohner? Offensichtlich, denn das »Überqueren« dieser »Grenzen« bei ihrer Wahrnehmung von Nähe und Nachbarschaft scheint weder den alten traditionsbewußten noch den jüngeren Stadtteilbewohnern/innen leicht zu sein. Entsprechend verhält es sich mit großflächigen Nutzungen im Stadtteil, wozu der Schlachthof mit den zu seinem Komplex gehörenden Anlagen im Karolinenviertel ein charakteristisches Beispiel liefert. Dies- und jenseits dieser gewaltsam gezogenen »Grenzen« lassen sich innerhalb bzw. zwischen den Ortsteilen und Wohngegenden einige zentrale Strukturen erkennen, die – obwohl ihrem Wesen und ihrer Funktion nach durchaus unterschiedlich – Orte sind, an denen regelmäßige soziale Kontakte und Aktivitäten stattfinden und die Wahrnehmung von Nähe und Zusammengehörigkeit fördern. Gemeint und an dieser Stelle zu erwähnen sind:

– Kirchen wie die Sankt Pauli-Kirche im Süden, die Friedenskirche im Westen und die Gnadenkirche im Osten des Stadtteils, deren Gemeindehäuser als Stätte sozialer und kultureller Aktivitäten der Kommunikation dienen,

– sozialpolitische Einrichtungen des öffentlichen Rechtes, unter ihnen insbesondere die Ortsdienststelle des Bezirksamtes Hamburg-Mitte in Sankt Pauli in der Wohlwillstraße, mit ihrer Sozialabteilung – zur Zeit eine Stätte der Begegnung verarmter Sankt Paulianer/innen unter sich und mit der Staatsgewalt;[6] ferner

– öffentliche Plätze mit Grünanlagen – in den Wohngegenden Sankt Paulis eine Rarität – wie etwa der Paulinenplatz; und nicht zuletzt

– Straßen, die verbinden – hier vor allem diejenigen zentralen Örtlichkeiten alltäglicher Aktivitäten, wie z.B. die Marktstraße im Karolinenviertel, Schulterblatt und die Susannenstraße oder die Wohlwill- und die Paul-Roosen-Straße, die in Sankt Pauli nicht nur dem Einkaufen dienen.

Die Straße

Entfremdung – Begegnung – Widerstand

In Sankt Pauli – so die Legende – ist die Straße »Ort der Begegnung«. »Ort der Begegnung? Vielleicht. Aber Begegnungen welcher Art? Oberflächlicher. Man streift sich auf der Straße, aber man begegnet sich nicht. Das ›man‹ überwiegt. Auf der Straße kann sich keine Gruppe bilden, kein Subjekt entstehen; sie ist bevölkert von allen möglichen Leuten auf der Suche. Wonach? Auf der Straße entfaltet sich die Ware: Hier ist ihre Welt ...«[7] *Diese Kritik der »Kolonisierung des städtischen Raumes«, die in der Modernisierung alter Straßen »... durch das Bild, die Werbung, das Schauspiel der Dinge: durch das ›System der Dinge‹, die zu Symbolen und Schauspiel wurden«*[8] *zum Ausdruck kommt, entspricht offensichtlich auch, manchenorts sogar insbesondere, der Realität auf den Straßen Sankt Paulis. Gleichzeitig werden gerade in diesem Teil der »kolonisierten« alten Handelsstadt jene Eigenschaften und Funktionen der Straße vielenorts übertroffen, die für die Straße sprechen*[9] *– eine Wirklichkeit, die von Sankt Paulianern/innen intensiv wahrgenommen und wie folgt beschrieben wird:*

· *Die Straße in Sankt Pauli wird vielfältig benutzt. Sie ist nicht nur für den Autoverkehr da. Auch wird dort nicht einfach langgegangen und ins Haus verschwunden, sondern es wird dort gelebt! Auf den Straßen Sankt Paulis herrscht hohe Betriebsamkeit und reges Leben tags- und nachtsüber vor. Sie sind Ort der unterschiedlichsten Begegnungen und menschlichen Kontakte. Da ist einerseits der Strich – sicherlich negativ besetzt -, da sind aber auch andererseits die zahlreichen nachbarschaftlichen Begegnungen und Beziehungen … Hier ist es kein Problem, mit den Leuten in Kontakt zu treten und zu sprechen. Wir grüßen uns gegenseitig auf der Straße auch dann, wenn wir die Namen nicht wissen!*[10]

·· *An vielen Straßen Sankt Paulis gibt's noch diese Mikrostrukturen, die für die Nachbarn gleichzeitig eine Wirtschafts- aber auch eine Solidaritäts-und Kommunikationsfunktion haben. Zum Beispiel die vielen alten Krämerläden: trotz der erhöhten Preise kaufen viele Nachbarn/innen dort ein, weil man sich dort treffen und miteinander kommunizieren kann. ... Und da sind außerdem und neben den zahlreichen deutschen und ausländischen Restaurants und Cafés die politischen »Läden«: offene Begegnungsstätten, Orte politischer Arbeit und offener Veranstaltungen.*[11]

Für die Straße spricht nicht nur, daß ohne sie nichts als Trennung und Isolierung da wäre.[12] *Die Straße ist auch der Ort, »... wo der einzelne vor Kriminalität und Gewalt sicher ist …«*[13] *Damit ist aber offensichtlich die »lebendige« Straße gemeint, die seltsamerweise auch dort ein hohes Sicherheitsgefühl vermittelt, wo organisierte Kriminalität, wie in manchem alten Stadtteil der Großstadt der Fall, anzutreffen ist:*

· *Zum Beispiel in Sankt Pauli, wo es für mich – eine Frau, die allein lebt – bestimmte Gruppen gibt, mit denen ich nichts zu tun haben möchte! Wo aber die Straßen so lebendig sind, daß sie mir ein Gefühl von Sicherheit vermitteln. Wenn ich abends irgendwo hingehe, habe ich keine Angst, nach Hause zu-*

Bananen
Del Monte

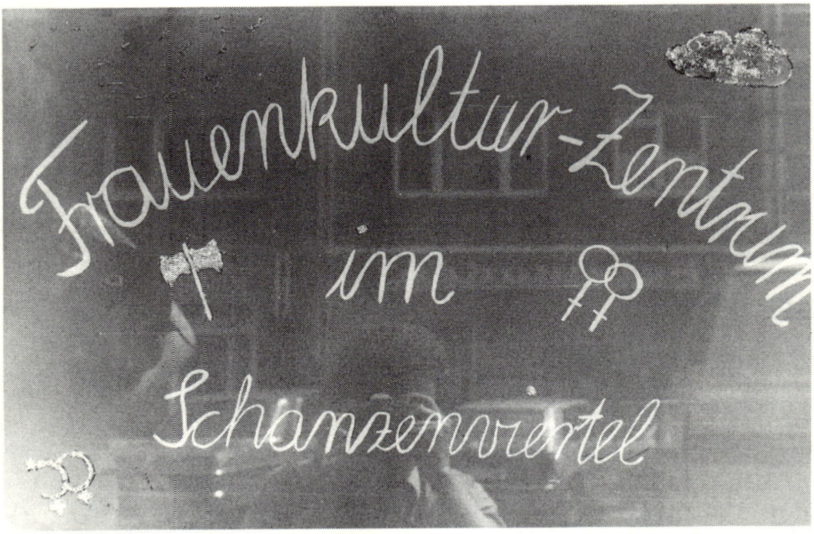

rückzukehren. Sobald ich da bestimmte »Grenzen« überschreite und mich wieder Sankt Pauli nähere, fühle ich mich sicherer und wohler. Das ist etwas sehr positives![14]

Wohler als anderswo fühlen sich viele Sankt Paulianer/innen auf »ihren« Straßen, deren »Lebendigkeit« und »Unordnung« sie nicht stört:

· *Etwa die vielen Ausländer, die ich als sehr positiv empfinde, weil sie mit ihren Kleinbetrieben zur Lebendigkeit unserer Straße beitragen ... Oder die ärmeren, etwas älteren, in Kellerwohnungen alleinlebenden Männer in der Nachbarschaft; sie halten sich ganz gerne auf der Straße auf, weil viele von ihnen miteinander bekannt sind und Begegnungen mit Bekannten auf dieser Straße sehr wahrscheinlich sind.*[15]

Auf den Straßen von Sankt Pauli sind soziale Erfahrungen und politische Lernprozesse möglich, die nur entfremdeten Konsumenten auf der Suche nach Waren in der Form altstädtischer Attraktivitäten, anonymer Begegnungen oder zweifelhaften Vergnügens gänzlich vorenthalten bleiben können. Die Stadtteilbewohner dagegen können die Widersprüchlichkeit dieser Lebhaftigkeit auf »ihren« Straßen unmöglich ignorieren:

· *Denn wir leben in einem Stadtteil, in dem man direkt miterlebt, daß Menschen tatsächlich auf der Straße sterben! Weil die Zahl der Leute, die keine Wohnung mehr haben und auf der Straße leben und betteln müssen, ständig zunimmt; in dem Verarmung und Verelendung unübersehbar sind!*[16]

In diesem Stadtteil führen soziale Erfahrungen, etwa mit Erwerbs- oder Wohnungslosigkeit, auch zur Wiederbelebung alter und zur Entstehung neuer Formen von Kommunikation und Solidarität, die das Straßenbild zunehmend verändern bzw. politisieren:

··· *Zum Beispiel durch die Begegnungen vieler Arbeitsloser und Sozialhilfeempfänger, die aus ihrer Isolation heraustreten, sich auf der Straße treffen, Informationen austauschen und neue Formen von Kollektivität und Solidarität erproben.*[17]

Viele Sankt Paulianer/innen erleben »ihre« Straßen allerdings nicht erst jetzt als politisiert:

·· *Da haben wir eine lange Tradition! Schließlich leben wir in einem Stadtteil, wo ein Teil der Hamburger Linken zu Hause war und ist und auf dessen Straßen heute wieder politisch demonstriert und gekämpft wird, wie nirgendwo anders zur Zeit in Hamburg!*[18]

»Revolutionen« – schreibt Henri Lefèbvre – »gehen normalerweise auf der Straße vor sich. Zeigt das nicht, daß ihre Unordnung eine neue Ordnung hervorbringt?«[19] *Diese Frage kann »normalerweise« auf der Straße beantwortet werden, wo es auch entschieden werden könnte, ob deren »Gebrauch und Gebrauchswert wichtiger sein können als Austausch und Austauschwert«.*[20] *Die Straßen Sankt Paulis scheinen sich geradezu dafür anzubieten!*

Die Alten und die Jungen, die Einheimischen und die Fremden

Zur Zusammensetzung der Bevölkerung in Sankt Pauli

Sankt Pauli gehört zu denjenigen innerstädtischen Hamburger Stadtteilen, deren demographische Struktur seit dem Anfang des 20. Jahrhunderts erheblichen Wandlungen unterliegt. Charakteristisch dafür ist zum Beispiel die seit 1910 kontinuierliche Verringerung der Einwohnerzahl des Stadtteils.[21] Eine Folge dieses Trends ist die anhaltende Verringerung der Dichte. 1939 erreichte Sankt Pauli, das 1937 eine Gebietserweiterung erfuhr, die Dichte von 235 Einwohnern je Hektar. In der Nachkriegszeit nahm die Dichte nicht zu, sondern sie verringerte sich weiter, so daß sie 1980 116 Einwohner pro Hektar[22] und 1986 102 Einwohner pro Hektar betrug. Neben der sogenannten natürlichen Bevölkerungsentwicklung wirkte und wirkt sich vor allem eine relativ hohe Mobilität auf die Verringerung der Bevölkerungszahl in Sankt Pauli aus.

Bestimmte Personengruppen zeigen eine erhöhte Auszugsbereitschaft. Entweder weisen sie eine indifferente Haltung zu ihrer Wohngegend auf, oder sie neigen dazu, bei Veränderung ihres individuellen Status auch den Stadtteil zu wechseln. Ungeachtet jedoch der spezifischen individuellen Umzugsmotivation bewirken Häufigkeit und Ausmaß dieser Wanderungsbewegungen gewisse Polarisierungen innerhalb der Stadtteilbevölkerung, oder sie führen zu tiefgreifenden Wandlungen der Zusammensetzung derselben. So können z.B. relativ feste, relativ homogene »Kernstrukturen« mit einer sich häufig wandelnden »Peripherie« das Profil der Bevölkerungsstruktur in den Wohngegenden prägen. Dieses Bild entspricht vielenorts der Struktur der Bevölkerung Sankt Paulis, was die Um- bzw. Auszugs- und Wanderungsbereitschaft unter den Sankt Paulianern/innen anbelangt.

An sich ist diese Struktur das vorläufige Ergebnis tiefgreifender Wandlungen, die sich seit Anfang der 70er Jahre auf das Profil innerstädtischer Stadtteile auswirken. Wie bekannt, gingen diesen Wandlungen erhebliche Bevölkerungsverluste der innerstädtischen Stadtteile,[23] vor allem aber intendierte Verlagerungen[24] mobiler Bevölkerungsteile aus der Innenstadt voran. Mehr als 18.000 Personen verließen Sankt Pauli bis Mitte der 70er Jahre und zogen vermutlich in einen der an der Peripherie Hamburgs gelegenen Stadtteile um.[25] Studien bewiesen, daß »... überwiegend Mehrpersonenhaushalte und unter ihnen vorzugsweise Ehepaare mit Kindern«[26] sich in Richtung Stadtrand bewegten, »während an den Umzügen in Innenstadtrichtung hauptsächlich jüngere Altersgruppen und vermehrt Einpersonenhaushalte beteiligt sind.«[27]

Diese Studien beziehen sich offensichtlich auf das Mobilitätsverhalten der deutschen Bevölkerung innerstädtischer Stadtteile; sie setzen also eine faktische Diskriminierung zwischen deutschen und nichtdeutschen Mehrpersonenhaushalten voraus, um auf den realen Strukturwandel Sankt Paulis angewandt werden zu können. Tatsächlich hatte der massive Auszug deutscher Mehrpersonenhaushalte bzw. deutscher Familien mit Kindern die Struktur dieses Teiles der Stadtteilbevölkerung empfindlich getroffen. Die Nachkriegsbevölkerung in Stadtteilen wie Sankt Pauli oder Altona wies bereits eine relativ hohe Veralterung und eine hohe Prozentzahl von Einpersonenhaushalten, bestehend vor allem aus verwitweten Frauen, auf.[28] Die Volkszählung von 1970 bestätigte zudem, daß Sankt Pauli denjenigen Hamburger Stadtteilen angehörte, die durch einen »hohen Urbanismus« gekennzeichnet waren. Das bedeutet, daß die Fruchtbarkeitsquote sowie der Anteil der Kleinkinder (0 bis 6 Jahre) eine absteigende, während der Anteil der Ledigen oder Geschiedenen an der Wohnbevölkerung eine ansteigende Tendenz aufwiesen.[29]

Uns liegen nicht die notwendigen Daten vor, die eine Prüfung dieser Tendenzen bis heute[30] erlauben würden. Über die Altersstruktur der Bevölkerung in Sankt Pauli, die in unserem Zusammenhang von primärer Bedeutung ist, läßt die Auswertung der vorhandenen Bevölkerungsstatistiken dennoch einige Einschätzungen zu.

Verglichen mit der Altersstruktur der deutschen Bevölkerung Hamburgs insgesamt wird die Altersstruktur der Deutschen in Sankt Pauli durch folgende Merkmale gekennzeichnet:

Der Anteil der Kinder und Jugendlichen (0 bis 17 Jahre) an der Bevölkerung ist relativ gering (8,7 v.H. : 13,3 v.H. in Hamburg); ähnliches gilt auch für den Anteil der jungen Erwachsenen (3,2 v.H. : 4,3 v.H. in Hamburg).

Eindeutig gering ist auch der Anteil der Älteren (65 Jahre und älter) an der Bevölkerung (ca. 13 v.H. : 20,2 v.H. in Hamburg).

Etwas mehr als die Hälfte der deutschen Bevölkerung Sankt Paulis befindet sich in einem Alter zwischen 21 und 44 Jahren. Das sind in Hamburg lediglich ca. 1/3 der deutschen Bevölkerung. So liegt der Anteil der Erwachsenen im Alter zwischen 30 und 44 Jahren an der deutschen Bevölkerung Sankt Paulis um einiges höher als der Anteil derselben an der deutschen Bevölkerung Hamburgs insgesamt (26,1 v.H. : 19,2 v.H. in Hamburg). Am eindeutigsten zugunsten Sankt Paulis verhält es sich beim Anteil der Erwachsenen im Alter zwischen 21 und 29 Jahren. Dieser liegt in Sankt Pauli um sogar mehr als 10 v.H. höher als der vergleichbare Wert in Hamburg insgesamt (25,5 v.H. : 15,0 v.H. in Hamburg).

Relativ geringer als der vergleichbare Wert in Hamburg insgesamt ist der Anteil der Altersgruppe zwischen 45 und 64 Jahren an der deutschen Bevölkerung Sankt Paulis (23,6 v.H. : 27,8 v.H. in Hamburg).[31]

Charakteristisch für die Altersstruktur der deutschen Bevölkerung Sankt Paulis im Vergleich zu den Deutschen in Hamburg insgesamt sind die folgenden Merkmale:

- Ein höherer Anteil der Altersgruppen zwischen 21 und 44 Jahren, dagegen ein deutlich niedrigerer Anteil der Menschen im Rentenalter.
- Geringer als in Hamburg ist in diesem Stadtteil ferner der Anteil der Kinder und Jugendlichen an der deutschen Bevölkerung.

In dieser Diskrepanz kommen die Auswirkungen der »Wanderungsfreudigkeit«[32] deutscher Mehrpersonenhaushalte in den 70er Jahren am deutlichsten zum Ausdruck. Daran erkennt man auch die Auswirkungen der Umwelt- und Lebensbedingungen, unter denen sich Frauen in innerstädtischen Bezirken bzw. Stadtteilen entscheiden sollten, mehr Kinder zu gebären und aufzuziehen.

Diese Bedingungen machen sich beim Verhalten zur Mutterschaft und Kinderzahl vieler, in Deutschland allseits als gebärfreudig verschrieenen ausländischen Frauen schon stark bemerkbar. In Sankt Pauli jedenfalls nimmt der Anteil der Kleinkinder (0 bis 5 Jahre) an der ausländischen Bevölkerung des Stadtteils ab.[33]

Ein Vergleich der Altersstruktur der ausländischen Bevölkerung Sankt Paulis mit derjenigen der ausländischen Bevölkerung in Hamburg insgesamt zeigt, daß keine großen Diskrepanzen unter ihnen bestehen. So ist z.B. der Anteil der Kinder/Jugendlichen an der Bevölkerung Sankt Paulis dem Hamburger Durchschnittswert gleich (23,1 v.H. : 23,1 v.H. in Hamburg), und dasselbe gilt in etwa für die Altersgruppe der Erwachsenen zwischen 18 und 20 Jahren wie auch für die Altersgruppe zwischen 30 und 44 Jahren.

Geringfügige, aber interessante Unterschiede sind bei den Anteilen folgender Altersgruppen festzustellen:

Der Anteil der 21 bis 29jährigen an der ausländischen Bevölkerung Sankt Paulis ist geringer als der Anteil derselben Gruppe an der Altersstruktur der Ausländer in Hamburg insgesamt.

Der Anteil der Älteren (65 Jahre und älter) ist um 1,1 v.H. niedriger als der vergleichbare Hamburger Wert (1,7 v.H. : 2,8 v.H. in Hamburg), während der Anteil der 45 bis 64jährigen in Sankt Pauli um ganze 2,0 v.H. höher liegt als der Anteil derselben Altersgruppe an der Altersstruktur der Ausländer in Hamburg insgesamt.[34]

Etwas mehr als die Hälfte (50,9 v.H.) der ausländischen Bevölkerung Sankt Paulis befindet sich in einem Alter zwischen 21 und 44 Jahren. Das ist in Hamburg bei 52,2 v.H. der Ausländer der Fall.

Auch bei der Altersstruktur der ausländischen Bevölkerung im Stadtteil machen sich die Auswirkungen der Wanderungsbewegung im Hamburg der 70er Jahre bemerkbar. Der heute starken strukturellen Diskrepanz, z.B. zwischen den Kindern/Jugendlichen als einer der stärksten und den Älteren als der schwächsten der Altersgruppen, liegen die Emigrationsbedingungen[35] zugrunde; ihre Konzentration in bestimmten Hamburger Stadtteilen verdanken die Ausländer in Hamburg ausschließlich der Wohn- und Ausländerpolitik des Hamburger Senats.

Die oben als »Ausländer« summarisch bezeichneten erwachsenen Frauen und Männer aus verschiedenen Herkunftsländern und unter-

Straßenfest, bei der Schilleroper

schiedlichen ethnischen, sprachlichen und religiösen Gemeinschaften sowie deren in ihrer Majorität in der Bundesrepublik bzw. in Hamburg geborenen Kinder bilden einen großen Teil der Einwohner/innen von Sankt Pauli. Ihr Anteil an der Bevölkerung des Stadtteils wies bis Anfang der 80er Jahre eine zunehmende Tendenz auf; er verringert sich zur Zeit zwar geringfügig, dafür aber kontinuierlich.[36]

1987 lebten in Sankt Pauli 26.512 Menschen. Von ihnen hatten 35,8 v.H. eine ausländische Staatsangehörigkeit, während die Majorität der Bevölkerung (64,2 v.H.) aus Deutschen bzw. deutschen Staatsangehörigen bestand. Aus der Bevölkerungsstatistik ist zu entnehmen, daß die Zahl der Sankt Paulianer/innen zwischen 1986 und 1987 um 413 Personen zugenommen hatte. 91 v.H. dieser Zugezogenen sind Deutsche.[37]

Die Altersstruktur der Bevölkerung Sankt Paulis sah 1987 wie folgt aus:

Die Hälfte der Einwohnerschaft befand sich in einem Alter zwischen 21 und 44 Jahren (in Hamburg 35,9 v.H.);

der Anteil der Kinder und Jugendlichen an der Bevölkerung betrug ca. 14,0 v.H., der der jungen Erwachsenen dagegen nur 3,7 v.H. (in Hamburg 14,4 v.H. bzw. 4,3 v.H.);

22,2 v.H. der Bevölkerung war 45 bis 64 Jahre alt; weitere 9,0 v.H. waren 65 Jahre und älter (in Hamburg 26,6 v.H. bzw. 18,2 v.H.).

Ethnische Pluralität und ein relativ harmonisches Verhältnis unter den Anteilen der verschiedenen Altersgruppen kennzeichnen die Zusammensetzung der Bevölkerung Sankt Paulis insgesamt. Diese Charakteristika erhöhen innerhalb der Ortsteile bzw. Wohngegenden die Wahrscheinlichkeit informeller Kontakte und gegenseitiger Wahrnehmungen zwischen den unterschiedlichen Alters- und Nationalitätengruppen; in Wechselwirkung mit dem Merkmal Einwohnerdichte können sie sowohl die Konflikt- wie auch die Solidaritätsbereitschaft unter den Anwohnern/innen erhöhen.

Die Arbeiter und die anderen

Sozialstrukturelle Wandlungen in Sankt Pauli

Für eine Analyse der heutigen Sozialstruktur des Stadtteils liegen keine aktuellen statistischen Daten vor. Dennoch lassen sich einige Wandlungen unter der Einwohnerschaft Sankt Paulis zum Teil belegen, zum Teil mit einer gewissen Sicherheit annehmen.

Als Anfang der 70er Jahre die soeben beschriebenen Wanderungen unter seiner Bevölkerung stattfanden, war Sankt Pauli bereits seit fast

200 Jahren ein Wohn- und Arbeitsgebiet für Arme und Fremde.[38] Seit der Mitte des 19. Jahrhunderts wurde es ganz gezielt für die Einquartierung der »unteren Sozialschichten«[39] benutzt. Später wurde Sankt Pauli als »typischer Vertreter der in Hafennähe entstandenen Arbeiterviertel angesehen«.[40]

Ende der 60er Jahre unseres Jahrhunderts gehörte Sankt Pauli nach wie vor zu den fast ausschließlich von Arbeitern bewohnten bzw. geprägten Wohnvierteln Hamburgs: »Nahezu drei Viertel der Erwerbstätigen sind Arbeiter oder einfache Angestellte, wobei die Arbeiter stark überwiegen. Einfache und höhere Beamte, fach- oder hochschulgebildete Angestellte und mittlere und große Selbständige fehlen fast völlig. Lediglich Alleinschaffende und kleine Selbständige sind mit 5 % bzw. 3 % vertreten.«[41]

Charakteristisch für die Bewohner Sankt Paulis 1970 war, daß unter ihnen Wohnungseigentum »nur im Ausnahmefall« vorkam, während die Mietshäuser, in denen sie lebten, von überalterter Bausubstanz und geringer Qualität waren.[42]

Arbeiterfamilien am Hafenrand Anfang der 70er Jahre

Untersuchungen im Rahmen der geplanten Sanierungen in den Wohngegenden Sankt Paulis dokumentieren die Armut, in der die Eigentumslosen am Hafenrand mehrheitlich lebten. Einige ihrer Ergebnisse lassen aber auch gewisse sozialstrukturelle und soziokulturelle Differenzierungen unter den befragten Bewohnern/innen erkennen.

Das folgende Beispiel stützt sich auf einige Ergebnisse einer Untersuchung von »Sanierungsbedürftigkeit und Sanierungsbewußtsein« in Sankt Pauli-Süd, 1972.[43] In den untersuchten Gebieten lebten 1970 2.454 Menschen. Die Untersuchung erfaßte ein Drittel der Bevölkerung. Die Befragten waren fast ausschließlich deutscher Nationalität.

Drei Haushaltstypen verteilten sich folgendermaßen unter den Befragten:

zwei erwachsene Personen (Eltern) mit Kindern (55,3 v.H.)
eine erwachsene Person (i.d.R. die Mutter) mit Kindern (12,1 v.H.)
eine erwachsene Person (i.d.R. Rentnerin) (32,6 v.H.)[44]

Unter den Mehrpersonenhaushalten betrug die durchschnittliche Haushaltsgröße 2,9 Personen pro Haushalt. Neben den Kindern und Jugendlichen lebten in diesen Haushalten auch junge Erwachsene (bis 21 Jahre). Auch Familienangehörige außer den Kindern und Ehegatten wohnten in einigen dieser Haushalte mit.[45]

Die Hälfte (50,6 v.H.) der durch die Befragung erfaßten Personen waren 45 Jahre und älter (im Ortsteil 1970 : 45,8 v.H.). 21,5 v.H. aller erfaßten Personen befanden sich im Rentenalter (65 Jahre und älter) gegenüber 19,0 v.H. im Ortsteil und 16,0 v.H. in Hamburg insgesamt. Weitere 29,1 v.H. waren zwischen 45 und 64 Jahre alt (im Ortsteil waren es 1970 26,8 v.H.), während sich die 25 bis 44jährigen mit 19,0 v.H. an dieser Bevölkerung beteiligten (im Ortsteil 27,4 v.H.).[46]

62,6 v.H. der Befragten waren in Hamburg geboren oder wohnten seit mindestens 40 Jahren in der Stadt.[47]

Von den sich im »arbeitsfähigen Alter« befindenden Personen (57,4 v.H. aller Erfaßten) waren ca. 64 v.H. erwerbstätig.

41,0 v.H. der Erwerbstätigen waren Frauen. Circa ein Drittel von ihnen waren Angestellte, die Majorität der erwerbstätigen Frauen stellten die Arbeiterinnen dar; 6,5 v.H. waren Facharbeiterinnen.

59,0 v.H. der Erwerbstätigen waren Männer. 35,5 v.H. der erwerbstätigen Männer waren Facharbeiter, weitere 25,1 v.H. bezeichnete sich als »ungelernt«.[48]

Die in ihrer Mehrheit voll berufstätigen Männer arbeiteten »vor allem im Hafen und in dem Hafen verbundenen Bereichen sowie in der Industrie verschiedenster Provenienz.«[49]

Sankt Pauli war einer der meistgenannten Arbeitsorte. Viele der Arbeitsplätze befanden sich in der Nähe der Wohnung, häufig im selben Haus, im Stadtteil oder in räumlicher Nähe zum Stadtteil.[50]

Lediglich 316.375 DM betrug das kumulierte Gesamteinkommen aller befragten Haushalte. Hätte man diese Summe auf die erfaßte Gesamtheit gleichverteilen können, wären auf jede Person ca. 398 DM monatlich entfallen. In der Realität verteilte sich das Einkommen unter den Haushalten im Untersuchungsgebiet ziemlich unterschiedlich:

12,9 v.H. aller Haushalte, zum Beispiel, verfügten zusammen über 25,1 v.H. des Gesamteinkommens. Die größte Gruppe dieser besser verdienenden Haushalte verfügte über durchschnittlich 1.750 DM, einige über 2.250 DM oder gar über 2.750 DM monatlich. – Weitere 20,5 v.H. der Haushalte verfügten über 28,2 v.H. des Gesamteinkommens oder durchschnittlich über 1.250 DM monatlich.

66,6 v.H. aller Haushalte hatten ein Einkommen unter 1.000 DM. Das bedeutet: über durchschnittlich 875 DM oder 625 DM monatlich verfügten 24,1 v.H. bzw. 24,8 v.H. aller Haushalte, während weitere 17,7 v.H. derselben unter 500 DM monatlich zur Verfügung hatten. Ca. 12 v.H. aller Haushalte mußten mit einem Einkommen von durchschnittlich 250 DM, höchstens aber 350 DM auskommen.[51]

Trotz der festgestellten Einkommensunterschiede zwischen den verschiedenen Haushalten lag die Einkommenssituation der Befragten unter dem Durchschnitt in der Bundesrepublik und wurde von den Autoren im allgemeinen als »schlecht« bewertet.[52] Sie wiesen darauf hin, daß »in knapp zwei Dritteln aller Haushalte, in denen mehrere Erwachsene leben, auch mehr als eine Person zum Familieneinkommen beitragen.«[53]

Angesichts der ökonomischen Situation der Bewohner/innen und der veralteten, schlecht ausgestatteten und engen Wohnungen waren die Mieten im Untersuchungsgebiet »unangemessen hoch«.[54]

Für die »vergleichsweise große Armut und die damit verbundenen geringen Konsumchancen«[55] dieser Sankt Paulianer/innen inmitten der »Wohlstandsgesellschaft« war charakteristisch, daß

drei Viertel der Befragten keinen PKW besaßen;

60,0 v.H. von ihnen »so gut wie nie« eine Reise unternahmen;[56] – 42,1 v.H. abends nicht ausgingen und überhaupt nur ein kleiner Teil von ihnen einen Spaziergang, einen Lokalbummel oder ähnliches unternahm.[57]

Andererseits bestand unter den Befragten »... ein relativ enges Netz von Sozialbeziehungen auf Verwandtschaftsebene mit einer außerordentlich großen Kommunikationshäufigkeit« innerhalb[58] Sankt Paulis bzw. in der unmittelbaren Nachbarschaft, wie auch gute Kontakte zu Freunden und Bekannten aus Sankt Pauli.[59]

Während 19,0 v.H. der Befragten dennoch angab, niemanden zu haben, der ihnen im Bedarfsfall helfen würde, halfen über 20,0 v.H. der Befragten nach eigenen Angaben anderen Bewohnern/innen in ihrem Viertel.[60]

Zur Zerstörung alter Lebenszusammenhänge

Aus den oben angeführten Merkmalen der sozialen Lage dieser Anfang der 70er Jahre durch Sanierung bedrohten Menschen im Stadtteil geht bereits hervor, daß es sich um ein mehr oder minder typisches Beispiel für die Lebensverhältnisse der alteingesessenen Arbeiterbevölkerung in Sankt Pauli handelte.

Den ökonomischen und politischen Machtkonstellationen und Entscheidungsmodi unterworfen, die in den Begriffen »Stadterneuerung« oder Sanierung unter dem Kapitalverhältnis zum Ausdruck kommen, befanden sich diese Sozialstrukturen in Auflösung, und zwar sowohl durch direkte als auch durch indirekte Angriffe auf ihre Zusammensetzung und Funktion.

Im allgemeinen vollzog sich die Auflösung derartiger Lebenszusammenhänge als Folge von relativ unterschiedlichen, in der Regel aufeinander bezogenen oder miteinander kombinierten Eingriffen:
Zum Beispiel durch ihre Zerstörung, die eintritt, wenn städtebauliche bzw. Sanierungsmaßnahmen »alte Populationen aus dem Gebiet hinauswerfen und neue, nämlich kaufkräftigere, hereinlocken«[61] oder auch durch die Entstellung ihrer Umwelt, das heißt dann, wenn zwar die alteingesessene Bevölkerung nach der Maßnahme im Wohngebiet verbleiben kann, durch den Eingriff jedoch ihre »gewohnte Umwelt bis zur Unkenntlichkeit geändert« wird;[62] schließlich durch ihre »eigene« Spaltung, die in der Regel während des Prozesses der »endgültigen Verslumung«[63] von Wohnvierteln stattfindet. Dieser Prozeß birgt

die ökonomischen und politischen Voraussetzungen für die o.g. Veränderungen in sich, und er ging den meisten bisher praktizierten Eingriffen in altstädtische Wohn- und Lebensverhältnisse voran.[64]

Entscheidend für den Verlauf und charakteristisch für die vorläufigen Ergebnisse derartiger Eingriffe bzw. sozialstruktureller Veränderungen ist die Anpassung der Bevölkerungsstruktur an die Verwertungsbedingungen bzw. -ziele des Stadtteils.[65] Unter diesem Aspekt wurde in den sanierten Wohngegenden Sankt Paulis der Versuch einer Diversifikation bzw. Neuproportionierung der sozialen Zusammensetzung der Wohnbevölkerung unternommen. Zu denjenigen Teilen der alteingesessenen Bevölkerung, die nach den Maßnahmen in der eigenen Wohngegend oder im Stadtteil verbleiben konnten, waren vor allem Facharbeiterfamilien und kleine Angestellte[66] das erstrebenswerte sozialstrukturelle Korrelat, das finanziell und sozialdemographisch zur Reaktivierung des Stadtteils beitragen sollte. Dementsprechend wurde auch das Wohnraumangebot gestaltet, während als potentielle Stadtteilbewohner Teile der Arbeiter und Angestellten galten, »die aus den abgelegenen Neubauvierteln am Stadtrand wieder in die Innenstadt« zurückstrebten.[67]

Es ist also anzunehmen, daß dort, wo diese intendierten Veränderungen auch tatsächlich stattfanden, die Anteile der Facharbeiter/innen und der qualifizierten Angestellten an der Sozialstruktur der Wohngegend zugenommen haben.

Die direkte Erfahrung und einige Untersuchungsergebnisse sprechen auch für weitere sozialstrukturelle Differenzierungen bzw. Umschichtungen innerhalb der Wohnbevölkerung Sankt Paulis während der letzten Dekade. Einige der folgenden Veränderungen können kaum als staatlich intendierte betrachtet werden, obwohl sie durch die Erklärung vieler Wohngegenden zu Sanierungsgebieten ursprünglich bewirkt wurden.

Offensichtlich nahm der Anteil der Schüler und Studenten unter den Haushalten Sankt Paulis zu. Dies ist mit Sicherheit im Karolinenviertel und in den Wohngegenden um Schulterblatt der Fall. Befragungen in diesen Wohngebieten ergaben, daß unter den jeweils erfaßten »Haushaltsvorständen« die Schüler/Studenten mit 10 v.H.[68] bzw. mit 8 v.H.[69] aller Befragten repräsentiert waren. In den Wohngegenden um Schulterblatt waren diese Befragten vor allem unter den Ende der 70er Jahre – Anfang der 80er Jahre zugezogenen Haushalten überproportional vertreten.[70] Diese, für einen Stadtteil mit überdurchschnittlich vielen Arbeiterhaushalten, ansich periphere Umschichtung im Bereich des Bildungsstands der Wohnbevölkerung kann unter Umständen im Sozialzusammenhang besonders wirkungsvoll sein.

Traditionelle und neue Lebensgemeinschaften

Sehr interessant und zum Teil untypisch für einen Arbeiterstadtteil sind gewisse Entwicklungen im Bereich der Lebensgemeinschaften unter den Bewohnern/innen in den Wohngegenden Sankt Paulis, die mit den statistischen Kategorien »Haushalt« bzw. »Haushaltsgröße« kaum erfaßt werden können.

Die Hausgemeinschaft der »Grauen Panther Hamburg e.V.« an der Lerchenstraße, – ein Beispiel für aktives, solidarisches Zusammenleben älterer Menschen, die zahlreichen »Wohnprojekte« von der Hafenstraße im Süden bis zur Schanzenstraße 41a im Norden, schließlich die unzähligen Wohngemeinschaften von miteinander nicht verwandten und nicht verheirateten erwachsenen Menschen, die für die Statistiker in der Regel aus lauter Einpersonenhaushalten bestehen! Das widerspricht zwar nicht dem »Rechtsstand« der Mitglieder, was z.B. gegenseitige Versorgungsansprüche anbelangt, verzerrt jedoch bis zur Unkenntlichkeit das sozialstrukturelle Profil der Wohn- und Lebensgegenden bzw. -zusammenhänge, während es an sich keine Erkenntnisse darüber zuläßt, wieviele Menschen eigentlich im Stadtteil tatsächlich allein leben.

Zumindest verwirrend wirken sich derartige Erhebungen auf die indirekte Wahrnehmung der sozialen Realität unter bestimmten Gruppen im Stadtteil aus. So sollten 1979 im Sanierungsgebiet Schulterblatt 56,0 v.H. der erfaßten Ausländerhaushalte Kinder haben,[71] während gleichzeitig 58,1 v.H. derselben aus einer einzigen Person beständen![72]

Direkte Beobachtungen erlauben die Annahme, daß es unter den Ausländern in diesem Viertel wohl auch Alleinlebende, vor allem aber erwachsene, mit ihren Eltern oder mit ihren Kindern lebende Personen gibt.

Erweiterte Familien- bzw. Lebensgemeinschaften von Verwandten hat es unter der deutschen Arbeiterbevölkerung in Sankt Pauli immer gegeben; Residuen dieser Sozialstrukturen waren in Sanierungsgebieten Anfang der 70er Jahre anzutreffen. Erst als viele junge, konsumfähige Kleinfamilien, von der Verslumung ihrer Wohngegenden geängstigt, den Stadtteil verließen,[73] konnte man alle, nach Alter, »Rechtsstand« und »Haushaltsgröße« fein sortiert, in die Neubauten hineinzwängen. Junge Arbeiterfamilien ausländischer Herkunft stehen heute vor demselben Dilemma bzw. Problem.[74]

Erweiterte Lebens- und Erziehungsgemeinschaften von zwei oder mehreren deutschen Erwachsenen mit ihren Kindern sind heute keine Seltenheit im Stadtteil. Gegenüber den deutschen und ausländischen Kernfamilienhaushalten und den in der Regel alleinlebenden deutschen Älteren bilden diese Gemeinschaften eine sozialstrukturelle und soziokulturelle Erweiterung des Reproduktionszusammenhanges im Stadtteil.

Trotz kontinuierlicher Wandlungen beim sozialstrukturellen Gefüge des Gebietes – dieses konnte man an dieser Stelle konstatieren – besteht das Gros der Bevölkerung Sankt Paulis aus Arbeitern sowie kleinen Angestellten und ihren Familien.

Sankt Pauli bzw. seine sozialstrukturell nicht völlig einheitlich zusammengesetzten Wohngegenden sind als Arbeiterviertel zur Zeit durch eine Vielfalt von Lebens-, Wohn- bzw. Reproduktionsformen gekennzeichnet. In Wechselwirkung mit der Nationalitäten- bzw. Alterszusammensetzung der Bevölkerung können diese Sozialmerkmale die Wahrscheinlichkeit gegenseitiger Erfahrungs- und Lernprozesse erhöhen. Ghettobildungen machen sich unter der Bevölkerung kaum bemerkbar, wohl aber sozial- und/oder nationalkulturell bedingte Distanzierungen.

Die »Wohlhabenden« und die »Armen«

Erwerbstätigkeit und Einkommen

Sankt Pauli haben wir bereits als den mit Abstand finanziell ärmsten Stadtteil Hamburgs bezeichnet. Dies werden wir anhand einiger uns vorliegender Daten verdeutlichen. Über die Auswirkungen der Erwerbslosigkeit, der tiefgreifenden Abhängigkeit erheblicher Teile der Betroffenen von staatlichen Hilfen sowie über bestimmte, krisenbedingte Reduzierungen der Reproduktionsmöglichkeit unter Erwerbstätigen im Stadtteil werden wir abschließend unsere Befragten aus Ämtern bzw. Amtsstellen berichten lassen.

Ein hervorstechendes Merkmal der sozialstrukturell bedingten, materiellen Verarmung unter den Erwerbstätigen in diesem Stadtteil ist das verhältnismäßig niedrige Erwerbseinkommen ihrer Mehrheit.

Aus den uns vorliegenden Lohn- und Einkommensstatistiken wird ersichtlich, daß Sankt Pauli mit einen mittleren Gesamtbetrag der Einkünfte von 24.728 DM im Jahre 1980 (in Hamburg 31.486 DM) und 25.974 DM im Jahre 1983 (in Hamburg 33.798 DM) auf der untersten Stufe der Einkommensskala in Hamburg lag. Dies bedeutet, daß das jährliche Bruttoerwerbseinkommen bei der Hälfte aller Steuerpflichtigen (Personen/Haushalte) in Sankt Pauli niedriger als der jeweils gültige mittlere Gesamtbetrag war, während diese mittleren Gesamtbeträge für Sankt Pauli die niedrigsten aller vergleichbaren Größen in Hamburg waren.[75]

Aufschlußreicher als die o.g. Verhältnisse ist die analytische Eingruppierung der Steuerpflichtigen im Stadtteil nach der Größenklasse des Gesamtbetrages ihrer Einkünfte, wodurch ersichtlich wird, daß im Jahre 1980

31,6 v.H. aller Steuerpflichtigen in Sankt Pauli ein steuerpflichtiges Jahreseinkommen von unter 16.000 DM hatten,

8,2 v.H. der Steuerzahler über ein steuerpflichtiges Jahreseinkommen zwischen 16.000 DM und unter 20.000 DM verfügten, während weitere

10,7 v.H. von ihnen ein Jahreseinkommen zwischen 20.000 DM und unter 25.000 DM zu versteuern hatten.

Derselben Lohn- und Einkommensstatistik für das Jahr 1980 ist zu entnehmen, daß der Anteil der »Großverdiener« an der Einkommensstruktur Sankt Paulis erheblich kleiner war als in Hamburg insgesamt:

lediglich 1,8 v.H. der Steuerpflichtigen in Sankt Pauli hatten 1980 ein Einkommen von 75.000 DM und mehr zu versteuern (in Hamburg 6,9 v.H.);

der Größenklasse von 65.000 DM und bis unter 75.000 DM gehörten die Einkünfte von 1,3 v.H. der Steuerpflichtigen in Sankt Pauli an (in Hamburg 3,8 v.H.), während die Einkünfte von weiteren 6,8 v.H. der Steuerpflichtigen in Sankt Pauli auf der Höhe von 50.000 DM bis unter 65.000 DM lagen (in Hamburg 11,7 v.H.).

Das Gros der Steuerpflichtigen Sankt Paulis jedoch, deren Jahreseinkünfte über dem anfangs genannten »mittleren Gesamtbetrag der Einkünfte für St.Pauli« lagen, konzentrierte sich mit 39,4 v.H. der Steuerzahler (in Hamburg auch 39,4 v.H.) in den unteren Gruppierungen:

ein steuerpflichtiges Jahreseinkommen von 36.000 DM bis unter 50.000 DM hatten in Sankt Pauli 16,1 v.H. der Steuerzahler (in Hamburg 19,5 v.H.), während weitere 23,3 v.H. von ihnen lediglich über ein Jahreseinkommen von 25.000 DM bis unter 36.000 DM verfügten (in Hamburg 19,9 v.H.). Zur Erwerbseinkommensstruktur Sankt Paulis im Jahre 1980 kann man zusammenfassend feststellen, daß sie zu

9,9 v.H. aus Einkommen der Größenklassen von 50.000 DM und mehr, zu 39,4 v.H. aus Einkommen der Größenklassen von unter 50.000 DM und zu 50,5 v.H. aus Einkommen der Größenklassen von unter 25.000 DM bestand.

73,8 v.H. aller Steuerpflichtigen in Sankt Pauli hatten 1980 ein Jahreseinkommen von unter 36.000 DM zu versteuern.[76]

Am Ende des Jahres 1980 gab es in Sankt Pauli 1.144 Personen und/ oder Haushalte außerhalb der Einrichtungen, deren Existenz vom Empfang laufender Hilfe zum Lebenunterhalt (LHU) abhing.[77]

Während der folgenden drei Jahre, d.h. bis Ende 1983, erfuhr die Erwerbseinkommensstruktur Sankt Paulis einige formale Wandlungen. Sie bestand nun zu 12,9 v.H. aus Einkommen der Größenklasse von 50.000 DM und mehr, zu 39,0 v.H. aus Einkommen der Größenklasse von unter 50.000 DM und zu 48,0 v.H. aus Einkommen der Größenklasse von unter 25.000 DM.[78] 70,1 v.H. aller Steuerpflichtigen hatten 1983 ein Jahreseinkommen von unter 36.000 DM zu versteuern.

Der »mittlere Gesamtbetrag der Einkünfte für St.Pauli« erhöhte sich also auf 25.974 DM; er blieb jedoch hinter der vergleichbaren Größe für Hamburg insgesamt, die 1983 33.798 DM betrug, stärker als 1980 zurück.

Sowohl die Erhöhung des mittleren Gesamtbetrages der Einkünfte für Hamburg als auch insbesondere für Sankt Pauli sind stark zu relativieren, wenn wir die Preisentwicklung für die Lebenshaltung privater Haushalte im betrachteten Zeitraum von 1980 bis 1983 hinzuziehen: So erhöhten sich in jenen Jahren die durchschnittlichen Lebenshaltungskosten um 15,6 v.H., während sich die mittleren Einkünfte in Hamburg lediglich um 7,5 v.H. und in Sankt Pauli gar nur um 5 v.H.

erhöhten. De facto haben die Steuerpflichtigen also eine deftige Reallohnsenkung in Kauf nehmen müssen.[79]

Die relative Erhöhung der Einkommen betraf andererseits in der Realität weniger steuerpflichtige Personen/Haushalte. Die absolute Zahl der Steuerpflichtigen verringerte sich in Sankt Pauli, wie auch in Hamburg insgesamt, 1983 gegenüber 1980. Diese Verringerung betrug in Hamburg insgesamt 7,6 v.H., in Sankt Pauli dagegen 16,5 v.H. der Steuerzahler von 1980. Erwerbslosigkeit war die Hauptursache dieser Verminderung der Steuerpflichtigen im Stadtteil um 1.567 Personen/Haushalte innerhalb von drei Jahren.

Leicht zugenommen hat 1983 der Anteil der Kleinstverdiener unter den Steuerpflichtigen Sankt Paulis.[80] 1983 bezogen in Sankt Pauli 1.225 Sozialhilfeempfänger laufende Hilfe zum Lebnsunterhalt (LHU). Innerhalb eines Jahres stieg deren Zahl auf 2.668 Personen und/oder Haushalte außerhalb der Einrichtungen.[81] 1985 gab es in Sankt Pauli 3.973 Personen und/oder Haushalte außerhalb der Einrichtungen, deren Existenz vom LHU-Empfang abhing.[82]

Aus den in diesem Abschnitt kurz skizzierten Einkommensverhältnissen in Sankt Pauli lassen sich gewisse sozialstrukturelle Wandlungen im Stadtteil konstatieren, die sich offensichtlich auf die materielle Lebenslage der Bevölkerung differenzierend auswirken:

Im Vergleich zu den 60er Jahren hat sich die Minorität der »besser« Verdienenden unter den Einwohnern/innen des Stadtteils verhältnismäßig erweitert.[83]

Anfang der 80er Jahre verfügten immerhin ca. 5 v.H. der Steuerzahler in Sankt Pauli über ein steuerpflichtiges Einkommen von 65.000 DM und mehr (in Hamburg 15,1 v.H.) und weitere 8,0 v.H. (in Hamburg 12,5 v.H.) hatten ein Einkommen zwischen 50.000 DM und unter 65.000 DM zu versteuern. Der Vergleich dagegen zu Hamburg insgesamt macht deutlich, daß Sankt Pauli nach wie vor kaum Zuzugsort für finanzkräftigere Bevölkerungsgruppen ist. Ein etwas analytischerer Vergleich mit anderen Stadtteilen zeigt ferner, daß der Anteil der Großverdiener der Einkommenskategorie von 75.000 DM und mehr unter den Steuerzahlern Sankt Paulis mit 2,4 v.H. 1983 fast der niedrigste in Hamburg war.[84]

Der Vergleich mit anderen Stadtteilen beweist, daß 1983 die niedrigsten Einkommensgrößen in keinem anderen sozialstrukturell vergleichbaren Stadtteil einen so hohen Anteil an der Einkommensstruktur der Erwerbstätigen hatten wie in Sankt Pauli.[85]

Den höchsten Anteil an der Einkommensstruktur der Erwerbstätigen nach Ortsteilen wiesen die niedrigen Einkommensgrößen in Sankt Pauli-Süd auf. Dort hatten 1983 75,4 v.H. aller steuerpflichtigen Haushalte ein Einkommen von weniger als 36.000 DM zu versteuern.[86]

Gegenüber dieser massiven Verarmung unter Steuerpflichtigen[87] im Süden schienen 1983 die Steuerpflichtigen in den nördlicher liegenden Wohngegenden des Stadtteils, z.B. in den Wohngegenden um Schulterblatt,[88] in einer verhältnismäßig besseren Situation zu sein. In der Realität jedoch befanden sich die Eigentumslosen hier in einer kaum besseren finanziellen Lage.

Datenerhebungen im Rahmen der Sanierungsvorbereitung ließen einerseits feststellen, daß in diesem Gebiet die Angestellten und Beamten mit insgesamt 27,0 v.H. und die Selbständigen und Freiberufler mit 10,0 v.H. unter den erwerbstätigen Haushaltsvorständen vertreten waren;[89] andererseits war die Einkommenssituation unter der Majorität der befragten Haushalte[90] offensichtlich derartig schlecht, daß die durchschnittlichen Einkommensgrößen sowohl unter den Deutschen wie auch unter den Ausländern im Untersuchungsgebiet unter 2.000 DM monatlich lagen: »Das durchschnittliche Haushaltseinkommen beträgt für deutsche Haushalte 1.664 DM, für ausländische Haushalte

1.835 DM. Aufgrund der unterschiedlichen durchschnittlichen Haushaltsgröße stehen jedoch den deutschen Haushalten pro Haushaltsmitglied 666 DM, den ausländischen Haushaltsmitgliedern nur 492 DM monatlich zur Verfügung.«[91]

Es wurde ferner festgestellt, daß ca. 15 v.H. der Haushalte in diesem Untersuchungsgebiet »offenkundig unter schwierigen wirtschaftlichen Verhältnissen« lebten. Gemeint waren damit 6,6 v.H. aller Haushalte, die als Einpersonenhaushalte weniger als 800 DM monatlich und ca. 9 v.H. aller Haushalte, die als Mehrpersonenhaushalte weniger als 400 DM pro Haushaltsmitglied zur Verfügung hatten.[92]

Die akut verarmten und Hilfesuchenden

Materielle Lage und Existenzfragen der Betroffenen

Die soeben angedeutete Verarmung unter der Majorität der Steuerzahler in Sankt Pauli, die Verringerung ihrer absoluten Zahl und die skizzierten Einkommensverhältnisse in einer der nicht ärmsten Wohngegenden des Stadtteils brachten nur einen Teil der offiziell registrierten finanziellen Misere unter der Einwohnerschaft unseres Untersuchungsgebietes zum Ausdruck. Etwas deutlicher läßt sich die prekäre Lebenslage der akut Betroffenen anhand der Auseinandersetzung mit den Armutsstatistiken erkennen.

1985 bezogen in Sankt Pauli 4.049 Personen Sozialhilfe. Die Sozialhilfeempfänger/innen insgesamt setzten sich zu 72,0 v.H. aus deutschen und zu 28,0 v.H. aus ausländischen Staatsangehörigen zusammen.

3.937 Personen bezogen, wie bereits erwähnt, zur gleichen Zeit Laufende Hilfe zum Lebensunterhalt (LHU); sie stellten 97,2 v.H. aller Sozialhilfeempfänger/innen und 97,6 v.H. der Sozialhilfeempfänger/innen außerhalb der Einrichtungen im Stadtteil dar.[93]

Der Anteil der LHU-Empfänger/innen an der Bevölkerung war in Sankt Pauli mit 15 v.H. viel höher, sowohl im Vergleich zu Hamburg insgesamt (6,5 v.H. der Gesamtbevölkerung in Hamburg) wie auch im Vergleich zu allen anderen Stadt- bzw. Ortsteilen.[94]

Laufende Hilfe zum Lebensunterhalt bekamen in Sankt Pauli 16,5 v.H. der männlichen und 13,2 v.H. der weiblichen Bevölkerung des Stadtteils.

Der Anteil der LHU-Empfänger/innen an der Bevölkerung Sankt Paulis nach Altersgruppen lag bei folgenden Altersgruppen unter dem

Hamburger Durchschnitt: 75 Jahre und älter (0,4 v.H. : 2,8 v.H. in Hamburg); 70 bis 74 Jahre (0,5 v.H. : 1,9 v.H. in Hamburg) und 60 bis 64 Jahre (1,8 v.H. : 1,9 v.H. in Hamburg). Unter allen anderen Altersgruppen der Bevölkerung dagegen lag der Anteil der LHU-Empfänger/innen über dem Hamburger Durchschnitt.

Bei den älteren Menschen war die Differenz zum Hamburger Durchschnitt unter den 65–69jährigen (2,3 v.H. : 1,8 v.H. in Hamburg) schon deutlich; sie war besonders groß unter den 50–59jährigen (12,1 v.H. : 3,5 v.H. in Hamburg). Die Betroffenheit unter den letzteren Altersgruppen war in Sankt Pauli erheblich höher als in Stadtteilen wie Billstedt mit 6,6 v.H. oder Wilhelmsburg mit 5,0 v.H. LHU-Empfänger/innen unter den Gleichaltrigen.

In keinem anderen Ortsamtsbereich Hamburgs war der Anteil der LHU-Empfänger/innen an der erwachsenen Bevölkerung zwischen 18 und 49 Jahren so erschreckend hoch wie in den fünf Ortsteilen des Bezirksamts Hamburg-Mitte, aus denen sich Sankt Pauli zusammensetzt: mit einem LHU-Empfängeranteil von 15,5 v.H. unter den 25-49jährigen, 17,8 v.H. unter den 21-24jährigen bzw 26,1 v.H. unter den 18-20jährigen wiesen diese Altersgruppen der Bevölkerung Sankt Paulis die höchste Betroffenheit unter den Gleichaltrigen nach Ortsamtsbereichen überhaupt auf. Ähnliches galt auch für die Jugendlichen

(15-17jährigen) mit einem LHU-Empfängeranteil von 20,8 v.H.. Lediglich bei den Kindern, deren Existenz von der Sozialhilfe abhing, stand Sankt Pauli 1985 prozentual an der zweiten bzw. dritten Stelle der Hamburger Armutsstatistik.[95]

Eine Vertiefung in die Auseinandersetzung über die Einkommensstruktur, deren Veränderungen, soziale Implikationen und Auswirkungen auf die Lebenslage der Betroffenen im Untersuchungsgebiet war bis Ende 1987 insofern problematisch, als es an Einkommens- wie auch an Sozialhilfestatistiken fehlte.[96] Einige Informationen zu diesem Problemkomplex erhielten wir durch die Befragung von »Experten vor Ort«, mit deren Einschätzungen wir uns im folgenden befassen.

Zunahme akuter Verarmung – das Los der Älteren

Auch unsere Diskutanten bzw. Informanten in Ämtern oder Amtsstellen[97] verfügten nicht über statistische Daten, die einen Überblick über die sozialstrukturelle Entwicklung bzw. die finanzielle Lage der Betroffenen im Untersuchungsgebiet seit 1983 bzw. 1985 verschaffen könnten. Ihre, sich auf Erfahrungen aus dem eigenen Arbeitsbereich stützenden Einschätzungen erlaubten es ihnen dennoch, einige Strukturveränderungen unter den Betroffenen zu skizzieren und auf einige Probleme der materiellen Reproduktion akut verarmter Menschen im Stadtteil hinzuweisen.

Auf die Frage, inwiefern bedeutsame quantitative und/oder strukturelle Veränderungen unter den Sozialhilfeempfängern/innen seit 1985 zu verzeichnen sind, vertraten die Befragten übereinstimmend die Meinung, daß eine Erhöhung, auf keinen Fall aber eine Verringerung des Anteils der akut Betroffenen an der Bevölkerung des Stadtteils anzunehmen bzw. zu erwarten ist. Darüber hinaus wiesen sie auf einige Alters- und Geschlechtsgruppen hin, bei denen sich sowohl das Ausmaß als auch die Dauer und Intensität der akuten Verarmung differenzierter entwickelt haben müssen.

Nach dieser Einschätzung soll der Anteil der Sozialhilfeempfänger/innen an den folgenden Gruppen der Bevölkerung zugenommen haben:

junge Erwachsene;

junge, sog. ledige Mütter unter 22 Jahren;

männliche Erwerbslose ohne formale Qualifikation unter 40 Jahren;

ältere Erwerbslose, insbesondere in der ohnehin großen Gruppe der 50jährigen und Älteren, ohne, aber auch mit Anspruch auf Arbeitslosenhilfe. Relativ abgenommen haben soll dagegen der Anteil der Sozialhilfeempfänger/innen an der Gruppe der Menschen im Rentenalter.[98]

Diese Einschätzungen lassen sich durch die inzwischen veröffentlichten sozialstatistischen Daten für das Jahr 1986 bestätigen:[99]

Der Anteil der LHU-Empfänger/innen an der Bevölkerung Sankt Paulis insgesamt ist 1986 gegenüber 1985 von 15,0 v.H. auf 15,3 v.H. relativ gestiegen. Trotz markanter Veränderungen in Hamburg insgesamt und in einigen anderen, besonders betroffenen Stadtteilen[100] blieb Sankt Pauli auch 1986 an der Spitze der Hamburger Armutsstatistik. Zugenommen hat 1986 der LHU-Anteil unter der weiblichen Bevölkerung Sankt Paulis und zwar von 13,2 v.H. 1985 auf 14,8 v.H. innerhalb eines Jahres. Eine verhältnismäßig starke Zunahme des LHU-Anteils (von 17,8 v.H. 1985 auf 20,2 v.H. 1986) ist auch unter den jungen Erwachsenen (21-24 Jahre) festzustellen. Hart betroffen sind in diesem Stadtteil die 50-59jährigen. Unter ihnen nahm der LHU-Anteil von 12,1 v.H. 1985 auf 15,1 v.H. 1986 zu. Derartige Verhältnisse unter älteren Erwerbslosen sind in Hamburg sonst nirgendwo anzutreffen. Die Situation hat sich auch unter den 60-64jährigen (LHU-Anteil 2,4 v.H. 1986 gegenüber 1,8 v.H. 1985) verschärft. Lediglich unter den 65jährigen und den noch älteren, insbesondere unter den Ältesten, nahm der LHU-Anteil 1986 relativ ab.

Die vorprogrammierte Armut im Alter – Armut unter Frauen

Die systemimmanente Reproduktion akuter Armut im Alter kommt in den Einschätzungen und Beispielen unserer Befragten deutlich zum Ausdruck. Ein nicht untypisches Beispiel dafür stellen die Verarmungsbedingungen der ältesten und der jüngsten Frauen dar. Das Beispiel dokumentiert zugleich gewisse Strukturwandlungen unter den Betroffenen insgesamt. Dabei handelt es sich um eine deutliche Verringerung der Gruppen ältester betroffener Frauen im Stadtteil die, ohne ausreichende eigene Versicherungsansprüche bzw. wegen unzureichender Versorgungsansprüche, im Alter stark von der Sozialhilfe abhängen:

.. *In der Vergangenheit hatten wir also viele betroffene Frauen im Rentenalter gehabt, die im sogenannten erwerbsfähigen Alter, meistens vor ihrer Ehe, entweder nur kurz »auf Steuerkarte« gearbeitet oder keine Beschäftigung hatten. Unter ihnen waren viele durch den Krieg verwitwete Frauen. Die Zahl dieser Frauen nimmt absolut und so auch unter den Sozialhilfeempfängern ab.*[101]

Unter den heutigen Rentnerinnen in unserem Gebiet nehmen diejenigen Gruppen von Frauen offenbar zu, die nach dem Krieg massiv ins Erwerbsleben gedrängt wurden. Dadurch konnten sie dann eigene Rentenansprüche erwerben. Darauf ist möglicherweise die relative Abnahme der Sozialhilfeempfängerinnen an diesen Gruppen zurückzuführen. Je jünger die heutigen Rentnerinnen, desto bemerkbarer macht sich die Auswirkung ihrer Erwerbstätigkeit während der Nachkriegsjahre auf ihre heutige Einkommenslage.[102]

Die Einkommenslage der heutigen jungen erwerbslosen Frauen, vor allem derjenigen unter ihnen, die mit ihrem Kind als alleinstehende oder ledige Mütter leben, ist bereits durch den Sozialhilfeempfang deutlich umrissen. Bei einer länger andauernden Erwerbslosigkeit werden sie möglicherweise die nächste Generation von Frauen ohne ausreichende eigene Versicherungs- bzw. Versorgungsansprüche sein. Ihre soziale Lage weist eine gewisse Parallelität zu den sozialen Erfahrungen der ältesten, durch Wirtschaftskrisen und Kriege betroffenen lohnabhängigen Frauengeneration im Stadtteil auf. Für sie ist unter Umständen »bittere Armut im Alter bereits vorprogrammiert«,[103] denn unter gleichbleibenden Bedingungen werden die Renten in der Zukunft »enorm niedriger werden. Wegen der lange anhaltenden Ar-

beitslosigkeit aber auch deshalb, weil bei den zukünftigen Renten die Zeiten von Erwerbslosigkeit gar nicht oder höchstens als Ausfallzeit zählen werden.«[104]

Bescheidenheit und Genügsamkeit – Armut im Alter

Die bittere Armut, in der die älteren Betroffenen in Sankt Pauli heute leben und sterben müssen, läßt sich in ihren materiellen Reproduktionsbedingungen leicht erkennen.

Mangelhafte Ernährung, dürftig ausgestattete Wohnungen, alte, abgetragene Kleidung, unzureichende Versorgung mit Medikamenten[105] sind einige Charakteristika ihrer Lebensverhältnisse, die sie objektiv mit den jüngeren Armen im Stadtteil teilen. Als problematisch wird vor diesem Hintergrund die Haltung vieler Älterer gegenüber den staatlichen Institutionen insbesondere dann empfunden, wenn sie sich, trotz akuter Notlage, als »völlig genügsam« angeben mit der Folge, daß sie ihnen »zustehende Leistungen« kaum in Anspruch nehmen.[106]

· *Nach unseren Einschätzungen kann das monatliche Einkommen dieser Menschen kaum höher als ca. 1.000 DM sein. Es setzt sich zusammen aus dem Sozialhilfesatz, der heute 418 DM beträgt, dem Mehrbedarf für Ältere und einer monatlichen Miete von etwa 450 DM, da die älteren Menschen im Stadtteil unter sehr bescheidenen Wohnbedingungen leben. Dieses Einkommen erhöhte sich auch dann nicht wesentlich, würde man auch die einmaligen Leistungen dazu zählen, die Sozialhilfeempfängern zustehen. Wir stellen aber fest, daß viele Ältere diese einmaligen Leistungen kaum in Anspruch nehmen, obwohl sie sie offensichtlich bitter nötig haben. Zum Beispiel die Beihilfen für Kleidung, Wäsche oder Schuhe …*

Würden sie dann mal auf ihre Ansprüche hingewiesen, so behaupten sie in der Regel, sie bräuchten das nicht, sie seien ja völlig genügsam.[107]

Diesen »genügsamen« Älteren sind die sozialpolitischen Auswirkungen ihres Verhaltens, mit dem sie jüngere Menschen irritieren, kaum bewußt:

· *… Ich empfinde diese Haltung als problematisch, weil sie irgendwie den Bedürfnissen anderer Menschen ›in den Rücken fällt‹ – was die Älteren damit selbstverständlich nicht beabsichtigen; sie ist aber auch, als Lebenseinstellung, an sich problematisch, denn diese Betroffenen leben faktisch in bitterer Not!*

Ich spreche nämlich mit vielen Älteren über ihre Essgewohnheiten und Lebensbedingungen; ich beobachte sie und weiß, daß sie sich z.B. mit sehr einfachen Gerichten ernähren müssen – wobei ein Stück Fleisch oder ein Stück Sahnetorte schon unter Luxus rangieren! Ich sehe, daß sie sich äußerst dürftig mit alten, abgetragenen Kleidern bekleiden; ich erfahre, daß sie höhere Ausgaben für Medikamente haben, deren Kosten nicht mehr von den Krankenkassen übernommen werden – geschweige denn, wenn die Betroffenen über das Sozialamt versichert sind! … Dennoch behaupten diese nicht selten, sie hätten es, zum Beispiel einen neuen Wintermantel, nicht nötig, obwohl sie den alten seit mehreren Jahren tragen …[108]

Diesen Menschen, in deren Lebenslauf der bundesrepublikanische Wohlstand wie eine Episode zwischen zwei Krisen auftritt, sind lebensbedrohliche Armutstugenden, wie Genügsamkeit, Bescheidenheit oder Anspruchslosigkleit, bereits seit ihrer Kindheit ansozialisiert worden:

·· *… Wir erfahren nämlich, daß viele von ihnen aus Arbeiterhaushalten mit geringem Einkommen stammen, aus Familien also, in denen äußerst bescheiden gelebt wurde. Und diese Bescheidenheit und Anspruchslosigkeit, die heute wieder verlangt werden, praktizieren sie eben wieder.*[109]

»Ich verdiene zu wenig !« – die arbeitenden Armen

Arbeit schützt immer weniger vor Sozialhilfe. Dagegen wird diese für immer mehr Lohnabhängige unentbehrlich.[110] Eine bemerkenswerte Veränderung an der Struktur der Sozialhilfeempfänger im Stadtteil soll, nach den Erfahrungen unserer Befragten, die zunehmende Abhängigkeit von staatlicher Unterstützung unter Erwerbstätigen sein. Besonders betroffen müssen dabei Familien mit Kindern sein, deren Ernährer, trotz regelmäßiger Erwerbstätigkeit, die Lebenskosten ihrer Familien nicht mehr von ihrem Gehalt bestreiten können:

- *Der wesentliche Grund für die Zunahme der Sozialhilfeempfänger/innen unter Berufsfähigen war vor einiger Zeit die Arbeitslosigkeit. Nun erweiterte sich die Betroffenheit während der letzten Jahre auch unter den Erwerbstäti-*

gen, die sich mit der Begründung »ich verdiene zu wenig« beim Sozialamt melden. Der auch für unseren Stadtteil markante Unterschied zwischen realen Einkommen und Lebenskosten treibt viele Erwerbstätige in die Abhängigkeit von der Sozialhilfe, wodurch auch die Gesamtzahl der Sozialhilfeempfänger steigt. Es ist erstaunlich, wie durch die Lohnrunden in den letzten Jahren Arbeitnehmerfamilien dazu gebracht wurden, ihren Lebensunterhalt nicht mehr finanzieren zu können, sondern ergänzende Hilfen, zumindest aber Wohngeld, dazu nötig zu haben![111]

Sozialhilfebedürftig müssen in Sankt Pauli, einem Stadtteil mit übermäßig vielen Haushalten der untersten Einkommensgruppen, diejenigen Familien von Lohnabhängigen unter den Steuerzahlern immer gewesen sein, deren bereinigtes Nettoeinkommen unter dem vom Sozialamt jeweils errechneten Bedarf lag. Es kann mit Sicherheit angenommen werden, daß viele dieser Sozialhilfeberechtigten die ihnen oder ihren Kindern zustehenden Hilfearten nicht in Anspruch nahmen.[112] Neben Unkenntnis über ihre Ansprüche könnten sozialpsychologische Motive, etwa die Scham, als arm stigmatisiert zu werden, bei Arbeitsimmigranten zudem die weitverbreitete Angst, ausgewiesen zu werden, Gründe für das Nichtbeantragen von Sozialhilfe gewesen sein. Insofern kann die heute zunehmend auffallende Inanspruchnahme von Sozialhilfe durch erwerbstätige Betroffene eine Verhaltenswandlung unter dem Zwang der Verhältnisse bedeuten.

· *Ein Beispiel für Verarmung, trotz Erwerbstätigkeit, unter den heutigen Verhältnissen sind viele Familien von alleinverdienenden Erwerbstätigen in den Neubauten unseres Stadtteils. Sie haben oft eine Miete von ca. 850-900 DM zu zahlen; mit Strom- und Telephonkosten kommen sie bestimmt auf 1.000 DM Wohnungskosten insgesamt monatlich! Was muß man dann verdienen, fragen wir uns, um derartig hohe Geldsummen, allein für die Wohnung, selbst aufbringen zu können?!*
Um eine Familie mit etwa 2-3 Kindern zu ernähren, hat man als Alleinverdienender einen Sozialhilfesatz von etwa 2.400-2.500 DM monatlich. Das ist also das Notwendige! Wer, so kann man sich weiterfragen, hat heute ein so hohes Nettoeinkommen in diesem Stadtteil? – Auf jeden Fall nicht diejenigen, die als angelernte Arbeiter tätig sind! Und so wird es allen ersichtlich, daß die Lebensbedingungen immer mehr Arbeitnehmerfamilien dazu zwingen, Sozialhilfe zu beantragen.[113]

·· *Faktisch müssen beide Eheleute regelmäßig arbeiten, um sich selbst und ihre Kinder, ohne auf Sozialhilfe angewiesen zu sein, zu ernähren. Das vor allem, wenn sie nicht gerade die Hochgebildeten, sondern einfache Arbeitnehmer sind.*[114]

»Defizite« – Armutskarrieren

Bis zum Ausbruch der Krise konnten sie als Hafen-, Lager- oder Bauarbeiter immer bzw. immer wieder einen Job finden. Da es sich dabei um die reine Veräußerung ihrer körperlichen Kräfte handelte, konnten sie innerhalb einer Branche oder eines Werkes relativ beliebig eingesetzt werden; sie konnten auch die Branche wechseln oder, bei Konflikten, den alten für einen neuen Arbeitsplatz verlassen. Denn überall dort, wo schwer, nach Anweisungen, körperlich gearbeitet wurde, wurden sie auch immer gebraucht.

··· *Da ist keine weitere Qualifikation erforderlich! Man hat die Schaufel in die Hand zu nehmen und zu arbeiten oder man muß Steine tragen, wenn man z.B. als Bauwerker in der Bauwirtschaft beschäftigt ist. Gerade in der Bauwirtschaft hatten diese ungelernten Arbeiter befristete Arbeitsverhältnisse. In der Regel arbeiteten sie von Februar bis November, bekamen aber dann Schlechtwettergeld. Heute bekommen sie oft auch im Sommer keine Arbeit mehr und, wenn sie älter sind, haben sie kaum eine Chance, einen Job überhaupt zu finden. Sie werden einfach nicht mehr gebraucht!*[115]

Lange andauernde Arbeitslosigkeit führt immer mehr Arbeiter dieser Kategorie in die existentielle Abhängigkeit von der Sozialhilfe. Besonders betroffen sind dabei die älteren unter ihnen:

··· *Ja, das Alter spielt dabei eine entscheidende Rolle! Die meisten Firmen im Baugewerbe verlangen – wenn überhaupt – keine Arbeitskräfte über 40 Jahre mehr. Sehr junge Leute, ohne Arbeitserfahrung, möchten sie nicht haben, aber auch ältere nicht. Auf dem Arbeitsmarkt ist es schon im allgemeinen die Regel, daß dort, wo körperlich hart gearbeitet wird, nur noch Arbeitskräfte zwischen ca. 25 und 40 Jahren berücksichtigt werden.*[116]

Finden ältere Arbeiter dennoch eine Beschäftigung, handelt es sich dabei in der Regel um kurzfristige Jobs, die nur noch der »Korrektur« von Arbeitslosenstatistiken dienen:

··· *Ich weiß, daß es viele ältere Arbeiter gibt, die nach 6 oder 8 Jahren noch arbeitslos sind. Es ist dann eine Frage, was denn »arbeitslos« bedeutet! Wenn jemand innerhalb von 8 Jahren viermal einen Job von etwa einem halben oder einem Vierteljahr gehabt hatte, ist er am Ende statistisch betrachtet vielleicht ein halbes Jahr arbeitslos. In der Wirklichkeit aber hatte er innerhalb von 8 Jahren viermal einen kurzfristigen Job gehabt!*[117]

Den Betroffenen ist es nur zu bekannt, daß sie nach der Beendung derartig kurzfristiger Beschäftigungen unter einem Jahr keine Verbesserung ihrer Arbeitslosenhilfe zu erwarten haben. Dennoch nehmen einige von ihnen »jede Arbeit an«,[118] um den psychosozialen Folgen der Arbeitslosigkeit entgegenzuwirken:

·· *... Weil gerade sie auf Arbeit besonders fixiert sind! Sie haben nämlich immer gearbeitet. Auch während ihrer kurzfristigen Arbeitsunterbrechungen in der Vergangenheit waren sie stets darauf bedacht, eine Arbeit zu suchen bzw. zu finden! Das gelingt ihnen heute in der Regel nicht mehr, vor allem wenn sie älter sind. Und darunter leiden sie dann ganz besonders!*[119]

Einen automatischen Übergang von den Arbeitslosenunterstützungen (ALG/ALH) in die Sozialhilfe gibt es theoretisch nicht,[120] dafür aber mehrere Abschiebungsmechanismen in die akute Armut und Verelendung.

Klassisch ist mittlerweile das Beipsiel der harten Bestrafung aller eigensinnigen Arbeitslosen, die sich nicht sofort beim Arbeitsamt melden, sondern erst selbst eine Arbeit suchen:

... Ein Teil der Betreffenden, so ca. 10-20 v.H., kommen merkwürdigerweise nicht gleich, nachdem sie die Arbeit verloren haben zum Arbeitsamt, sondern erst 14 Tage oder gar 4 Wochen später! Sie sagen: »Ich habe noch selbst Arbeit gesucht«! Sie bekommen dann 14 Tage oder vier Wochen lang keine Unterstützung; sie sind während dieser Zeit auch nicht krankenversichert ...[121]

Klassich ist auch der Mechanismus der Sperrfristen geworden, durch den viele Betroffene aus dem Arbeitslosenhilfebezug und »meistens zugleich aus der Arbeitsplatzvergabe herausgestrichen werden; sie sind dann völlig auf laufende Hilfe zum Lebensunterhalt angewiesen.«[122]

Für Langzeitarbeitslose erweist sich die Kürzung der Arbeitslosenhilfe als äußerst gefährlich. Sie tritt möglicherweise dann ein, wenn

nach drei Jahren Arbeitslosenhilfebezug die mögliche Verdiensthöhe der Betroffenen tariflich neu eingestuft wird: »Dann kann eine enorme Kürzung des ALH-Betrages eintreten.«[123]

Ältere, ungelernte, so »auf Arbeit fixierte« Arbeitslose leiden besonders stark unter dem Zwang, sich als arbeitswillig stets legitimieren zu müssen, ohne jedoch eine reale Beschäftigungschance zu haben:

· *Der größte Teil der ungelernten älteren Sozialhilfeempfänger ab 50 Jahre in unserem Stadtteil hat keinen Anspruch mehr auf Hilfe beim Arbeitsamt. Faktisch müssen sie bis zum Rentenalter von der Sozialhilfe leben ...*[124]

··· *... Dennoch werden Ältere beim Sozialamt gezwungen nachzuweisen, daß sie sich beim Arbeitsamt um eine Arbeit bemüht haben! Nur unter dieser Bedingung bekommen sie ihre Sozialhilfe ausgezahlt.*[125]

Die beiden Hilfearten haben sich, wie bekannt, in vieler Hinsicht einander angeglichen, insbesondere was das Existenzminimum für ältere, ungelernte und abgeschobene Arbeiter anbelangt:

··· *Es macht praktisch keinen materiellen Unterschied mehr aus, ob man als Älterer nun 600 DM Arbeitslosenhilfe monatlich und 100 DM Wohngeld dazu oder den 418 DMSozialhilfesatz und die monatliche Miete ersetzt bekommt.*[126]

Bei ihrer Abschiebung in die akute Verarmung und Aussichtslosigkeit vermehren sich die »Defizite«, die diesen einfachen Arbeitern bzw. dem einzigen Eigentum, das sie besitzen, ihrer Arbeitskraft, angekreidet bzw. angelastet werden. Ihr »Bildungsdefizit« – hätten sie sich nur rechtzeitig um eine Ausbildung bemüht! -, ihr Alter und nicht zuletzt ihre durch Schwerarbeit in der Regel hart angegriffene Gesundheit werden miteinander kombiniert effektiv gegen sie gerichtet:

· *Sie sind ungelernte Arbeiter, die unter schweren Bedingungen hart gearbeitet haben. Heute stehen sie – ohne Ausbildung – da, und wenn sie keine Gelegenheitsarbeit durch Privatbeziehungen finden können, sieht es bei ihnen nicht nur finanziell ganz schlecht aus; sie erleben einen Verfall ihrer körperlichen und psychischen Kräfte, geraten in die Resignation ...*[127]

··· *Bei der Mehrheit dieser Arbeiter kann man von einem starken Verlust körperlicher und psychischer Kräfte ausgehen. Einfach, weil die Arbeit, die sie verrichten mußten, äußerst anstrengend und einseitig ist; sie zehrt die Kräfte auf! Beim Bau, zum Beispiel, ist es die Regel, daß die Arbeiter nach 20, spätestens aber nach 25 Jahren körperlich aufgebraucht sind. Dort ist ja kaum einer, der nicht einen Unfall gehabt hätte! Dazu kommt das Trinken, das auf dem Bau, wie bekannt, Usus ist. Ich habe nur wenige Arbeitslose aus diesem Bereich getroffen, die von sich selbst behaupten könnten, sie seien nicht krank ...*[128]

Trotz ihrer angegriffenen Gesundheit behaupten viele ältere Arbeitslose, nicht erwerbsunfähig zu sein. Ihre Angst, eine Minderung ihrer Arbeitsfähigkeit zuzugeben, liegt in der alten Erfahrung begründet, daß Alter in Kombination mit amtlich registrierten gesundheitlichen Einschränkungen das Herausschleudern betroffener Arbeitskräfte aus der Arbeitsvermittlung bedeuten, während eine attestierte Erwerbsunfähigkeit nur selten zur Bewilligung einer Erwerbsunfähigkeitsrente führt:

... *Wenn da auf seiner Karte gesundheitliche Einschränkungen bzw. Minderungen seiner Arbeitskraft vermerkt worden sind, hat der Betreffende kaum Chancen mehr, in seinem früheren Arbeitsbereich vermittelt zu werden. Wie könnte jemand, der z.B. nur noch 20–30 kg heben darf, etwa als Bauwerker vermittelt werden?! Und, wie ich schon sagte, mit dem Alter, nach 20-25 Jahren Schwerarbeit, sind diese Einschränkungen faktisch da. ... Andererseits kenne ich nur wenige, die eine Erwerbsunfähigkeitsrente bewilligt bekamen! Die meisten Anträge werden abgelehnt. So erfährt der betreffende Antragsteller, nach einem langen, erfolglosen Bewilligungsverfahren, daß er zwar weiter auf der Arbeitslosenliste steht, allerdings nun mit »starken gesundheitlichen Einschränkungen«, begutachtet durch den Arbeitsamtsarzt! Zieht dieser sein Gutachten nicht zurück – was in manchen Fällen auch vorkommt -, steht der Arbeiter mit den starken gesundheitlichen Einschränkungen dem Arbeitsmarkt nicht mehr zur Verfügung. Das heißt, er bekommt nicht nur keine Erwerbsunfähigkeitsrente, sondern auch keine Hilfe vom Arbeitsamt mehr! Er hat also kein Einkommen und muß sich beim Sozialamt melden. ...*[129]

Dieser Tiefpunkt dürfte signifikant für viele, voneinander unwesentlich divergierende Armutskarrieren innerhalb eines Teils der Arbeiterklasse in Hamburg und in Sankt Pauli sein. Er markiert das offizielle Ende eines Arbeitslebens, gekennzeichnet durch folgende Merkmale:

Einen, biographisch betrachtet, vermutlich frühen Anfang. Die Betroffenen, die in der Nachkriegszeit in der Regel die Volks- oder eine Sonderschule besuchten, wurden dann mit oder ohne Schulabschluß unter Arbeitsverhältnisse subsumiert, die keine formalen Qualifikationsanforderungen stellten.

Eine Diskontinuität, da die Betroffenen entweder als beliebig austauschbare Arbeitskräfte auch häufiger entlassen wurden, oder sich selbst einen Arbeitsplatzwechsel häufiger erlaubten, als die in den Betrieben relativ integrierten Facharbeitskräfte.

Ein verhältnismäßig niedriges Einkommen bei höchster körperlicher Anstrengung in für die Hamburger Wirtschaft der Nachkriegszeit keinesfalls unbedeutsamen Bereichen (Bauwirtschaft, Hafenbetriebe u.ä.).

Keine formalen Voraussetzungen und daher auch keine Chancen für einen innerbetrieblichen »Aufstieg«, dafür aber arbeitsplatzbedingte hohe Unfall- und Erkrankungsgefahr bzw. starken psychosomatischen Verschleiß.

Ihr minimales gesellschaftliches Ansehen in der Klassen- und Konsumgesellschaft der Bundesrepublik mußten diese, mit einer Kette von »Defiziten« versehenen Bundesbürger[130] durch den ständigen Nachweis von Arbeitswilligkeit und Arbeits«fähigkeit« erhalten. Arbeit als die einzig legitime Existenzquelle und diese als die Legitimation einer Existenz außerhalb der staatlichen Anstalten bzw. in »Unabhängigkeit« von einer »Betreuung« durch die bevölkerungspolitischen Einrichtungen sind reale Verluste, die sie bei ihrer Abschiebung in die Erwerbslosigkeit erleiden müssen.Klassische Folgen eines derartigen »Abstiegs« in die akute Verarmung und Abhängigkeit sind die Auflösung früherer familialer Bindungen und der häufige Wohnungswechsel bei vielen dieser Betroffenen.[131]

Die alleinstehenden Wohnungslosen

»Berber« in Sankt Pauli

Obdach- oder Wohnungslosigkeit – ein Zustand akuter Verarmung und Ursache für somatische Erkrankungen und psychische Verelendung – haben zu keiner Zeit aufgehört, die Lebenslage von eigentumslosen Menschen in Sankt Pauli zu kennzeichnen. Seit Anfang der 80er Jahre machen sie sich wieder stark im Stadtteil bemerkbar.[132]

Alleinstehende Wohnungslose sind heute in den meisten Wohnvierteln des Stadtteils anzutreffen. Viele alleinstehende Wohnungslose oder »Berber«, wie man sie noch nennt – so ein Experte vor Ort – »halten sich in diesem Stadtteil auf, d.h. sie leben hier auf der Straße, weil hier, in der Vielfalt, ein geringes Maß an Ressentiments gegen diesen Personenkreis wahrzunehmen ist.«[133] Dieser Einschätzung stimmten auch weitere Befragte zu, die sich zur Haltung der nichtbetroffenen Bevölkerung gegenüber den alleinstehenden Wohnungslosen im Stadtteil äußerten. Einige von ihnen nannten, über »diese spürbare Toleranz gegnüber Minoritäten«[134] hinaus, konkrete Hilfearten – etwa kleine Geld- und Sachspenden oder gewisse Übernachtungsmöglichkeiten – die in Sankt Pauli an die Betroffenen spontan geleistet werden. Sie machten aber auch auf die objektiv engen Grenzen finanzieller und sonstiger materieller Belastbarkeit der Bevölkerungsmehrheit im Stadtteil aufmerksam: »Wir leben hier in einem Stadtteil, in dem viele Menschen, die keine normale Wohnung mehr haben, auf der Straße leben und oft um Hilfe bitten müssen. ... Das Geld aber, was sie dadurch bekommen, ist in der Realität sehr gering ...«[135] Machtlos scheinen sich viele Stadtteilbewohner/innen vor offensichtlich geschwächten, kranken und/oder drogenabhängigen Menschen zu fühlen, »... die oft da auf der Straße bewußtlos liegen ... Dann schauen viele nicht mehr hin und gehen betroffen schnell vorbei. Dieses Verhalten, eine Mischung aus Mitleid, Angst und Ohnmacht, ist auch in Sankt Pauli nicht selten zu beobachten.«[136] Dennoch fallen Stigmatisierungs- und Isolierungstendenzen gegen die Betroffenen, von denen »viele immer hier gelebt und gearbeitet haben«[137] kaum auf. »Es ist meines Erachtens die Tradition dieser Erfahrung, daß es immer mal Zeiten der Arbeits- und Wohnungslosigkeit, Zeiten der tiefsten Verarmung gegeben hat, die diesem Verhalten vieler Sankt Paulianer zugrunde liegt.«[138]

Diskriminiert, zuweilen auch mißhandelt, werden »Berber« in Sankt Pauli dagegen durch die »Ordnungsmacht«, und zwar in der Regel aus »tourismuswirksamen Gründen«, wie ein Befragter berichtete:

»In Sankt Pauli findet man sehr viele sogenannte Berber. Wenn man, zum Beispiel, im Sommer über die Reeperbahn geht, sieht man an einem frühen Abend bestimmt so ca. 50 bis 60 Personen, die sich in kleinen Gruppen mit ihrem Wein irgendwo niedergelassen haben. Im Winter versammeln sie sich dagegen häufig unten in der S-Bahnhalle am Nobistor. Und dort habe ich häufig erlebt, daß Zivilfahnder die Betroffenen angehalten haben, ihre Personalausweise kontrolliert, sie malträtiert und herausgedrängt haben. ... Nach solchen Eingriffen gehen die ›Berber‹ dann nach oben, bewegen sich etwas herum, und sobald sich die Polizisten entfernt haben, kehren sie zu ihrem Treff wieder zurück. Das ist ein Ort in Sankt Pauli, wo sich also viele ›Berber‹ treffen und wo die Ordnungsmacht oft eingreift und sie zerstreut, meistens aus tourismuswirksamen Gründen ...«[139]

Wohnungslosigkeit und Tourismus – Zur Entfernung von »Schandflecken aus dem Stadtbild« Anfang der 60er Jahre

Ältere Sankt Paulianer/innen erinnern sich noch an die gewaltsame Räumung bestimmter Wohngegenden des Stadtteils von den letzten Wohnwagen und anderen Armenbehausungen und an die Vertreibung vieler ihrer Bewohner aus dem Stadtteil Ende der 50er, Anfang der 60er Jahre. Fünfzehn Jahre nach Kriegsende lebten auf Trümmerflächen zwischen Altona (Altstadt) und Sankt Pauli, am Rande des Vergnügungsviertels, immer noch viele Wohnungslose unter primitiven Bedingungen. Sie hausten dort in diversen Behelfsunterkünften, darunter Wohnwagen, von denen viele kaum mehr fahrtüchtig waren. Alleinstehende wohnungslose Frauen und Männer sowie viele Familien mit Kindern bevölkerten diese »Wohnwagen-Kolonie« in der Nähe der Reeperbahn, die nach offiziellen Schätzungen die größte in Hamburg war.

Ende der 50er Jahre standen diese Menschen den Sanierungs- und Neubebauungsplänen der Stadt Hamburg bzw. der »Neuen Heimat«

im Wege; ihre Präsenz und Lebensverhältnisse störten überdies die fortschreitende Modernisierung und die Überwachung des Tourismus- und Vergnügungsgeschäfts. Sie mußten verschwinden! Dafür sorgten Senat und Bürgerschaft mit ihrem »Wohnwagengesetz« von 1959, das – so »Die Welt«[140] – endlich »Ordnung, Klarheit und Sauberkeit« schaffte und das Ansehen der Freien und Hansestadt Hamburg bei den Touristen rettete: »Mit der Anwendung des Wohnwagengesetzes ist nicht nur auf vernünftige Art ein soziales Problem gelöst worden, sondern die Hansestadt braucht sich in diesem Punkt jetzt als Stadt des Fremdenverkehrs auch nicht mehr zu schämen« – resümierte erleichtert das Springer-Blatt unter dem Titel »Die letzten Wohnwagen verschwinden«![141]

Charakteristisch für diese »vernünftige« Art der Lösung sozialer Probleme sind in diesem Fall die folgenden Fakten:

Der Hamburger Senat stellte alle Betroffenen in Hamburg vor die Entscheidung, entweder sich mit ihren Wohnwagen »... aus Hamburg zu verziehen oder sich hier festen Wohnraum zu beschaffen oder sich obdachlosenpolizeilich unterbringen zu lassen.«[142]

Konnten sich die Betroffenen einen »festen«, menschenwürdigen Wohnraum in Hamburg beschaffen? Vermutlich kaum. Denn der Senat sah sich selbst nicht in der Lage, diesem Personenkreis Wohnraum anzubieten. Ihm war es einfach »unmöglich«, die Betreffenden »... alsbald nach dem Inkrafttreten dieses Gesetzes ordentlich unterzubringen ...«[143]

Eine »obdachlosenpolizeiliche« Unterbringung erwartete, infolge der Wohnungsnot in Hamburg, all diejenigen Betroffenen, die keinen fahrtüchtigen bzw. abfahrbaren Wohnwagen besaßen, sondern in den verschiedenen Behelfsunterkünften lebten.

Der Hamburger Senat sah also die »Lösung« dieses sozialen Problems hauptsächlich in der Vertreibung der Obdachlosen aus ihren Unterkünften und in der »Umquartierung« der registrierten Wohnwagenbenutzer »... auf besonders hergerichtete, versorgte und überwachte Stellplätze ...«[144] am Rande der Stadt. Dort sollten die Betroffenen auf ihre Unterbringung in Wohnräume warten oder genauer: sie sollten aus diesen überwachten Stellplätzen in ihnen angemessene Wohnungen entlassen werden: »Aber auch die neuen Plätze sind nicht für die Ewigkeit angelegt: das Gesetz sieht vor, daß sich alle Wohnwagenbewohner als Wohnungssuchende melden müssen. Im Laufe der Zeit werden sie dann in ›Schlichtwohnungen‹ (Mittelganghäuser), etwas bessere ›Übergangswohnungen‹ oder auch in normale Wohnungen umquartiert, je nachdem, wohin sie passen«[145] – informierte »Die Welt« ihre Leser über die gesetzlich geplante Wohnperspektive dieser Menschen. Sie zitierte unmittelbar danach den Bausenator Nevermann, der eine grundsätzlichere Überzeugung des Senats zum Ausdruck brachte: »In einer Großstadt wie Hamburg muß man aber immer damit rechnen, daß ein gewisser Rest von Asozialen übrigbleibt.«[146] Die »Rest«-Größe der »Asozialen« war für den Senat 1959 allerdings derartig konkret, daß er sie bereits bei der Berechnung des Bodenflächenbedarfs für die Errichtung der Wohnwagenlager unberücksichtigt lassen konnte! »Läßt man die Wohnwagenbenutzer unberücksichtigt, die (...) als asoziale Elemente (...) letztlich in Obdachlosenasyle kommen werden, so ...« etc.[147] Den Urhebern des Gesetzes ging es um die vorsorgliche Diskriminierung derjenigen bereits gezählten Obdachlosen, die – wie erwähnt – über keinen Wohnwagen verfügten, und das waren offensichtlich nicht wenige: »Vielfach stehen auf den öffentlichen Straßen und Plätzen oder auf privaten Grundstücken auch Behausungen, die reine Bretterbuden sind. Sie kann man nicht mehr versetzen, und ihre Bewohner werden den Weg ins Lager gehen müssen«[148] – drohte »Die Welt« nach der Verabschiedung des »Wohnwagengesetzes«. »Wohnwagen« – und/oder Bretterbudenbewohnern, die ihre weitere Diskriminierung vermeiden wollten, stand das Ergreifen der Flucht offen! Dies erwartete man insbesondere von »bestimmten« Sankt Paulianern/innen:

»Wenn erst die größeren Aktionen beginnen, rechnet man auch damit, daß im entscheidenden Augenblick noch verschiedene Wohnwagen fluchtartig verlassen werden, nämlich dann, wenn ihre Bewohner zu jenen gehören, deren ›Gewerbegebiet‹ auf St.Pauli liegt.«!![149]

Über diese Diskriminierungen und Drohungen hinaus sollte eine Kriminalisierung der Betroffenen die harten Polizeimaßnahmen gegen sie bzw. ihre Vertreibung rechtfertigen.

Das »Versagen« etwa der Verwaltung bei der Wasserversorgung, der Müllabfuhr usw. in diesen Armengebieten sowie Bemühungen der Bewohner, sich mit Hilfe der Nachbarschaft selbst zu versorgen, wurden bei der »Begründung zum Entwurf des Gesetzes« zu quasi kriminellen Handlungen der »Wohnwagenbenutzer« umgewandelt.[150]

Gefahren, die sich möglicherweise aus diesen miserablen Wohn- und Lebensverhältnissen für die Betroffenen selbst ergeben könnten, wurden zu »Gefahren für die Volksgesundheit und für die öffentliche Sicherheit und Ordnung«[151] in Hamburg hochstilisiert. Seuchenverbreitung und Brandkatastrophen drohten demzufolge der Millionenstadt, während die Kinder und Jugendlichen in und an diesen Siedlungen dem Übel erheblicher Gesundheitsgefährdungen ausgesetzt waren![152] Letzteres bezog sich eindeutig auf Sankt Pauli, wo »... bezeichnenderweise« – so »Die Welt« – »die meisten Wohnwagen stehen«[153] und wo – so die Verfasser des Gesetzentwurfs – »... die Wohnwagenansammlungen um das Vergnügungsviertel (...) einen sozialen Mißstand hervorgerufen (haben), der selbst im Ausland bekannt geworden ist und die Sittenpolizei mit besonderer Sorge erfüllt.«[154] Das war sozusagen der Höhepunkt in der Argumentation des Senats, der sich nun, tiefstens besorgt, dazu verpflichtet sah, gegen Mißstände und »Täter« harte Maßnahmen zu ergreifen: »Die Polizei wird auch sonst im Zusammenhang mit der Wohnwagenaufstellung vielfach beschäftigt.«[155]

Dies ist nur ein Beispiel dafür, wie »Schandflecken aus dem Stadtbild«[156] Hamburgs Anfang der 60er Jahre entfernt wurden – hauptsächlich aus »tourismuswirksamen« Gründen. ...

Stigmatisierung und Ausgrenzung – Theorie und Praxis

Die Lebenslage der alleinstehenden Wohnungslosen wird durch derartig umfassende und harte Verluste gekennzeichnet, daß sie mit Lebensgefahr leicht identifiziert werden kann. »Berber« leben faktisch unter dem offiziellen Existenzminimum, sie sind materiellen Entbehrungen und Fremdbestimmungen ausgesetzt, die ihre einfache Existenz unmittelbar bedrohen.

Einige Fragen zur Entstehung von Obdachlosigkeit und zur Existenzlage alleinstehender Wohnungsloser in Sankt Pauli diskutierten wir mit einem engagierten Experten, der seit vielen Jahren im Obdachlosenbereich tätig ist. Ausschnitte aus diesem Gespräch werden wir im folgenden zitieren.[157]

Charakteristisch für den Umgang mit Armut in diesem Wirtschafts- und Herrschaftssystem ist die gezielte Diskriminierung verarmter Menschen. Extrem stigmatisiert werden dabei unter allen politischen Regimen die alleinstehenden Obdachlosen. Unter der Naziherrschaft hießen sie »Nichtseßhafte«, Nachkriegsdemokraten bezeichneten sie als »asoziale Elemente«. Beiden Bezeichnungen lag die Absicht zugrunde, die Obdachlosigkeit auf Persönlichkeitsmerkmale der Betroffenen zurückzuführen, die Betroffenen zu stigmatisieren und Sondermaßnahmen gegen sie zu legitimieren. Seit dem Ausbruch der heutigen Krise, so »seit gut zehn Jahren« arbeitet man wieder daran, bei obdachlosen Menschen »spezifische Persönlichkeitsmerkmale« ausfindig zu machen:

· *Nur, die Hoffnung mancher Psychologen, Persönlichkeitsmerkmale bei Obdachlosen zu entdecken, die – im Vergleich zu Nichtobdachlosen der gleichen oder ähnlichen sozialen Herkunft – die Obdachlosigkeit der Betroffenen begründen könnten, wurde enttäuscht. ... Man hat dagegen gemerkt, daß die Anzahl der alleinstehenden Wohnungslosen, die Neueintritte in die Wohnungslosigkeit also, bundesweit zur Arbeitslosigkeit stieg. ... Kritische Untersuchungen bestätigten ferner etwas, was wir eigentlich seit langem vermuteten: die Anzahl der alleinstehenden Wohnungslosen hängt immer mit der Arbeitslosenquote zusammen, während die Dauer der Wohnungslosigkeit durch den Wohnungsmarkt bestimmt wird. ...*
Ich betrachte es als völlig nachgewiesen und belegbar, daß gesellschaftliche

Mechanismen, d.h. einfach der Markt, insbesondere der Wohnungs-, der Arbeits-, der Geld- und der Beziehungsmarkt, bestimmen, wer wohnungslos wird und wer nicht und nicht die individuellen Persönlichkeitsmerkmale der Betroffenen!

Obdachlosigkeit wird faktisch auch durch die Praktiken der Sozialämter vor Ort produziert:

· *Seit Anfang 1986 ist es auch in der Weltstadt Hamburg endlich möglich, daß Mietschulden für Alleinstehende nach dem BSHG übernommen werden. Wir merken aber, daß die Sozialämter, von sich aus, dies in vielen Fällen nicht tun! Dadurch kommen die Betroffenen, so unkontrolliert, in die Obdachlosigkeit oder in die staatlichen Obdachlosenlager. Ich beziehe das auf die Sozialämter in Altona und hier in Sankt Pauli, mit denen wir zu tun haben …*

Typisch für die Funktion der Sozialämter bei der Produktion akuter Verarmung und Wohnungslosigkeit, d.h. für die Ausgrenzung der Ärmsten, ist der »schlechte Ruf« dieser Institutionen in vielen Arbeiterstadtteilen:

· *Es ist ein ganz klarer Widerspruch zwischen den gesetzlichen Möglichkeiten des Sozialhilferechts und der tatsächlichen Hilfegewährung durch die Sozialämter festzustellen. Aber das Ortsamt Sankt Pauli wie auch das Bezirksamt Altona waren mit unter den Ämtern in Hamburg, die sich diesbezüglich besonders negativ hervorgetan haben … Heute haben einen schlechten Ruf beispielsweise die Ämter in Billstedt, in Wilhelmsburg und zum Teil in Harburg. …*
Es ist also völlig klar: Je mehr Arme nach dem Recht fragen, desto restriktiver wird die Praxis!

Für die am tiefsten verarmten, alleinstehenden Obdachlosen bedeutet die »restriktive Praxis« dieser Ämter: Hunger, Frieren, Krankheit, schlicht Lebensgefahr! Wenn diesen Menschen das Recht auf Sozialhilfe nicht unbedingt, d.h. nicht von den Ämtern aus, gewährt wird; wenn ihnen das Existenzminimum durch die Politik der Ämter weiter minimiert wird, so ist diese Politik eine »Existenzminimierungspolitik«, die Menschen in den frühzeitigen Tod treibt. Und so werden Sozialberater, deren Hauptaufgabe die Unterbringung Obdachloser in menschenwürdige Unterkünfte sein sollte, gezwungen, erst das Existenzminimum für viele Betroffene zu »erkämpfen«:

· *Es ist uns zwar klar, daß die Sozialhilfe für die materielle Absicherung der Betroffenen nicht ausreicht. Zugleich merken wir aber, daß dieses elementare Recht auf Sozialhilfe den Wohnungslosen wie auch anderen verarmten Menschen nicht gewährt wird! Wir sind also permanent damit beschäftigt, bei den hier örtlichen Sozialämtern, das was wenigstens nach dem Sozialhilfegesetz möglich ist, für die Betroffenen durchzusetzen!«*

Unter diesen Umständen sieht sich kritische soziale Arbeit mit alleinstehenden Obdachlosen im Stadtteil kaum in der Lage, die soziale Frage Wohnungslosigkeit effektiv, d.h. über die Erkämpfung elementarer Rechte bzw. über die minimale Befriedigung elementarer Bedürfnisse Betroffener hinaus, zu bekämpfen:

· *Das, was du mit Sozialarbeit überhaupt machen kannst, ist, die Obdachlosigkeit als ein zentrales strukturelles Armutsproblem dieser Gesellschaft zu begreifen und deine primären Aufgaben in den folgenden Bereichen zu sehen: Die materielle Existenz gefährdeter Betroffener abzusichern; – eine Wohnung für die Obdachlosen zu finden und den Wohnraum der von Obdachlosigkeit Bedrohten zu erhalten und den Wohnungslosen gegen ihre soziale Isolation oder Vertreibung zu helfen.*

Soziale Isolation

Alleinstehende Wohnungslose sind in ihrer Mehrheit keine Menschen, die die Einsamkeit suchen oder soziale Beziehungen meiden oder ablehnen, so wie auch Wohnungslose nicht aufhören, unterschiedliche Vorstellungen über Wohnen und über die Gestaltung ihres Privatlebens zu haben! Alleinstehende Wohnungslose haben dagegen Angst, aus ihrem sozialen Zusammenhang herausgerissen, in »Reservate« gebracht und/oder Zwangsgemeinschaften unterworfen zu werden. Dennoch sind Wohnungslose – unter dem Zwang der Verhältnisse – nicht selten bereit, eine Wohnung außerhalb ihrer gewohnten Umgebung zu nehmen. Einige von ihnen wünschen sich sogar, aus dem Stadtteil umzuziehen, um sich entweder aus alten, sie belastenden Beziehungen zugunsten neuer Lebensgemeinschaften zu entfernen oder um überhaupt einen »neuen Anfang« zu machen. Manche, die bereits Erfahrungen mit Massenunterkünften gemacht haben, sehen in ihrer Unterbringung in eine normale Wohnung – und sei es in einer ihnen unbekannten Umgebung am Stadtrand – eine Chance für die »Normalisierung« bzw. für die Reorganisierung ihres Privatlebens. Nach diesen, zum Teil freiwilligen Umzügen in Stadtrandgebiete erfolgt jedoch nicht immer die gewünschte Integration der Betreffenden in ihre neue soziale Umgebung:

· *So macht man halt auch die Erfahrung, daß ein Teil dieser Menschen sich zwar ernsthaft bemüht hat, dann aber die Wohnung wieder aufgeben mußte ... Die Betroffenen konnten das Leben in der neuen Umgebung nicht aushalten; sie fühlten sich dort entfremdet bzw. sozial isoliert, ihre psychische oder körperliche Situation hatte sich verschlechtert ... Die Betroffenen beschreiben dann die soziale Umgebung, den Umgang der Menschen zueinander, hier in Sankt Pauli und Altona als »menschlicher«. Und wenn sie hier eine Wohnung bekommen, bessert sich sichtlich auch ihre Situation ...*[158]

Lebensgefährlich wird eine, wie auch immer gemodelte bzw. genannte Entfernung aus ihrer Wohngegend für diejenigen Betroffenen sein, die »schon immer hier gelebt« haben. Für die Frauen und Männer, die im Stadtteil oder in den benachbarten Arbeiterwohngegenden zu Hause sind und die auch gegenüber Sozialberatern den Wunsch äußern, in ihrem Stadtteil zu bleiben:

· *Ja, es gibt viele Betroffene, die den klaren Wunsch äußern, eine Wohnung hier im Stadtteil zu bekommen! Das gilt ganz besonders für diejenigen, die in diesem Stadtteil als Alleinstehende lange leben und sich mit einfacher Arbeit über Wasser gehalten haben. Sie sind in diesen Gegenden am Hafenrand integriert und kennen den Stadtteil sehr gut! Sie haben eigentlich hier immer, d.h. jahrzehntelang, gearbeitet. Als Gelegenheitsarbeiter, zum Beispiel als einfache Hafenarbeiter. Früher, als sie noch eine Beschäftigungsmöglichkeit hatten, konnten sie sich im Stadtteil eine Unterkunft leisten. Oder – waren sie dann mal arbeitslos – sie fanden in dieser ihnen vertrauten sozialen Umgebung Übernachtungsmöglichkeiten. ...*
Deswegen lieben sie diesen Stadtteil halt heute noch, obwohl sie mit ihren illusorischen Hoffnungen, vielleicht doch noch eine Gelegenheitsarbeit zu finden, eigentlich in der Vergangenheit leben ...
Für diese Menschen ist es einfach lebenswichtig, in ihrem gewohnten sozialen Zusammenhang weiterzuleben ...[159]

Vertreibung? Obdachlosenvertreibung als Bevölkerungspolitik liegt die eindeutige Absicht zugrunde, Arme, deren Anwesenheit, Lebensformen und Verhaltensweisen eine optimale Verwertung ihres Aufenthaltsgebietes

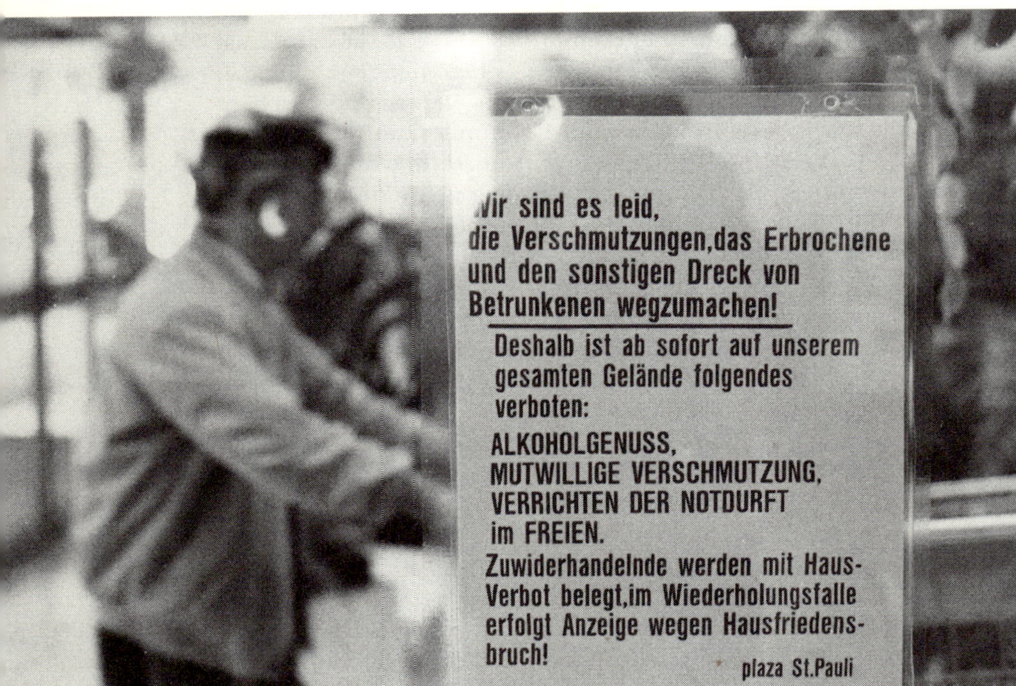

stören oder stören könnten, aus dem Stadt- oder Ortsteil zu verdrängen oder sie einfach gewaltsam abzuschieben.

Radikale Maßnahmen gegen die Betreffenden erscheinen dann als unvermeidbar, wenn ihr Dasein mit konkreten Wirtschafts- und Ordnungsinteressen eindeutig kollidiert. In Armenstadtteilen wie Sankt Pauli, die nicht nur dem Wohnen dienen, treten derartige Interessenkollisionen in der Regel nach Katastrophen und/oder Krisen in Erscheinung, deren Bedingungen und Folgen massive Verarmung und Obdachlosigkeit verursachen und gleichzeitig profitversprechende Strukturveränderungen im Stadtteil »verlangen« bzw direkt begünstigen.

Strukturveränderungen in Sankt Pauli, einer dem Tourismusgeschäft traditionell – heute sogar fast ausschließlich – zugeteilten innerstädtischen Region, bedeuten Eingriffe in seine Sozialstruktur, letztendlich tendenzielle Anpassung derselben an die Erfordernisse des dominierenden Geschäfts. Gleichwohl, ob es bei diesen Veränderungen um die »Sanierung«/Aufwertung traditionellen Angebots, um die Neugestaltung/Massifikation des einen oder um eine Diversifikation/ »Verfeinerung« des anderen Bereichs geht: Die Ware kann ohne passende »Verpackung« – und das ist der Stadtteil – kaum gewinnbringend vermarktet werden.

Derartige krisenbedingte Wandlungen in einem Armenstadtteil können die Ursache von Angriffen gegen bestimmte Populationen auch dann sein, wenn die Betreffenden kaum in der Lage sind, sich deren Realisierung zu widersetzen oder ihre eigenen Interessen zu verteidigen. Sobald sie als unpassend empfunden werden, werden sie ihren Platz räumen müssen.

Eine systematische »Entfernung« von Obdachlosen aus Sankt Pauli ließe sich heute anhand bestimmter »Tatsachen« als »notwendig« erklären:

In Sankt Pauli sei eine »auffallende« Ansammlung von alleinstehenden Wohnungslosen festzustellen; eine Versorgung der Betroffenen mit Wohnraum im Stadtteil ihrer Wahl sei dagegen sehr problematisch. Das Wohnraumangebot (sog. normale Wohnungen) für Alleinstehende aus diesem Personenkreis sei sehr begrenzt. Viele Betroffene sind daher auf Unterkünfte in privaten Pensionen oder Hotels angewiesen. Es gibt im Stadtteil keine öffentlichen Übernachtungsstätten.

Unter diesen Umständen sei offensichtlich, daß die Lebensverhältnisse eines Teils der betreffenden Personen akute Gefahren in sich bergen. Gedacht wird primär an das »Wohl der Betroffenen«, etwa an ihre persönliche Sicherheit, die kaum gewährleistet werden kann, oder an ihre Gesundheit, die unter unhygienischen Lebensbedingungen stark gefährdet wird. ...

In der Realität werden derartige »objektive« Argumente für die Vertreibung von »Berbern« aus bestimmten Stadtgebieten immer mit Hinweisen auf deren »ungewöhnliche« Verhaltensweisen kombiniert, wodurch latent vorhandene Angstphantasien gegen sie geweckt werden:

»Berber« sind eben in der Regel ungewöhnliche Arme. Statt sich ihrer Armut zu schämen, tragen sie das Elend dieser Gesellschaft zur Schau. Sie lassen sich an offenen Plätzen nieder, sie trinken, werden depressiv oder aber auch aggressiv – ja, sie seien »unanständig«, fallen auf, sind unberechenbar oder vielleicht auch gefährlich?! Das vor allem, wenn sie nicht vereinzelt, sondern in Gruppen auftreten ... Und das tun sie eben gewöhnlich ...

Mit diesen Armen kann sich ein Vergnügungsviertel nicht einfach schmücken – sie müssen diskriminiert werden, um dann »zerstreut« werden zu können. Etwa wegen Beeinträchtigung der öffentlichen Sicherheit und Ordnung oder wegen Gefährdung der »Volksgesundheit«. Dieses wäre beinah »dort unten an der Reeperbahn, in der S-Bahnhalle« der Fall gewesen, »wo es stark gestunken hat, weil die Toilette dort einige Zeit lang geschlossen war! Und ich habe es beobachtet und festgestellt, daß die Bahnhofstoilette erst dann wieder aufgemacht wurde, als es dort wirklich so stark gestunken hat, daß man sich beim Aussteigen aus der S-Bahn die Nase zuhalten mußte ...«[160]

Wenn es um die Diskriminierung von Armen geht, läßt man sich eben immer etwas einfallen![161]

Sankt Pauli und die »Ordnungsmacht«

»Aufmüpfigkeit« und Widerstand

Als eines der auffallendsten Charakteristika Sankt Paulis haben wir die massive Präsenz der Polizei in diesem Stadtteil hervorgehoben. Wir sprachen auch von einer Art »Kolonisierung« dieses Stadtgebietes, um so auf das spürbar distanzierte Verhältnis der Bevölkerungsmajorität zum starken Polizeiaufgebot, zur andauernden Anwesenheit und nicht zuletzt zu den gezielten Aktionen der Beamten auf Sankt Pauli hinzuweisen. Selbstverständlich liegen dieser Präsenz der Staatsmacht auf Sankt Pauli politische Entscheidungen zugrunde, die nicht im Polizeirevier um die Ecke gefällt werden, selbst wenn dieses eines der größten und (post)modernsten ist und auf einer der zentralsten Ecken Sankt Paulis steht!

Der gesellschaftspolitischen Implikationen der Überwachung ihres Stadtteils sind sich erfahrene Sankt Paulianer/innen bewußt; manche sehen in diesem Zustand das »ungeteilte Mißtrauen der Hamburger Obrigkeit« gegen sie, wie ein alter Stadtteilbewohner es zum Ausdruck brachte – ein Mißtrauen, das offensichtlich auch mit Mißtrauen erwidert wird. Dazu einer unserer Befragten:

> ·· *Diese kritische Haltung, die wir in anderen Zusammenhängen als »Aufmüpfigkeit« erleben und so nennen, hat in diesem Stadtteil eine lange Tradition. Zwar kommt sie nicht immer als Widerstand zum Ausdruck, doch wenn man genauer hinsieht, erkennt man in dieser Haltung ein klares Zeichen von Nichtanpassung, eine gewisse Bereitschaft bei den Menschen, der Obrigkeit zu widerstehen.*[162]

In welchen Zusammenhängen tritt diese »Aufmüpfigkeit« in Erscheinung? Welches sind ihre gesellschaftlichen Ursachen? Läßt sie als »kritische Haltung«, als »Zeichen von Nichtanpassung« oder als eine »gewisse Bereitschaft« zum Widerstand eine besondere Überwachung des Stadtteils rechtfertigen? Spielt sie überhaupt eine Rolle bei der starken Polizeipräsenz im Stadtteil? Diese und eine Reihe von weiter-

Sexy

American

führenden Fragen, die sich aus einer konsequenten Auseinandersetzung mit diesem Thema ergeben könnten, lassen sich aufgrund von Beobachtungen oder Expertenbefragungen kaum befriedigend beantworten.[163] Wir beschränken uns an dieser Stelle auf einige Tatsachen, auf Verhaltensweisen und auf politische Entscheidungen, die höchstwahrscheinlich diese Haltung gegenüber der Obrigkeit, ihren Repräsentanten und ihren Organen in Sankt Pauli hervorrufen oder stärken.

Sankt Pauli als innerstädtisches Gebiet, als Ort des Fremdenverkehrs, als traditionelles Hamburger Vergnügungsviertel und als mutmaßlicher Sitz organisierter Krimineller wurde immer einer strengen Polizeikontrolle unterzogen. Sankt Paulianer vermissen dabei Erfolge der Polizei:

· *Wenn die tatsächliche Kriminalität, die es dort gibt, bekämpft werden soll, so arbeitet die Polizei in diesem Bereich eigentlich recht erfolglos und macht sich dabei selbst lächerlich. Neulich gab es zum Beipisiel eine Razzia mit einem Einsatz von 400-500 Polizisten, die alles besetzt und blockiert hatten, mit dem Ergebnis: Festnahme von 2-3 Personen. Und das war's! So fragen sich die Menschen, was eigentlich mit der Polizei los sei. Wenn sie wirkliche Ganoven sucht, findet sie sie, in der Regel, nicht! Man erzählt also dann darüber und macht sich lustig über die Staatsmacht …*[164]

Auffallend stark ist die Präsenz der Staatsmacht auch in Ortsteilen bzw. Gegenden Sankt Paulis, die fast ausschließlich dem Wohnen dienen. Man stellte fest, daß in solchen Gegenden Peterwagen »in einem 3-4 Minuten-Takt vorbeifahren.«[165] Als Polizisten können optisch hauptsächlich uniformierte Beamte wahrgenommen bzw. identifiziert werden. Das Streifen von Polizeiwagen durch die Wohngegenden ist insofern eine zusätzliche Machtdemonstration zu der Präsenz und den Aktivitäten von Zivilfahndern und Beamten aus anderen Abteilungen, die – wie Bürger berichten – massiv, aber »unauffällig« auf Sankt Pauli operieren.

· *Die Menschen hören und sehen nicht gerne, daß im Stadtteil die Polizei stets präsent ist. Dies, weil sie wissen, daß ihre Probleme nicht dadurch gelöst werden, daß die Polizei da immer massiver in Erscheinung tritt!*[166]

Sie stellen dagegen fest, daß die zunehmende Militarisierung des Alltags auf Sankt Pauli mit der Dauer und der Vertiefung von Erwerbslosigkeit und Verarmung, Krankheit, Sucht und Verelendung, Wohnungslosigkeit und sozialer Ausgrenzung im Stadtteil parallel verläuft. Und sie erleben und erfahren, daß diese jungen, gesunden, durchtrainierten, schwer ausgerüsteten bzw. bewaffneten Männer, die sich dort vor Gebäuden, Anlagen und anderen »Schutzobjekten« postieren, oder die sich in ihren Mannschaftswagen auf Nebenstraßen in Bereitschaft halten, ausschließlich Interessen dienen, die der absoluten

Mehrheit der Stadtteilbevölkerung völlig fremd, wenn nicht eindeutig konträr sind.

Sankt Paulianer/innen empfinden – nach eigenen Angaben [167] – diese Eingriffe in ihren Alltag als »störend«, »lästig« oder »bedrohlich«, weil sie dadurch »stets beobachtet und kontrolliert«, in ihren Aktivitäten »behindert« oder in ihrer »Bewegungsfreiheit eingeschränkt« werden; weil ihre »Kleinkinder oder ihre Bettlägrigen zu Hause« durch die oft »tief über die Dächer fliegenden und schrecklich lärmenden Polizeihubschrauber« erschreckt werden, oder weil sie als ältere Menschen durch die Straßensperren »an Zeiten des Schreckens und der Verfolgung erinnert« oder irritiert werden.

Sankt Pauli ist ein alter Arbeiterstadtteil, und es ist immer zugleich die Wohngegend von oppositionellen, systemkritischen oder revolutionären Gruppen gewesen. Heute gilt die Überwachung des Stadtteils offiziell und in erster Linie der Bekämpfung der »Chaoten«, der Anarchisten, Sozialrevolutionäre und Kommunisten, die in diesem Stadtteil leben und dort ihren Kampf um Existenz und Freiräume kapitalismuskritisch und radikal führen.[168] Die Mehrheit der verarmten Sankt

Kuriosi-
täten
aus
aller Welt
Harry's
Hamburger
Hafen Bas

Harry's Hamburger
An- Verkauf- Verleih
Exotische

Paulianer/innen bedient sich zur Zeit weder der Theorien noch der Methoden ihrer radikalen Nachbarn. Ihre »Aufmüpfigkeit« als Bereitschaft, der Obrigkeit zu widerstehen, bringt sie mit »traditionellen« Mitteln zum Ausdruck:

·· *Sie erkennt, daß Sankt Pauli von den Politikern vollkommen vernachlässigt wird. ... Und das macht sich auch an der Wahlbeteiligung bemerkbar. Die Wahlbeteiligung ist hier wesentlich niedriger als im Hamburger Durchschnitt. Und die letzten Wahlen haben eben gerade gezeigt, daß die SPD, die im Bezirk Hamburg-Mitte insgesamt die Mehrheit hat, hier in Sankt Pauli nicht die Mehrheit der Stimmen bekam.*[169]

Viel origineller und deshalb effektiver äußert sich die »Aufmüpfigkeit« der Bevölkerung Sankt Paulis als ein »Zeichen der Nichtanpassung« an die vorherrschenden Normen und die Erwartungen der Obrigkeit:

·· *Hier in Sankt Pauli erfährt man eine enorme Liberalität, eine Großzügigkeit gegenüber Minderheiten – den verschiedensten Minderheiten! Hier können Menschen leben, die in anderen, in den sogenannten besseren, meines Erachtens aber unsozialen Stadtteilen diskriminiert und herausgesondert werden. ...*

Natürlich entstehen hier auch Konflikte! Aber sie werden erst mal hier, von den Menschen untereinander, ausgetragen ... Es wird daraus kein Politikum! Hierzu möchte ich das Beispiel »Hafenstraße« nennen, das so bekannt ist: daß die Bewohner der Häuser an der Hafenstraße in ihrer Vielschichtigkeit und Buntheit hier im Stadtteil leben können und sich auch wohlfühlen, ist eben Kennzeichen für die Bereitschaft in Sankt Pauli, Menschen aufzunehmen und mit ihnen zusammenzuleben.[170]

Dieser solidarischen Grundeinstellung, die man auch als Toleranz bezeichnet, liegen ganz konkrete Erfahrungen mit Eingriffen des Systems in die ohnehin widerspruchs- und konfliktvolle Lebenslage dieser Bevölkerung zugrunde. Bei den meisten Erwerbstätigen und Erwerbslosen sind das Erfahrungen mit immer wiederkehrenden Armuts- und Ohnmachtszuständen, mit den restriktiven Maßnahmen staatlicher Institutionen, mit der Angst vor ihrer Kriminalisierung in der Jugend und vor Verelendung und Einsamkeit im Alter. Das sind Klassenerfahrungen, die da wirksam werden, wenn die Armen auf Sankt Pauli Verhaltensweisen und Lebensmodi »zulassen«, die von den eigenen divergieren. Wir vertreten hier die Meinung, daß das Widerstand ist; zwar parolenlos, aber lebenswirksam!

Eine, seit der Nachkriegszeit immer wiederkehrende, für die jeweils Betroffenen existenzbedrohende Situation hängt in Sankt Pauli mit der Wohnungsfrage zusammen. Gerade in Sankt Pauli-Süd machte man in den 70er Jahren bittere Erfahrungen mit der Sanierung, von der man zuerst fast nur Positives, nämlich bessere Wohn- und Lebens-

bedingungen im Stadtteil erwartete! So wurde damals festgestellt, daß bei einer Mehrheit der Betroffenen »... hinsichtlich einer Sanierung nur geringe Befürchtungen bestehen. Ja, man kann geradezu von einer naiven und leichtfertigen Gutgläubigkeit sprechen, mit der die Befragten die Sanierungs-Folgen betrachten. Die Erwartung von Vorteilen überwiegt, zumal die Mehrheit annimmt, im Vollzug einer Sanierung nicht aus dem Quartier verdrängt zu werden. Darin ist neben einer Unterschätzung der drohenden Umsetzungs-Wirklichkeit auch ein Element starker Bindung an das Quartier enthalten, das gravierende Veränderungen unvorstellbar macht.«[171]

Heute sind viele Sankt Paulianer/innen nicht nur selbst kritischer geworden; sie scheinen auch recht gut zu begreifen, daß die Kämpfe gegen weitere Sanierungen am Hafenrand und im Stadtteil überhaupt, grundsätzlich der Befriedigung elementarer Bedürfnisse betroffener Menschen dienen. Daß diese Menschen aber gelernt haben, nicht an staatliche Versprechungen zu glauben, daß sie sich ihrer Vertreibung aus dem Stadtteil widersetzen, zusammenbleiben und über ihr Leben selbstbestimmen wollen und dafür alle ihre Kenntnisse und Fähigkeiten einsetzen bzw. oft Schwerarbeit leisten müssen. Und daß sie unter Umständen schwerwiegende Entscheidungen treffen müssen, um »ihre« Häuser erhalten zu können.[172]

Räumung eines besetzten Hauses Beim grünen Jäger

Hausbesetzungen werden auch in Sankt Pauli fast ausschließlich von politisch radikalen Wohnungssuchenden praktiziert, die in der Regel stadteigene Altbauten in Anspruch nehmen, gegen den Abriß noch preiswerten Wohnraums protestieren und sich selbst helfen.

Wenn aber aus den benachbarten Häusern, wo sogenannte normale SAGA-Mieter wohnen, ein Transparent rausgehängt wird, womit sich Nachbarn/innen mit denjenigen solidarisch erklären, die gerade »einen draufkriegen«, so ist das schon ein für die Staatsmacht bedenklicher Prozeß, der da stattfindet. ... Derartiges erlebt man eben kaum in anderen Wohngegenden und das bringt die Regierenden und die Polizei gerade zum Ausflippen ...[173]

Brutalität bei den Auseinandersetzungen mit der Polizei um die Wohnungsfrage erlebten viele Sankt Paulianer/innen nicht erst im Zusammenhang mit den ehemals besetzten Häusern am Hafenrand. Nur zu oft führten Räumungen von besetzten Häusern während der letzten Jahre zu harten Mißhandlungen von Betroffenen oder Sympathisanten auf den Straßen Sankt Paulis.

Räumungen und/oder Verhinderung der Realisierung von Wohnprojekten fanden auch dann statt, wenn die Betroffenen, organisiert in Vereinen oder Mieterinitiativen, grundsätzlich bereit waren, Verhandlungen mit den Repräsentanten der Stadt zu führen und Politikern die Einsicht in die Bedeutung ihres Vorhabens zu ermöglichen.

Modelle selbstbestimmten Wohnens werden auf Sankt Pauli nicht zugelassen oder sie werden unmöglich gemacht bzw. beschädigt.[174] Sie könnten den Charakter eines Symbols annehmen, einen Widerhall bei weiteren wohnungssuchenden, wohnungslosen und/oder stets reglementierten Menschen finden. Diese sind in Sankt Pauli zahlreich und zur Zeit besonders arm!

Schließlich wird die Verwertung dieses Stadtteils nicht durch arme Bewohner/innen gestört, die – solange sie es können – dort wohnen dürfen, sondern durch manche, die sich nicht davon abbringen lassen, als Arme dort zu wohnen und zu leben, wo sie möchten. Die Wahrnehmung dieses elementaren Rechtes war für verarmte Menschen immer eine Frage ihres politischen Widerstandes – eines Kampfes um Existenz und Freiräume zugleich.

Nicht Ordnung und Ruhe sind auf Sankt Pauli die erste Bürgerpflicht, sondern die selbsttätige Bewältigung von Problemen, von denen die lebenswichtigsten gerade durch die Obrigkeit, ihre politischen Repräsentanten und ihre »Ordnungsmacht« verursacht und perpetuiert werden. Die Lebensverhältnisse auf Sankt Pauli fördern Unruhe. Die chronische Verarmung, die städtebaulichen Umstrukturierungen, die Eingriffe in die Reproduktionsmodi der alten Nachbarschaft, der Auszug eines Teils der alteingesessenen Bevölkerung im Zuge von Sanierungen, die Einquartierung von vorerst fremden, ausländischen Bevölkerungsgruppen, der Zuzug von ehemals stadtteilunspezifischen sozialen Gruppen, das Heranwachsen einer Generation auf der Suche nach Zukunft und Identität inmitten der Krise, die Vernichtung von Arbeitsplätzen und Reproduktionsmöglichkeiten (Hafen, Werften, Industriebetriebe in der Nähe), das ständige Suchen nach sogenannten Nebentätigkeiten usw. sind einige der Probleme, mit denen Sankt Paulianer/innen während der letzten fünfzehn Jahre konfrontiert wurden. Das sind Erlebnisse und Erfahrungen, die zum einen ein hohes Maß an Orientierungs- und Anpassungsfähigkeit an sich oft und radikal ändernde soziale Umwelt- und Reproduktionsbedingungen fordern, und zum anderen einen rigiden Umgang mit Gesetz und Ordnung nicht zulassen. Die die bürgerlichen Normen und Pflichtvorstellungen zumindest dadurch in Frage stellen, daß sie sie nicht gerade fördern, die aber von den Menschen selbst Konflikt- bzw. Schlichtungsfähigkeit und ein Minimum an Solidarität verlangen und so das Eingreifen der »Ordnungsmacht« in die zwischenmenschlichen Beziehungen erschweren.

Viele Menschen im Stadtteil haben außerdem in ihrem Leben Diskriminierung von staatlichen Institutionen (Sozialamt, Ausländerbe-

hörde, Polizei oder Jugendheime, Gefängnisse usw.) erfahren; andere befürchten bei einer Einmischung der Behördenvertreter oder der Polizei in ihr Privatleben eine Diffamierung ihrer Person. Mit Sicherheit gibt es in den Wohngegenden Sankt Paulis verarmte Menschen, die aus eigener Überzeugung oder unter Druck gesetzt, der »Ordnungsmacht« als Informanten dienen. Ihre Funktion bestätigt nur die Annahme, daß die Majorität der Bevölkerung abgeneigt ist, Nachbarn zu verdächtigen und zu diskriminieren.

Auch die Diskriminierung und Kriminalisierung von Nachbarn/innen, die sich gegen die im Stadtteil fortschreitende Misere politisch zur Wehr setzen, stößt bei vielen Sankt Paulianern/innen zunehmend auf Ablehnung. Denn sie wissen, daß die sozialen Fragen, die durch den politischen Widerstand zum Ausdruck kommen, entweder sie selbst auch betreffen, oder aber, daß sie nicht dadurch gelöst werden, daß man die Betroffenen zu Kriminellen macht.

So ist mir während der letzten Jahre oft aufgefallen, daß bei Demonstrationen durch den Stadtteil den Demonstranten eine Sympathie entgegenkommt ... Vor allem ist es aber deutlich geworden, daß die massive Präsenz und die Methoden der Ordnungsmacht – etwa ihre Art, die Demonstranten durch die engen Straßen zu begleiten – eine starke Abneigung gegen sie unter den

Leuten hervorgerufen hat. Das in Zusammenhang mit dem allgemeinen Gefühl: das alles passiert ausgerechnet in Sankt Pauli, dem mutmaßlich ärmsten Stadtteil Hamburgs, weil es hier einen Widerstandswillen gibt!«[175]

Kurz nach Abschluß dieser Untersuchung entfaltete sich erneut der Widerstand; dieses Mal im Norden Sankt Paulis, mit dem Ziel: Verhinderung eines monströsen »Kultur«-Projektes (Flora-Theater) am Schulterblatt.[176]

Dort sahen sich radikale und gemäßigte Gruppen aus der betroffenen Bevölkerung einem »Projekt« gegenüber, das das kulturelle Profil des Viertels völlig zu entstellen, und die Reproduktionsmöglichkeiten vieler Bewohner hart zu treffen drohte.[177]

Der Widerstand gegen den Bau bzw. gegen die sozial- und kulturpolitischen Folgen des »Flora-Musicals« bestätigte die Bedeutung der Kooperation zwischen unmittelbar und langfristig Betroffenen im Stadtteil. Offengeblieben sind dabei stadtteilpolitische Fragen, die ganz direkt die Lebenslage und die Widerstandsbereitschaft der Bevölkerungsmehrheit angehen. Diese Menschen hielten sich im Falle »Flora« im Hintergrund. Wahrscheinlich, weil sie bereits seit Jahren die Misere erleben, die für ihre aktiven Nachbarn/innen erst eine bedrohliche Zukunftsvision zu sein scheint: »Sie werden funktions- und erwerbslos,

verarmen und werden in die Sozialbausilos am Stadtrand abgedrängt: Gemeinsam mit den Alten, Ausländern, Krüppeln und allen, die ...« noch vertrieben werden.[178]

Oder aber, weil sie, als erfahrene Nachbarn/innen, sich es überlegten und fragten: Wer sind »sie« eigentlich, die hier als gesunde, junge Deutsche, funktionstüchtige, erwerbstätige und nichtarme im Stadtteil leben, die aber als »innenstadtuntypische«[179] Bevölkerung ihre Verarmung und Vertreibung befürchten und deshalb da Widerstand gegen die Pläne der Obrigkeit und gegen die Staatsmacht leisten?!

Manche offensichtlich »theoriebedingte« Mißverständnisse hätte man den Nachbarn/innen ersparen können, versuchte man sich selbt zu definieren; neben den drohenden Gefahren längerfristiger Strukturveränderungen konkret auf die eigene Lage bzw. auf das eigene Interesse hinzuweisen, nämlich vorhandene Resourcen in Form von Stadtteilprojekten zu erkämpfen, sich selbst zu helfen und dabei eine Entstellung der sozialen und kulturellen Umwelt, soweit wie möglich, zu verhindern! Das hätten viele Menschen im Stadtteil recht gut begreifen können. Schließlich sind viele von ihnen selbst arbeitslos ....

Nach neun Monaten lebhafter Auseinandersetzungen wurde das Problem »Flora-Theater« vom Schulterblatt nach Altona verlagert!

Geblieben ist die Erfahrung mit einem massiven Polizeiaufgebot, einer »rund um die Uhr« Überwachung des Gebietes bzw. mit einem »Objektschutz«, der zeitweise das Ausmaß einer Belagerung des Viertels annahm.

Gewerbetreibende und andere Betroffene

Auch die Bemühung der Gewerkschaft der Polizei, sich vom »Projekt Flora« zu distanzieren und die Aufgaben der Polizei umzudeuten, änderte nichts an diesem Zustand.

II. Sankt Pauli in der Vergangenheit

Einige Aspekte
der Entstehung und
Entwicklung
eines »Grenzgebietes«

Sankt Pauli in der Vergangenheit

Ein Überblick

Sankt Pauli wurde 1833 offiziell in die Stadt Hamburg eingegliedert. Ihren Namen erhielt die neue Vorstadt nach der in ihrem südlichen Teil bereits 1682 erbauten – dem Apostel Paulus gewidmeten – Kirche.

Seine erste städtebauliche Strukturierung erfuhr Sankt Pauli erst während des Baubooms, der nach der Brandkatastrophe 1842, das Gesicht der ganzen Stadt veränderte.[1] Im Jahre 1894 wurde Sankt Pauli eingemeindet.

Nicht alle Ortsteile des heutigen Stadtteils Sankt Pauli sind gleichen historischen Ursprungs. Während z.B. das Karolinenviertel, genannt nach dem Heizkraftwerk »Karoline«, im Nordosten des heutigen Stadtteils erst Anfang des 19. Jahrhunderts begann, sich zu einer Wohngegend zu formieren, bestand Sankt Pauli-Süd unter dem Namen Hamburger Berg, der schon seit Anfang des 16. Jahrhunderts gebräuchlich sein dürfte,[2] bereits seit drei bzw. als Gemeinde seit zwei Jahrhunderten. Wurde die Wirtschafts- und Sozialstruktur im Nordosten des Gebiets durch den Schlachtviehmarkt, später insbesondere durch den Schlachthof geprägt, der das ursprünglich kleinbürgerliche Wohnviertel allmählich zum Schlachthofviertel – Wohnquartier für Schlachthofarbeiter und Hafenarbeiter – umwandelte,[3] wies der südliche Teil des Stadtteils bereits seit seiner Entstehung eine sehr plurale Wirtschafts- wie eine stark inhomogene Sozialstruktur unter seiner Werktätigenbevölkerung auf.

Auch das Schulterblatt-Viertel wurde erst 1842 zu Bebauungszwekken parzelliert und ab 1845 als Teil des nach Norden erweiterten Sankt Paulis bebaut. Auf diesem ehemals ländlichen Gebiet stand ab 1682 die Festung Sternschanze.

Als 1813/14 Sankt Pauli-Süd ca. 6.000 Einwohner zählte, standen auf diesem nordwestlichen Gebiet zwischen Altona und dem ehemaligen Dorf Eimsbüttel lediglich einige Häuser.[4]

Späteren Datums ist dagegen die Westgrenze Sankt Paulis. Der Stadtteil bekam seine heutigen Dimensionen nach Westen erst durch die Einbeziehung früherer Altonaer Ortsteile im Jahre 1937.

Zur ehemaligen Vorstadt Hamburger Berg

Die Nähe zur Elbe, seine territoriale Lage als Hamburger Umland an den Grenzen der ehemals dänischen Stadt Altona und eine Politik der sukzessiven Erweiterung der Hamburger Grenzen bestimmten die Entwicklung der Vorstadt Hamburger Berg.

Das Gebiet außerhalb der westlichen Befestigungsanlage Hamburgs bis zur Grenze Altonas war bis Anfang des 17. Jahrhunderts nur teilweise besiedelt.

Die Anlage des bastionären Befestigungssystems im ersten Viertel des 17. Jahrhunderts ermöglichte eine Stadterweiterung nach Westen. Dadurch wurde der östliche Teil dieses Gebietes in die Stadt aufgenommen und 1625 unter dem Namen Neustadt Hamburg eingegliedert, »... während die westliche Hälfte den Namen Hamburger Berg behielt.«[5]

Die Verlagerung der Stadtgrenze nach Westen hatte umfangreiche Veränderungen auf dem Gebiet des Hamburger Berges zur Folge: »Für das neue System der Befestigung war es nun erforderlich, daß die nächste Umgebung planiert wurde, und dies ist die Ursache, daß die Gegend vor dem Millernthor bis zur St.Pauli Kirche und Heinestraße eine fast vollkommene Ebene bildet. Früher war dies nicht der Fall, 1620 wurde vor dem Millernthor ein Berg abgetragen ...«[6] schrieb E.H.Wichmann 1879 zur militärisch bedingten Planierung der Landschaft. Charakteristisch für die Entwicklung der neuen Vorstadt war, daß die reichen Hamburger Bürger, die ihre Landhausbesitzungen dem allmählich wachsenden Bedarf an Baugrundstücken »opferten« und aus der Neustadt wegzogen, ihre Villen und Gärten nicht auf das Gebiet des Hamburger Berges »verlagerten«, sondern auf die Elbhöhen westlich der Stadt Altona und in die auf der Geest gelegenen Dörfer zogen.[7] So »übernahm« der Hamburger Berg einen bestimmten Teil der allmählich aus der eingegliederten Neustadt verdrängten bzw. verlagerten, traditionellen vorstädtischen Funktionen, nämlich den gewerblichen.

Auf diesem Gebiet des Hamburger Umlandes existierten schon seit dem Anfang des 15. Jahrhunderts Ziegelhütten, die die Stadt mit Baumaterial belieferten.[8] 1626 wurde in der neuen Vorstadt die Reeperbahn, »eine sehr raumbeanspruchende Anlage (...) mit langen Bahnen für die Fertigung von Schiffs-Seilen eingerichtet«[9] und später wurden dort einige größere Gewerbebetriebe, wie eine Ölmühle (1633),eine Trankocherei am Elbufer (1649) und ab 1671 die »Dröge«

– ein Trockenhaus für geteerte Seile – gegründet. Ferner entstanden bis Ende des 18. Jahrhunderts am Elbufer eine Reihe von Schiffswerften und das Hanfmagazin.[10]

Zur Bebauung des Hamburger Berges sollte erwähnt werden, daß es auf den Umlandgebieten, die zum Teil im Laufe des 13. Jahrhunderts von Hamburg aufgekauft wurden oder als Klosterländereien nach der Reformation in den Besitz der Stadt übergingen, ursprüglich verboten war, Wohnhäuser zu bauen.[11] Dieses Verbot wurde jedoch nicht nur von Einzelnen umgangen, sondern auch seitens der Stadt allmählich aufgelockert, so daß der Hamburger Rat – schon seit der zweiten Hälfte des 17. Jahrhunderts – denjenigen, die sich z.B. auf dem Hamburger Berg niederlassen wollten, keine Schwierigkeiten bereitete.[12] Die Errichtung von Wohnquartieren in den Vorstädten war nicht nur ein gewinnträchtiges Geschäft; sie war auch ein billiger Ausweg aus der äußerst problematischen Einwohnerdichte innerhalb Hamburgs. »Diese steigerte sich bis 1750 auf 362 Einwohner/ha, und als Hamburg um 1800 ungefähr 130.000 Einwohner zählte, bedeutete dies die bedrükkende Dichte von 523 Einwohnern/ha.«,[13] wobei berücksichtigt werden sollte, daß die Dichte in den Armenvierteln viel bedrückender war.

Am Elbufer in der Nähe des Hafens haben sich seit frühen Zeiten Werktätige angesiedelt, die ihren Lebensunterhalt durch die Schiffahrt verdienten. Sie lebten dort in niedrigen »Häusern« bzw. in Hütten. In manchen Gegenden hatten sich ferner »... Leute von allerlei zweifelhaftem Gewerbe angesiedelt, welche hier in elenden Hütten, zum Teil in Erdlöchern hausten«[14] und zwar seit dem Ende des 15. Jahrhunderts – wie E.H.Wichmann bemerkt. Eine wichtige Rolle beim Bau von festen Häusern auf dem Hamburger Berg spielte dessen Nähe zur Befestigungsanlage der Stadt: »Da die nächste Umgegend der Festung unbebaut bleiben mußte, oder nur mit leichten Buden besetzt werden durfte, hat sich die Bebauung der Vorstadt in entgegengesetzter Weise entwickelt, und der Bebauung nach ist St.Pauli eine Vorstadt von Altona geworden, denn an der Grenze von Altona entstanden die ersten Ansiedlungen.«[15]

Der Bau von Häusern begann auf dem Hamburger Berg erst ab der Mitte des 17. Jahrhunderts. Die Ortsnamen »Eckhoff's Wohnungen« oder »Falckenwohnungen« weisen auf Wohnquartiere bzw. auf Bautätigkeiten Hamburger Bürger hin.[16] Als bebaut werden gegen Ende des Jahrhunderts der Pinnasberg und die Kirchenstraße genannt.

Als Folge zunehmender Investitionen im Bereich des Schiffbaus und des Baus mehrerer Schiffswerften am Elbufer zogen immer mehr Arbeitsuchende auch in dieses Vorstadtgebiet ein. Entscheidend für die Besiedlung eines großen Teils des Hamburger Berges war die massive Zuwanderung verarmter, erwerbsloser Menschen aus den benachbarten Agrarregionen in die Stadt bzw. in die Vorstädte; sie führte während des letzten Jahrzehnts des 18. Jahrhunderts zur Herstellung von Wohnquartieren im südwestlichen Teil der Vorstadt. Bemerkenswert bei diesen Bautätigkeiten ist, daß die Hamburger Bauherren keinen eigenen städtebaulichen Plan dafür entwickelten, sondern sich einfach am Altonaer Straßennetz orientierten; ferner, daß sie in dieser Vorstadt keine Einfamilienhäuser erbauten. So entstanden auf dem Hamburger Berg »... ansetzend an der Altonaer Grenze und als Fortsetzung des Straßennetzes der dänischen Nachbarstadt, mehrere Straßenzüge mit einer einfachen Mehrfamilienhaus-Straßenrandbebauung ...«.[17] Dadurch rückten die Hamburger Herren der Grenze ihrer dänischen Rivalen ein Stück näher, während die in diesem Grenzgebiet angesiedelten proletarischen Zuwanderer eine enge Nachbarschaft zu ihren unter dänischer Herrschaft lebenden Klassengenossen entwickelten.

Begünstigt wurde diese Nachbarschaft bzw. die tendenzielle Zusammengehörigkeit von Altona (Altstadt) und dem Hamburger Berg durch die für den zwischenstädtischen Verkehr günstige, zugleich überschaubare Lage der beiden Orte, die eine geographische Einheit bildeten und lediglich durch einen Grenzgraben getrennt wurden;[18] sie ist aber auch Folge einer, in Vergleich zu Hamburg liberaleren Gesellschaftspolitik des Altonaer Bürgertums. »Niederländische Emigranten, deutsche und portugiesische Juden hatten sich hier um 1600 niedergelassen ...«[19] und Altona, das im 18. Jahrhundert »... eine bedeutende Blütezeit als Gewerbe- und Handelsstadt ...«[20] erreicht hatte, ist für seine Rolle als eine offene Stadt für religiös Verfolgte und ökonomisch Tüchtige bekannt geworden.

Das Hamburger Bürgertum bzw. seine politischen Repräsentanten betrieben dagegen auf dem Hamburger Berg eine rigide Ausbeutungs- und Kontrollpolitik, ohne die Bevölkerung der Vorstadt vor Angriffen zu schützen – dazu einige Beispiele.

Krankheit und Armut

Auf dem Gebiet der Vorstadt, deren Bevölkerung allmählich anwuchs, stand seit 1606 ein aus der Stadt verlagertes Haus zur Aufnahme von armen Kranken. Dieses wurde später durch mehrere Gebäude erweitert und nahm auch Kranke, die »Kostgeld« bezahlen konnten, auf. Ferner befanden sich dort eine Quarantäneanstalt und ein Pesthaus für die Pestkranken.[21] Während der Pestepidemie 1712 hatten die Bewohner der Vorstadt nicht nur die überfüllte Quarantäneanstalt und das Pesthaus, sondern auch einen weiteren Begräbnisplatz für an Pest verstorbene Menonniten, die wegen der Ansteckungsgefahr nicht nach Altona zu ihrer Gemeinde gebracht und dort begraben werden durften, zu akzeptieren.[22] Die Vorstädter mußten bis ins 19. Jahrhundert hinein ein eigenes Armenwesen unterhalten, weil sie aus der

Hamburger Armenanstalt ausgeschlossen waren.[23] Die Hamburger Armenanstalt aber benutzte die Vorstadt, um dort Obdachlosenquartiere zu errichten, und so einen Teil der Ende des 18. Jahrhunderts – infolge von Sanierungen und drastischen Mieterhöhungen – in absolute Verarmung geratenen Menschen aus der Stadt auszulagern. So entstand auf dem Hamburger Berg eine Reihe von Elendsbaracken, in denen die Menschen wegen der erbärmlichen Wohnbedingungen massiv erkrankten und starben.[24]

Eine Gemeinde

Die Vorstädter waren zwar von der »Mutterstadt« durch die Befestigungsanlage getrennt, sie durften aber keine eigene Gemeinde gründen, denn sie waren »nach der Michaeliskirche eingepfarrt«.[25] Manche von ihnen besuchten trotzdem den Gottesdienst in der Kapelle des Pesthofes und benutzten den Pesthofprediger auch zu Taufen, Trauungen usw. »wodurch die Einnahme der Prediger an der Michaeliskirche eine Einbuße erlitt.«[26] Die Genehmigung, eine eigene Kirche zu bauen, bekamen sie, nach langen Auseinandersetzungen mit der Stadt, 1682. So wurde in diesem Jahr die St.Pauli Kirche erbaut, allerdings als »Filiale der Michaeliskirche«![27]

Zerstörung und Vertreibung

Außerhalb der Befestigungsanlagen der Stadt lebend waren die Bewohner vom Hamburger Berg Gefahren ausgesetzt, die aus den militärischen oder wirtschaftlichen Rivalitäten zwischen den Hamburgern und den dänischen Herrschern Schleswig-Holsteins entstanden

oder sich durch die spezifische Nutzung ihres Wohn- und Arbeitsgebietes durch Hamburg ergaben. 1686 etwa, als die Dänen Hamburg belagerten, durften die Anwohner der Vorstadt zwar in die Stadt flüchten; durch die Kriegshandlungen wurde jedoch nicht nur ihre gerade erbaute Kirche – und zwar durch die Kugeln der Hamburger selbst – zerstört, sondern auch zahlreiche Wohnhäuser und Arbeitsplätze bzw. Gewerbeeinrichtungen, wie z.B. die Ölmühle und die Gebäude der Klosterbleiche, wurden dadurch ein »Raub der Flammen«.[28]

Gegenüberliegende Seite: Die Ruinen St. Paulis von Altona aus gesehen

Blieb ihr Eigentum im Kriegsfall der Wut des Militärs ungeschützt überlassen, so waren die Anwohner der Vorstadt in Friedenszeiten gezwungen, größere Militäreinheiten,[29] die ihr Gebiet streng überwachten, zu ertragen, während sie selbst stets unerträglichen Zollmaßnahmen unterworfen waren.

Schließlich zerstörten die französischen Militärstrategen den Hamburger Berg 1814 fast völlig, um Hamburg effektiver verteidigen zu können, während die Hamburger Bürger sich selbst und ihren Besitz vor den Invasoren dadurch retteten, daß sie 1810 die Annektion der Stadt ins französische Kaiserreich widerstandslos akzeptierten.[30]

Die Obdachlosen vom Hamburger Berg und aus den benachbarten Dörfern des Hamburger Umlandes sowie 20.000 aus Hamburg vertriebene Menschen fanden Zuflucht im benachbarten dänischen Altona.[31]

Ein lebhafter Markt der Vergnügungen

Auf dem Hamburger Berg außerhalb der Tore, dort wo es kaum Reiche, dafür aber viele Arme, entsprechend wenige Häuser, dagegen eine Menge Hütten und leichter Buden, wenig Sicherheit bei hohem Militäraufgebot und ständiger Überwachung gab, gewannen die Volksbelustigungen zunehmend an Bedeutung. Im 17. und 18. Jahrhundert bestand das »Vergnügungsviertel« lediglich aus einigen hölzernen Krambuden. »Doch war der freie Platz vor der Reeperbahn das Eldorado der Hamburger Bevölkerung. Alt und Jung strömte am Sonntagnachmittag hinaus, um sich von der Arbeit der Woche zu erholen, hier suchten und fanden sich Bekannte, hier feierten Seiltänzer, Kunstreiter, Gaukler, Thierbändiger etc. etc. ihre Triumphe, hier wurde auf Karren und in Krambuden alles mögliche feilgeboten: Eßwaaren, Früchte, Spielsachen, Manufacturen, Bücher, Curiositäten etc. und an jedem Sonntagnachmittag entstand hier ein lebhafter Markt; denn dem echten Hamburger war die ganze Woche verdorben, wenn er nicht wenigstens auf eine Stunde mit Frau und Kindern den Hamburger Berg besucht hatte.«[32]

Auch nach der Zerstörung der Vorstadt durch die Franzosen war dieser lebhafte Markt der Vergnügungen wieder »eröffnet«, und die Spielbuden entstanden schnell wieder. Einige Jahre später »... griff die Stadt ordnend ein. Sie legte eine Straße an und vergab Bauplätze für

Vergnügungsstätten. Aus diesen Anfängen entstand das schnell aufblühende und besonders in Seemannskreisen bald weltberühmte Vergnügungsviertel St.Pauli-Reeperbahn.«[33]

Sankt Pauli Vorstadt

Halbherzige Gleichstellung und profitable Diskriminierung

Nach dem Abzug der französischen Truppen und der Reorganisierung des öffentlichen Bauwesens für Stadt und Land[34] wurde der Abriß der alten Befestigungsanlagen forciert, während sich der Wiederaufbau der zerstörten Vorstadt bis 1820 vollzog.[35] Mit diesen Maßnahmen und Bauaktivitäten erhoffte man sich eine Auflockerung der Einwohnerdichte innerhalb der alten Stadtbezirke durch das Abwandern eines Teils der Bevölkerung in die Vororte und in die Vorstädte.[36] Daß dieser Prozeß nur langsam einsetzte, ist hauptsächlich auf die Steuer- und Zollpolitik Hamburgs zurückzuführen, wodurch die Vorstädter in besonderem Maße kontrolliert, diskriminiert und ausgebeutet wurden.

Die Eingliederung ihres Gebietes in die Stadt, die 1833 offiziell erfolgte, bedeutete für die Bewohner des Hamburger Berges, das nun in Sankt Pauli Vorstadt umbenannt wurde, nur eine halbherzige »Gleichstellung« mit den Bewohnern der Stadt. Die Vorstadt erhielt dadurch eine gewisse Selbstverwaltung sowie auch eine »eigene Gerichtsbarkeit unter dem Patronat (...) eines Ratsherren ...«,[37] während die Grundeigentümer, als die einzig Privilegierten, Sitz und Stimme im Bürger-Convent bekamen. Wirtschaftlich blieb Sankt Pauli jedoch nach wie vor außerhalb der Tore: es war durch Torsperre, Verbrauchersteuer bzw. Ausfuhrzoll und durch die Torkontrollen der Hamburger Zünfte, die auf dem Versorgungsmonopol der städtischen Bevölkerung bestanden, streng von der Stadt getrennt[38] bzw. ihr unterworfen.

Trotz Zulassung zum Stadtbürgerrecht genossen die Vorstädter viele politische Rechte nicht, während ihre Arbeitsprodukte und Handelswaren, etwa Lebensmittel und andere Konsumgüter, dadurch von den Hamburger Verbrauchern ferngehalten wurden, daß sie am Millerntor als Importwaren behandelt, d.h. besteuert wurden. Trafen diese Zollmaßnahmen vor allem das produzierende Gewerbe und das Handwerk in der Vorstadt, funktionierte die Torsperre als eine Art Umsatzbremse des Vergnügungsbetriebs in Sankt Pauli, wo verständlicherweise erst abends, nach Einbruch der Dunkelheit, Kundschaft aus Hamburg erwartet wurde:

»Die Torsperre verlangte von jedem Fußgänger, der nach Schließung des Tores die ›Grenze‹ passieren wollte, vier Schilling. Dieser Betrag erhöhte sich von 22 bis 23 Uhr auf acht, in der Stunde vor Mitternacht auf zwölf und nach Mitternacht auf sechzehn Schilling. Geschlossen wurden die Tore nach Einbruch der Dunkelheit, so daß man im Winter schon um 16.30 Uhr nicht mehr nach Hamburg oder nach St. Pauli gehen konnte, ohne einen Obulus zu entrichten ...«[39]

Erst in den 60er Jahren des 19. Jahrhunderts, d.h. unter veränderten ökonomischen und politischen Bedingungen, wurde diese Zollgrenze inmitten der Stadt, die vor allem das Leben der Armen auf ihren beiden Seiten erschwerte,[40] aufgehoben. Beibehalten und systematisch »gepflegt« wurde dagegen jene »moralische« Grenze zu Sankt Pauli – ein grobgesponnenes Geflecht aus Angst und Faszination, Begierde und Verachtung – die das Hamburger Kapital dazu anspornte, manches »saubere« Geschäft im »Vergnügungsviertel« zu konzentrieren, auszubauen und schließlich zu zentralisieren, auf Kosten eines ganzen Stadtteils, mit dessen »Eigenartigkeit« nun auf dem Weltmarkt gehandelt wurde.

Das Altonaer Tor

Stigmatisierung

Von rohen Matrosen, Juden, Zwergen und Herkulesen ...

Vor diesem Hintergrund profitabler Diskriminierung und »Ausgrenzung« Sankt Paulis ist es bemerkenswert, wie moderne Sozialforscher oder Historiker auf der Suche nach dem »Charakter dieser Vorstadt« manches Stigma zitierend dieses verewigen – kommentarlos, wenn nicht gar genüßlich!

Zwei Beipiele sollten an dieser Stelle zur Wertung derartig »kritischer« Beiträge und deren »klassenanalytischen« Intentionen erwähnt werden.

An einer Stelle ihrer Untersuchung über die Unterschichten Hamburgs in der ersten Hälfte des 19. Jahrhunderts, an der eigentlich das frühzeitige städtische Gepräge des Hamburger Berges behandelt wird, zitiert A.[41] Kraus aus dem Werk von J. L. von Hess, dessen Arbeit eine topographische, politische und historische Untersuchung Hamburgs sein sollte, folgenden Passus zu den »meisten Häusern« der Vorstadt: Sie »sind der Venus Cloacina geheiligt, und lachen durch die offenen Thüren, und winken mit der Musik zerfiedelter Geigen die noch nicht ganz verarmten Vorbeigänger aus den Hefen des Volkes an. Hier genießt der starke, rohe Matrose die höchsten Freuden seiner Menschheit, und hat das Ziel alles ihm gedenkbaren Glücks erklettert, wenn er, in Gesellschaft seiner jauchzenden Brüder von Altona aus einem der dortigen vielen Bierhäuser taumelnd und lallend zurückkömmt, und hier in den Umarmungen einer industriösen Dirne um Gesundheit und den Lohn vieler mühsam durcharbeiteten Monden in einer Minute auf einmal berupft wird. ...« usw.[42]

Dieses von ihr kritiklos übernommene Zitat dient A. Kraus 1965 offensichtlich zur Erläuterung der Hess'schen Feststellung vom Ende des 18. Jahrhunderts, der Hamburger Berg sei »einer gewissen niedrigen Volksklasse« als Wohngegend vorbehalten[43] bzw. dazu, die Verkommenheit dieser »niedrigen« Klasse transparent zu machen!

Viel »informativer« über die Zusammensetzung dieser »niedrigen« Klasse oder des »Milieu« in Sankt Pauli zur Zeit der Revolution von 1848 ist die Zitatenauswahl, die H.-W. Engels zu dieser Frage trifft. Ihm selbst bereitete der Versuch, »diese Schicht« »politökonomisch« einzuordnen, gewisse Schwierigkeiten, denn er schreibt: »In Altona und Sankt Pauli – beide Orte waren nicht durch Stadtmauern und Tore vom dörflichen Umland getrennt – sammelte sich eine Schicht, die mit dem Begriff ›Lumpenproletariat‹ nur vage umschrieben ist, und die auch die Statistiken gar nicht erfassen konnten«[44] – ein Dilemma, aus dem er sich durch eine Beschreibung Eduard Beurmanns aus dem Jahre 1838 heraushilft: »Juden, Matrosen, Gauner, Seiltänzer, englische Reiter, Riesen, Zwerge, Wachsfiguren, wilde Bestien, königlich privilegierte Herkulese, schmutzige Altäre des Pandemos, Landdragoner zu Pferde und mit gezogenem Säbel bilden die hervorragenden Momente in diesem, ich möchte sagen, viehischen Chaos.«[45]

Welches könnte die Funktion derartiger Beschreibungen vom Sankt Pauli-

»Milieu« oder »Lumpenproletariat« für eine historische Analyse sein, die dem »Pöbel« oder »Gesindel« keine nenneswerte revolutionäre Bedeutung beimißt?[46] *Für H.-W. Engels offenbar diejenige einer zuweilen jubelnden oder brüllenden »Kulisse«, vor der das »revolutionäre« Kleinbürgertum Sankt Paulis 1848 seine »historische Mission« erfüllte!*

Sankt Pauli war ja immer bunt und vielseitig!

Zu den Lebensverhältnissen der armen Bewohner im Hamburger Staat des letzten Jahrhunderts

Rechts- bzw. Abhängigkeitsverhältnisse, Erwerbsbedingungen und Einkommenslage, Wohnverhältnisse und Gesundheitslage, Lern- und Erfahrungsprozesse sind charakteristische Merkmale der im wesentlichen geteilten Lebenslagen in jeder Klassengesellschaft. Liegen Ausbeutung von bzw. Herrschaft über Menschen dem real erfahrbaren Verhältnis von Armut und Reichtum konstitutiv zugrunde, lassen sich die wirtschafts-, rechts- und bevölkerungspolitischen Realisierungsbedingungen dieses Verhältnisses als ein Spezifikum einer bestimmten Epoche und/oder einer bestimmten Stadt oder Region beschreiben.

Wie sich einige spezifische Aspekte der Hamburger Politik im vorigen Jahrhundert auf die Lebenslage bzw. die Reproduktionsbedingungen der Armen in der Stadt und in den Vorstädten auswirkten, werden wir in den folgenden Abschnitten dieses kurzen historischen Abrisses zu verdeutlichen versuchen.

Sankt Pauli und Sankt Paulianer im 19. Jahrhundert

Bevölkerungszuwachs und die Wohnungsfrage

Die Erweiterung des Stadtteilgebietes, die rapide Zunahme der Einwohnerzahl und eine zügige Bebauung charakterisierten die Entwicklung Sankt Paulis Ende der 40er Jahre des letzten Jahrhunderts.

Ein Beispiel dieser Entwicklung gibt die Erschließung, Parzellierung und Bebauung des Gebietes, auf dem dann bis Ende des Jahrhunderts das Schulterblatt-Viertel entstand. Dazu die Autoren aus der Projektgrupope »Wohnen im Stadtteil«:

»In der Mitte des letzten Jahrhunderts veränderte sich viel: Der Rosenteich am Fuße des Sternschanzenhügels wurde zugeschüttet, um die Gewerbeflächen zwischen der Lagerstraße und der Ludwigstraße bebauen zu können. Die Altonaer Straße entstand ebenso wie die Bartelsstraße, die Susannenstraße, die Neue Rosenstraße, die Friedensstraße (heute Lippmannstraße), die Kampstraße und die Ludwigstraße, der Pferdemarkt und Beim Grünen Jäger. Die Vorboten der kommenden Industrialisierung kündigten sich in der Bodenspekulation und der Erschließung neuer Gebiete außerhalb der engen Stadtgrenzen an. Neue Straßen wurden angelegt, und der zu Sankt Pauli gehörende Teil des Schulterblatt-Viertels wurde in bebaubare Parzellen unterteilt.«[47] Kurze Zeit nach der Parzellierung, bereits 1845, wurden die meisten Grundstücke in der Bartels- und der Neuen Rosenstraße bebaut. Dies galt auch für die Gegend an der Kamp-, Ludwig- und Sternstraße.[48]

Vor dem Hintergrund der nach der Brandkatastrophe die Hamburger quälenden Wohnungsnot, welche Tausende von Obdachlosen nach Sankt Pauli führte, und in Anbetracht des raschen Bevölkerungszuwachses waren Grundstückserwerb und Bauen im neuerschlossenen Gebiet eine interessante Investition, vor allem wenn die Bauweise bzw. der Häusertypus[49] die Unterbringung von unterschiedlich finanzkräftigen Mietern auf demselben Grundstück zuließen.

»Die neuen Häuser, mit ihren großen Wohnungen für die Besserverdienenden gebaut, wurden dann auch in ihren Grundrissen so gestaltet, daß die Hausmauern bis an die zulässige Baugrenze gesetzt wurden. Die Häuser erhielten so viele Stockwerke, wie durch feuerpolizeiliche Vorschriften gerade noch gestattet war. Zur profitableren Ausnutzung des Grund und Bodens begannen die Hauseigentümer ab 1850, die Hinterhöfe mit langgestreckten, flacheren Gebäuden zu

bebauen, in denen Kleingewerbe untergebracht war und Arbeiterfamilien mit engen und unzureichenden, aber gerade noch erschwinglichen Kleinwohnungen vorlieb nehmen mußten.«[50]

Dieser »frühesten Phase der industrialisierten Hinterhausbebauung«[51] entstammen in Sankt Pauli auch die Jägerpassage[52] sowie die mit schmalen Vorgärten versehenen »Terassen« im Karolinenviertel. Im Schulterblatt-Viertel entstanden die ersten Terassenwohnungen »längs zur Bartelsstraße mit einem Zugang von der Schanzenstraße 41.[53]

»Etagenhäuser, Terassen und Passagen galten als Innovation im Bereich des Wohnungsbaus für die breiten Schichten der Bevölkerung. Dort, wo sie errichtet wurden, etwa in neuerschlossenen Gebieten, traten sie an die Stelle der alten Armenbehausungen der Innenstadt, von denen sie sich architektonisch und räumlich absetzten.[54]

Aus den zeitgenössischen Statistiken wird jedoch ersichtlich, daß in Sankt Pauli auch in den 40er Jahren und bis Mitte des letzten Jahrhunderts – bei stets zunehmender Einwohnerzahl – die alten für die Unterschicht gedachten Wohnungstypen, z.B. die Sähle, kräftig fortgebaut wurden. Einen Überblick darüber vermittelt die folgende Tabelle.

Anzahl der Wohnlokalitäten und der Einwohner der Vorstadt St.Pauli[55]

Es befanden sich im Jahre	Häuser	Etagen	Sähle	Buden	Wohn-Keller	Ins-gesamt	Anzahl der Einwohner
1838	1.059	—	1.042	420	258	2.779	10.988
1840	1.155	—	1.135	401	267	2.958	11.918
1846	1.478	64	1.840	660	391	4.433	16.157
1847	1.501	48	1.873	682	391	4.495	15.874
1848	1.503	69	1.877	687	392	4.528	15.988
1849	1.527	72	1.945	696	416	4.656	16.197
1850	1.533	63	1.969	699	403	4.667	16.960
1851	1.544	70	1.988	689	403	4.694	17.606
1852	1.550	70	1.996	690	404	4.710	17.949

(*) Statistische Tabellen zur Kenntnis der Zustände Hamburg's 1816–1852

»Trotz aller neuen Gebäude« hatte sich »nur wenig am Milieu verändert« stellt H.-W. Engels fest, die Wohnungsfrage ignorierend und einen »Stadtführer« von 1846 zitierend, der die Legende über die Verkommenheit »feiler Dirnen« und »jubelnder Matrosen« fortschreibend zum Vergnügungsviertel einlädt, dort wo sich jetzt eine Reihe »niedlicher Häuser« und »eine Menge Buden in allerlei Formen« auf dem großen Spielplatz konzentriert befinden.[56]

Jetzt wie auch in der Vergangenheit dominierten in Sankt Pauli die alten Wohntypen, die schon immer – wie J. Haspel bemerkt – als »Obdach der Armen«, »Wohnsitz des Elends« oder »als typische Behausung für ›Miethleute von geringem, doch nahrhaftem Pöbel‹« galten.[57]

Die Situation war in den alten innerstädtischen Stadtteilen im Prinzip nicht anders. Bemerkenswert ist es allerdings, daß im Gegensatz zu Sankt Pauli die Vorstadt St. Georg baupolitisch begünstigt wurde. Bei fast gleicher Bevölkerungsentwicklung zwischen 1838 und 1852 nahm der Bau von Wohnkellern, Buden und Sählen zwar auch dort zu, jedoch im Vergleich zu Sankt Pauli in viel geringerem Maße. Dafür entstanden – in eklatantem Unterschied zu Sankt Pauli – in St. Georg während derselben Zeit erheblich mehr Häuser bzw. Etagenhäuser. 1852 gab es in St. Georg 1916 Häuser und 354 Etagen gegenüber 1550 Häusern und 70 Etagen in Sankt Pauli.

Offensichtlich setzten sich »Innovationen« nur dort langsam durch, wo es sich, den sozioökonomischen Bedingungen entsprechend, lohnte. In St. Georg war dies eher der Fall als in Sankt Pauli, weil es dort neben dem traditionellen vorstädtischen Gewerbe schon im 18. Jahrhundert zahlreiche Landbesitzungen Hamburger Bürger gab, später ein städtebaulich geplantes Straßennetz entstand, und verhältnismäßig viele Einfamilienhäuser gebaut wurden,[59] die vor der Brandkatastrophe das Profil dieser Vorstadt prägten und deren Entwicklungsperspektiven vorzeichneten.

Armenquartiere und Vergnügungspaläste

Die relativ unentwickelte städtebauliche Infrastruktur Sankt Paulis, wo es in den ersten Jahrzehnten des 19. Jahrhunderts nicht einmal Straßenbeleuchtung gab, kann jedoch nicht als der Hauptgrund dafür betrachtet werden, daß sein Raum für die Unterbringung eher ärmerer Einwohner aus der expandierenden Stadt als geeignet angesehen

wurde. Sankt Pauli, vor allem Sankt Pauli-Süd, sollteseinen »Charakter« beibehalten, um auch zukünftig als Ort der Massen- und Fremdenvergnügungen zu dienen. Diese Perspektive harmonierte mit der Einquartierung von Arbeitskräften für den nahe gelegenen Hafenbetrieb. So wurde auf dem keinesfalls preiswerten Bauboden Sankt Paulis,[59] fast parallel zu der dichten Bebauung von einfachen Wohnquartieren, der Ausbau des Vergnügungsviertels am Hafen bereits ab der Mitte des Jahrhunderts verhältnismäßig zügig betrieben.

Waren es zunächst »eine Reihe geschmackvoller fester Gebäude«, die auf dem »Spielbudenplatz« anstelle der »Buden« traten, deren Funktion sie übernahmen,[60] erweiterte sich später der Vergnügungsbetrieb durch Neugründungen von Tanzlokalen, Gastwirtschaften und einem Theater schon vor der Aufhebung der Torsperre,[61] um sich dann bis Ende des Jahrhunderts völlig zu entfalten.

Besuchten anfangs eher die breiteren Schichten der Hamburger Bevölkerung den vor dem Millerntor liegenden Platz, um sich sonntags dort von der Arbeit der Woche zu erholen, Freunde zu treffen und sich zu amüsieren, fühlten sich durch die später entstandenen – zudem oft umgebauten, erweiterten und umbenannten – prachtvollen Theater, Konzertsäle, Varietés und Tanzsalons immer mehr bürgerliche Kreise in der Stadt angesprochen, die nun bereit waren, ihre teuren Abende auch in Sankt Pauli zu verbringen.[62]

Im »Geiste« des Industriezeitalters wurden in Sankt Pauli nicht etwa Großfabriken, sondern Vergnügungspaläste[63] und teure Hotels erbaut, die neben den »niedlichen«, traditionellen »Milieu«-einrichtungen und vor den Massenunterkünften umso prachtvoller erschienen; während die Volksvergnügungen samt Kleinkünstlern, Gauklern, Tierbändigern usw. allmählich aus den Straßen und Ecken verschwanden, um gegen Ende des Jahrhunderts eine beispielhafte »industriöse« Konzentration zum Dombetrieb auf dem Heiligengeistfeld zu erfahren.

Bürger – Einwohner – Fremde

Als 1833 die Bewohner Sankt Paulis die Zulassung zum Stadtbürgerrecht bekamen, versuchten die Herrschenden in der Stadt, durch eine Neuregelung des Bürgerrechts, Ordnung unter ihren »Fremden« zu schaffen. Diese bestanden nicht, wie in der Vergangenheit, aus mehr oder weniger wohlhabenden Immigranten, die man gegen gutes Geld in »Schutzverwandtschaft« oder mit einem »Fremdenkontrakt«[64] versehen in die bürgerliche Gesellschaft aufnehmen konnte, sondern hauptsächlich und in stets zunehmendem Maße aus armen Zuwanderern.

Wesentlich bei dieser Neuregelung war die Absicht, allen Hamburgern wie auch »Fremden«, die es sich finanziell leisten konnten, das Klein- oder auch das Großbürgerrecht zu gewähren und zugleich unter diese Bürgerordnung ein »Schutzbürgerrecht«, auf der Basis der Heimatberechtigung, zu installieren.

Interessant beim Erwerb des Kleinbürgerrechts durch Fremde ist, daß er auch als ein Selektionsmechanismus unter den in der Stadt lebenden qualifizierten »fremden« Arbeitskräften gedacht wurde. Sein Preis richtete sich nach dem Alter und dem Familienstand des Antragstellers und war für Verheiratete mit Familie fast doppelt so hoch als für Ledige unter 40 Jahren.[65]

Die Heimatberechtigung wurde durch den Erwerb des Bürgerrechtes, aber auch durch »Geburt, Adoption, Eheschließung, ... oder fünfzehnjährigen Aufenthalt erworben.«[66] Konnte man sich also das teurere Bürgerrecht nicht erkaufen, was übrigens für Groß- und Kleinhandel bzw. -gewerbe offiziell eine Voraussetzung war, mußte man sich als heimatberechtigt ausweisen können, um »geschützt« zu werden.

Diese bevölkerungspolitische Maßnahme zielte grundsätzlich darauf ab, die »Einwohner«, d.h. diejenigen Bewohner Hamburgs, die in keinem Rechtsverhältnis zur Stadt standen, in heimatberechtigte und solche zu diskriminieren, die unter Umständen aus der Stadt würden vertrieben werden können, vor allem aber aus der Armenhilfe ausgeschlossen werden sollten. Durch den Mechanismus der Heimatberechtigung konnte z.B. die Armenanstalt Kindern Hilfe gewähren, ihre Eltern aber als Nichtberechtigte davon ausschließen; ferner konnten Eheschließungen bzw. Familiengründungen mit Heimatberechtigten, z.B. Ehen zwischen »fremden« Gesellen und einheimischen Frauen, innerhalb der Unterschichten gefördert, ledige Fremde dagegen als anpassungsunwillig »bestraft« werden, oder es konnte die Adoption von Kindern fremder Frauen begünstigt, diese selbst jedoch vertrieben werden usw.

Eine Zwischenstation für viele dieser mittellosen »Fremden« bzw. Zuwanderer aus den umliegenden deutschen Staaten vor ihrem legalen oder illegalen Versuch, in die Stadt »einzudringen«, waren die Vorstädte. Diese waren Hamburger Gebiet, zudem boten sie eine Vielzahl von Beschäftigungsarten[67] bzw. Überlebensmöglichkeiten an, so daß diejenigen Zuwanderer, die sich zwar in Sankt Pauli oder in Sankt Georg nicht integrieren, wohl aber dort einige Zeit lang aufhalten konnten, eine Chance hatten, als heimatberechtigte »Schutzbürger« aus der Vorstadt in die Stadt einzuwandern bzw. dort bleiben zu dürfen.

Da es bei den genannten rechts- bzw. bevölkerungspolitischen Maßnahmen zur Kodifizierung des Heimatrechts um eine Regelung der Frage nach der Staatsangehörigkeit ging, und diese sich nicht nur auf die Bevölkerung innerhalb der Tore beschränkte, führte die Eingliederung auch zu einer sorgfältigen Registrierung und Kontrolle der »Fremden« und der »auswärtsgeborenen« Arbeitskräfte in den Vorstädten.

Die »Aufenthaltskarte« diente zur Legitimation dieser Bewohner, von denen als »Fremde« diejenigen registriert und statistisch erfaßt wurden, die »mit einer Aufenthaltskarte« im Hamburger Hoheitsgebiet lebten, während unter den »Auswärtsgeborenen« Dienstboten sowie auch »unzünftige« Arbeiter aller Art und fremde Tagelöhner mit eingeschlossen wurden. Diese »Fremdarbeiter« jener Zeit bekamen ihre Aufenthaltskarte bzw. -berechtigung nur dann, wenn sie bei einem Arbeitgeber oder »Brodherren« eine Arbeit gefunden hatten.[68]

In Sankt Pauli lebten Ende der 40er/Anfang der 50er Jahre des letzten Jahrhunderts viele Menschen, die eine Aufenthaltsberechtigung mit oder ohne »Brodherren« benötigten. Zusammengenommen stellten diese Gruppen von Bewohnern 1847 8,6 v.H., 1852 8,3 v.H. der gesamten registrierten Bevölkerung Sankt Paulis dar.[69] Bei wachsender Bevölkerungszahl nahm auch die Zahl dieser Bewohner im genannten Zeitraum zu, ihr Anteil jedoch an der Bevölkerung Sankt Paulis kontinuierlich ab. Sankt Pauli unterschied sich in dieser Hinsicht sowohl von Hamburg (Stadt) als auch von Sankt Georg. Der Anteil der oben genannten Gruppen zusammengenommen an der Bevölkerung dieser Orte lag nicht nur höher als in Sankt Pauli, sondern er nahm zwischen 1847 und 1852 kontinuierlich zu.

Bei einer getrennten Betrachtung dieser auch statusmäßig unterschiedlichen Gruppen fällt jedoch auf, daß der Anteil der »Fremden« an der Bevölkerung Sankt Paulis von 1847 bis 1849 mit 1,0 v.H. konstant blieb, um dann von 1,1 v.H. im Jahr 1850 auf fast 2,0 v.H. im Jahr 1852 zu steigen. In Hamburg dagegen, vor allem aber in Sankt Georg nahm der Anteil der »Fremden« an der Bevölkerung während der Revolutionsjahre 1848/49 eindeutig ab, um dann ab 1850 wieder leicht anzusteigen.

Von allen in Stadt und Vorstädten registrierten »Fremden« lebten in Sankt Pauli 1847 8,4 v.H. und 1852 13,6 v.H..

Kontinuierlich abgenommen hat in Sankt Pauli, im Gegensatz zu Hamburg und Sankt Georg, die einen ständigen Zuwachs dieser Bevölkerungsgruppen aufwiesen, der Anteil der »auswärtsgeborenen« Dienstboten und sonstigen »Fremdarbeiter« an der Bevölkerung, und zwar von 7,5 v.H. 1847 auf 6,5 v.H. 1852.

Offensichtlich war die Wirtschaftsstruktur Sankt Paulis um die Mitte des Jahrhunderts weniger als diejenige Hamburgs und Sankt Georgs in der Lage, diesen auf einen Arbeitsplatznachweis stets angewiesenen Arbeitskräften eine Verdienstmöglichkeit anzubieten. Die Mehrheit der Hafenarbeiter waren Gelegenheitsarbeiter, während die »Fremdarbeiter« keine längere Arbeitslosigkeit riskieren durften. Unter diesen Umständen ist ferner anzunehmen, daß ein Teil dieser Arbeitskräfte, die während des großen Brandes aus der Stadt nach Sankt Pauli flüchteten, in der nachfolgenden Zeit wieder in die Nähe ihrer Arbeitsstätte bzw. in die Stadt zurückkehrten.

Überhaupt waren viele Erwerbstätige in Sankt Pauli trotz Torsperre gezwungen, eine Beschäftigung außerhalb der Vorstadt zu suchen, während der Bevölkerungszuwachs eine ständige Vergrößerung der Armut bedeutete.

Ein Dilemma

»Was Armut eigentlich meint ...«

Der Zustand, der mit »Armut« bezeichnet werden könnte, sollte oder dürfte, erweist sich seit 200 Jahren als ein wissenschaftlich »objektiv« schwer zu definierender Zustand! Während die Armen, primitiverweise, ihre Armutszustände nach wie vor erleben, sehen sich Forschende immer noch vor ernsten Hindernissen, Armut zu definieren, sie nach konkreten Maßstäben zu erfassen. »Oft reichen Erfahrung und Phantasie des einzelnen gar nicht aus, um sich sachlich zutreffend vorstellen zu können, was Armut eigentlich meint, und wer in einer bestimmten Gesellschaft zu einer angebbaren Zeit zu den Armen zu zählen ist.«[70] *So jedenfalls A. Kraus 1984 zu diesem »Dilemma« bzw. zu einem Begriff, der ihrer Meinung nach »... nicht nur von den Ursachen her, sondern zeitlich und regional sehr unterschiedliche Bedeutung hat.«*[71]

»Quälen« sich Wissenschaftler noch heute mit Fragen der »Bedeutung« des Begriffes »Armut«, etwa in historischer oder regionaler Hinsicht, haben die Herrschenden, Philanthropen und Bevölkerungspolitiker in Hamburg schon 1788 die Bedeutung entdeckt, die die massiv verarmten Menschen in ihrem Staate für sie in ökonomischer und ideologischer Hinsicht haben könnten, so daß sie deren Selektion, Verwertung und Sozialdisziplinierung zu der wichtigsten Aufgabe ihres »Gemeinwesens« erklärten: »Aber erst durch die Errichtung der Armenanstalt im Jahre 1788 konnte in Hamburg die jahrhundertealte Armenfrage – vorbildlich für viele Städte Europas – weitgehend gelöst werden. Verschärfte Bettelverbote, verbunden mit der Errichtung von Arbeitsanstalten und Industrieschulen sowie anderen Maßnahmen verminderten die Zahl der Bettler erheblich und fügten zahlreiche Menschen wieder in das Arbeitsleben ein. Zugleich wurde durch die Bestimmung des Existenzminimums eindeutig festgestellt, wo die Armut, die tatsächliche Hilfsbedürftigkeit begann. Menschen, die unverschuldet in diesen Zustand geraten waren, wurden durch Sachunterstützung oder Arbeitsvermittlung im Arbeitsleben erhalten oder wieder eingegliedert und Erwerbsunfähige notdürftig versorgt ...«[72] *So A. Kraus 1965, die Leistungen jener Armenanstalt preisend. Selbstverständlich war die Entdeckung der Bedeutung der Armen für das bürgerlich-kapitalistische Ausbeutungs- und Herrschaftssystem keine ausschließlich hamburgische Leistung! »Daß die Armen einen ›Wert‹ haben, d.h. Werte schaffen, wenn und soweit ihre Arbeitskraft in Gang gesetzt wird, dieser neue Grundsatz der politischen Ökonomie des 18. Jahrhunderts bildet den Schlußpunkt einer europäischen Armengeschichte und -politik seit der frühen Neuzeit, die auf eine Sozialdisziplinierung und zunehmende Differenzierung von ›ehrbaren‹, ›würdigen‹ und ›unwürdigen‹ Armen zielte und dabei das Lebensrecht der unwürdigen Armen zunehmend von der Arbeit abhängig gemacht hat. In unzähligen Edikten gegen den Bettel, in der langen Reihe der drakonischen Armengesetze war dies gegen die mittelalterlich-christliche Ethik ebenso gerichtet wie gegen die irregulären Einkommensformen*

der Armen aus Bettelei, Diebstahl und organisiertem Banditentum.«[73]

Der besondere Beitrag der Hamburger zur Bekämpfung der »unwürdigen Armut« des 18. Jahrhunderts dürfte darin liegen, daß sie ihre Armenfürsorge rational organisierten und vor allem nach dem Prinzip gehandelt haben: »In einem blühenden Staat müssen viel Arme, wenig Hilfsbedürftige und keine Bettler sein.«[74] *Dieser Zielsetzung, der »Herstellung« vieler disziplinierter, arbeitswilliger Armer dienten die »vorbildlichen« Leistungen oder konkreten Maßnahmen der Armenanstalt, allen voran die genaue Berechnung der Lebenshaltungskosten des »armen Einwohners«,*[75] *worauf sich dann die Bestimmung dessen »Existenzminimums« stützte. An der Entstehung des Begriffes und der bevölkerungspolitischen Funktion dieser schrecklichen Institution bürgerlicher »Humanität« haben, nach A. Kraus, in Hamburg Menschen gearbeitet, »die durch jahrelange Erfahrung eine genaue Kenntnis von der wirtschaftlichen Situation der ›untern Klassen‹ erlangt hatten.«*[76] *Entsprechend restriktiv war dann auch die Auslegung des »unentbehrlichen Bedürfnisses« der Armen.*

Dennoch konnten die einfachen Lohnabhängigen, etwa die Masse der Arbeitsleute im Hafen, den sehr gering eingeschätzten, von Luxusausgaben wie Kleidung sorgfältig bereinigten Bedarf an Lebensmitteln, Feuerung, Licht und Miete auch dann nicht decken, wenn Männer, Frauen und Kinder regelmäßig gearbeitet hatten. Dies war im allgemeinen kaum möglich, bei manchen Gewerben sogar ausgeschlossen,[77] *während andererseits die Teuerungen auch das Budget vieler regelmäßig verdienender, selbstdisziplinierter Familien aus dem Gleichgewicht brachten. »Das Gleichgewicht zwischen Einnahmen und notwendigen Ausgaben konnte auch dann nur hergestellt werden, wenn Anschaffungen oder Reparaturen durch Verzicht auf ›zureichende‹ Ernährung gedeckt wurden. Wenn die Sonderausgaben zu hoch waren oder der Erwerb stockte, dann gelang es mitunter durch Versetzen der Sachen, und zwar meistens des Bettes, vorübergehend Lücken zu stopfen. Dauerte jedoch die Notzeit zu lange und gelang es nicht, bald den Verlust aufzuarbeiten, dann mußte unweigerlich die Hilfe der Armenanstalt in Anspruch genommen werden.«*[78]

A. Kraus beschreibt hier einen dramatischen Existenzkampf und zugleich den Abstieg zum »Existenzminimum« hin, d.h. zu einer derartig tiefen Hilfsbedürftigkeit, die nicht Armut, sondern absolute Existenznot heißt. Durch das »Existenzminimum« wurde dementsprechend nicht der Beginn, sondern das Ende des Verarmungsprozesses markiert; damit hatte die Armenanstalt nicht die »tatsächliche« Hilfsbedürftigkeit »eindeutig festgestellt«, sondern ein flexibel einsetzbares politisches Instrument gegen bereits verarmte Menschen geschaffen. »Was Armut meint«, ist eben die soziale Lage vor dieser gefährlichen Grenze. Eine soziale Lage, die unter Umständen über das »Existenzminimum« zu den Armenanstalten führt bzw. die davor nicht schützen kann. Und es reicht offensichtlich nicht aus, die »Regelsätze« der Armenanstalt als zu niedrig offenzulegen und/oder scharf zu kritisieren, ohne die Institution »Existenzminimum« an sich anzugreifen, um die Frage »was Armut meinte oder meint«, einigermaßen ernsthaft zu diskutieren. Das Projekt der Armenanstalt, Armut an die Arbeit zu binden, kombinierte Zwangsarbeit und die direkte Verfolgung gegen die »unwürdigen« Armen, insbesondere gegen ihre »irregulären« und zudem »gefährlichen« Einkommensformen und Aneignungsmethoden mit dem Prinzip der bedingten Existenzhilfe an all diejenigen, die beweisen konnten, daß sie unverschuldet in Not geraten waren. Der Wille zur Arbeit und diese als die einzig legitime Einkommensquelle für Eigentumslose sollten bei der Inanspruchnahme der Armenhilfe geprüft bzw. bestätigt werden, d.h. sie sollten zur Voraussetzung und ständigen Bedingung eines, vom Staate »positiv« zu formulierenden »Lebensrechtes« für Arme gemacht werden.

Die Armut an die Arbeit zu binden, bedeutete selbstverständlich nicht, allen Arbeitswilligen eine Beschäftigung anzubieten oder ihnen, in Krisensituationen, zu helfen, ihre Arbeitskraft und Arbeitsfähigkeit zu erhalten. Weder eine allgemeine Arbeitsbeschaffung noch die Versorgung der Notleidenden mit Nahrungsmitteln betrachtete die Armenanstalt als ihre Aufgabe;[79] *ihr ging es vielmehr darum, auf der Basis des Existenzminimums Arme zu absoluter Genügsamkeit, strenger Sittsamkeit und Arbeit um jeden Preis zu »erziehen«, sie vor »kriminellen« Handlungen gegen das Eigentum der Reichen, vor Aufständen oder Revolten zu »bewahren«.*

Das Konzept und die Praxis der Hamburger Armenanstalt, deren führende Gremien sich ausschließlich aus reichen Bürgern zusammensetzten, bilden ein Beispiel dafür, wie sich das Bürgertum die »Lösung« der Armenfrage Ende des 18. bis Mitte des 19. Jahrhunderts vorstellte und sie in Gang brachte, nämlich als die funktionale Anpassung der Armen an die Entwicklung und Stabilisierung seines Wirtschafts- und Herrschaftssystems. Dadurch ist die Armut »... zur arbeitenden Armut, zur Existenzform einer Klasse geworden (...), die an die Arbeit gebunden ist und für die Arbeit nur mehr Eigentumslosigkeit bedeutet.«[80]

Erwerb und Einkommen in Hamburg und in Sankt Pauli

1847/48 wurden in Sankt Pauli, das zu jener Zeit 15.847 registrierte Bewohner/innen zählte, 2.626 Personen statistisch erfaßt, die ein jährliches Einkommen oder ein Vermögen von 500 Mark und darüber hatten.[81] Dieser Betrag von 500 Mark jährlichem Einkommen bedeutete für Hamburger und Vorstädter zweierlei: Zum einen wurde er staatlicherseits als das steuerpflichtige Mindesteinkommen festgesetzt;[82] zum anderen sollte er nach A.Kraus, die die Lebenshaltungskosten in jener Periode höchster Verteuerung[83] untersuchte, als das Minimum der durchschnittlichen Jahresausgaben einer »Handarbeiter-Familie geringster Klasse« angenommen werden.[84]

Unterstellt man, daß mindestens die Hälfte der Einwohner der Stadt und der Vorstädte insgesamt erwerbstätig war, so A. Kraus, »dann ergibt sich, daß etwa nur ein Drittel von ihnen Steuern zahlte, also mindestens 500 Mark jährlich zur Verfügung hatte.«[85]

Dieser Annahme und den zeitgenössischen Statistiken entsprechend sollten in Sankt Pauli 67 v.H. der »Erwerbstätigen« ein jährliches Einkommen von unter 500 Mark haben, während mehr als die Hälfte (54,2 v.H.) der Steuerpflichtigen Sankt Paulis aus »Erwerbspersonen« bestand, die über ein jährliches Einkommen zwischen 500 und 1000 Mark verfügten. Zu dieser Einkommenskategorie gehörten zur selben Zeit in Hamburg 46,0 v.H. und in Sankt Georg 51,0 v.H. der Steuerpflichtigen.

Daß Sankt Pauli finanziell auf der untersten Stufe der Einkommens- und Vermögensskala im Hamburger Staat stand, läßt sich auch durch weitere Vergleiche mit Hamburg (Stadt) und Sankt Georg verdeutlichen. Fast 39,0 v.H. aller Steuerpflichtigen (in Hamburg und in Sankt Georg 36,0 v.H.) bildeten in Sankt Pauli die drei nächsthöheren Einkommenskategorien mit einem jährlichen Einkommen zwischen 1001 und 3000 Mark. Während die Hälfte dieser Steuerpflichtigen in allen drei städtischen Bereichen gleichermaßen nur ein Einkommen zwischen 1001 und 1500 Mark hatte, verdienten in Hamburg 26,0 v.H., in Sankt Georg 27,0 v.H., in Sankt Pauli aber nur 21,0 v.H. von ihnen 2001 bis 3000 Mark jährlich. Im allgemeinen war der Anteil der jeweils höheren Einkommensgruppe an den Steuerpflichtigen Sankt Paulis niedriger als der vergleichbare Wert in Hamburg oder in Sankt Georg. Nur 1,0 v.H. der Steuerpflichtigen Sankt Paulis gehörte z.B. zu den zwei Vermögenskategorien mit einem »Capital« von 50.000 bis 100.000 Mark, bzw. 100.000 Mark und darüber, in Sankt Georg dagegen und in der Stadt Hamburg waren es je 4,0 v.H. der Steuerpflichtigen.[86]

Zur Einkommenslage der »Erwerbstätigen« in Sankt Pauli, Mitte des letzten Jahrhunderts, kann hier festgestellt werden, daß – wie bereits erwähnt – 67 v.H. von ihnen weniger als 500 Mark jährlich – wenn überhaupt etwas – verdienten; weitere 18,0 v.H. ein Einkommen zwischen 500 und 1000 Mark jährlich hatten, während weitere 6,3 v.H. von ihnen zwischen 1001 und 1500 Mark jährlich erarbeiten konnten. Die Frage, inwiefern »Erwerbstätige« aus den letzten beiden Einkommensgruppen in der Lage waren, »Vermögen« zu bilden, »wobei unter Vermögen eine ausreichende finanzielle Rücklage zu verstehen ist, mit deren Hilfe vorübergehende wirtschaftliche Schwierigkeiten (seien sie durch Krankheit, Beschädigung von Arbeitsgeräten oder Teuerungen ausgelöst) aufgefangen werden« konnten,[87] kann hier nicht nachgegangen werden. Zu vermuten ist, daß eine »Vermögensbildung« bzw. der Besitz von Ersparnissen während der zur Diskussion stehenden Krisenzeit auch unter kontinuierlich arbeitenden und verhältnismäßig »besser« verdienenden Familienernährern die Regel sein konnte.

Die Einkommensverhältnisse haben sich in Hamburg während der nachfolgenden Zeit kaum verbessert, so daß 1867 in Hamburg insgesamt 68 v.H. der »Erwerbstätigen« weniger als 500 Mark, 12 v.H. zwischen 500 und 700 Mark, 6 v.H. zwischen 700 und 1.000 Mark und 14 v.H. über 1.000 Mark im Jahr verdienten. A.Kraus, die aufgrund dieser Einkommensstatistik von 1867 die wirtschaftlichen Verhältnisse, in denen die Hamburger Bevölkerung lebte, einzuschätzen versuchte, schreibt zu dieser Frage: »Rechnet man auf eine Person, die mehr als 1.000 Mark Jahreseinkommen hatte, zwei bis drei nicht arbeitende Angehörige (was eher zu hoch als zu niedrig angenommen ist), dann zeigt sich, daß höchstens 20 v.H. der Bevölkerung in ›gesicherten‹ wirtschaftlichen Verhältnissen lebten. Rechnet man auf eine Person, die 500 bis 1.000 Mark verdiente, je einen nicht erwerbstätigen Angehörigen, dann wäre zu vermuten, daß etwa 20 v.H. der Bevölkerung in knappen und 60 v.H. (Erwerbstätige, Nicht-Steuerzahler, von denen nur jeder zweite einen nichterwerbstätigen Angehörigen hatte) in dürftigen wirtschaftlichen Verhältnissen lebte.«[88]

Die folgende Lohntabelle aus dem Jahre 1847, die die Einkommensverhältnisse unter Berufsgruppen verdeutlicht, die auch in Sankt Pauli besonders ausgeprägt waren, spricht deutlich für diese Annahme.

Außer dem hochverdienenden Kapitän, der zusätzlich 2 v.H. von der Fracht und 50 v.H. von der Kajütenfracht erhielt,[89] dürfte lediglich ein 1.Steuermann zu denjenigen zählen, deren Jahreseinkommen über den Jahresausgaben einer »Handarbeiter-Familie geringster Klasse« lag.

Löhne in der Seeschiffahrt	monatlich	jährlich
Der Kapitän	75 Mk–90 Mk	900 Mk–1.080 Mk
1. Steuermann	48 Mk 4 Sh	578 Mk 4 Sh
2. Steuermann	36 Mk 4 Sh	434 Mk 4 Sh
Zimmermann	41 Mk 4 Sh	494 Mk 4 Sh
Segelmacher	30 Mk	360 Mk
Koch	36 Mk 4 Sh	434 Mk 4 Sh
Matrose	26 Mk 4 Sh	314 Mk 4 Sh
Leichtmatrose	17 Mk 8 Sh	208 Mk 8 Sh
Junge	12 Mk 8 Sh	148 Mk 8 Sh

»An Proviant wird gewöhnlich gereicht 1 Pfund Fleisch oder 3/4 Pfund Speck mit Erbsen, Bohnen oder Mehl, so wie Kaffee und Tee;

wöchentlich 1 Pfund Butter, ca. 5 Pfund Brot oder so viel als erforderlich, auch 1 bis 2 Mal täglich etwas Branntwein.«[90]

»Illegitime« Aneignungsformen und Klassensolidarität

Als ein Problem dieser Einschätzungen betrachtet A. Kraus die Unschärfe des Begriffes »erwerbstätig«. Zu den »Erwerbstätigen« rechnete man, wie sie bemerkt, alle Personen, die »sich bzw. ihre Angehörigen durch ›eigenes‹ Geld unterhielten«, dazu »Almosenempfänger« und »Anstaltsinsassen«, die man sogar als »Selbsttätig« bezeichnete und deren Zahl auf einige wenige Personen reduzierte.[91] Letzteres dürfte eine Manipulation der Daten gewesen sein. Davon abgesehen, daß die arbeitsfähigen Menschen in den Anstalten gezwungen waren, ihren Lebensunterhalt durch Arbeit zu verdienen und die arbeitsfähigen Almosenempfänger sich als nur temporär arbeitslos nachweisen mußten, damit ihnen überhaupt geholfen wurde, scheint das eigentliche Problem eher in den offiziell nur schwer erfaßbaren Einkommensverhältnissen der breiten Bevölkerungsschichten zu liegen.

Die Unterschichten Hamburgs in der ersten Hälfte des 19. Jahrhunderts lassen sich zwar als eine »Klasse im Übergang«, die »funktional auf das Kapital in der Akkumulationsphase bezogen« war, erkennen und sich insofern von der späteren industriellen Arbeiterklasse als auch vom »alten Stand der Armut« theoretisch unterscheiden;[92] weder bestanden sie jedoch ausschließlich aus »Erwerbstätigen«, wie A. Kraus‹ Ausführungen den Eindruck erwecken, noch scheinen ihre Einkommens-, Aneignungs- und Reproduktionsformen gegenüber dem »alten« Stand der Armut durch die »deutliche Zäsur« gekennzeichnet zu sein, die A. Meyer, Kraus zitierend, annimmt. Vieles spricht dafür, daß unter diesen Unterschichten oder »arbeitenden Armen« die Erwerbsarbeit, als die einzig legitime, die wichtigste wohl aber unmöglich die einzige reale Einkommensquelle sein konnte bzw. war.

Die große Masse der Handlanger und Gehilfen aller Art und die Hafenarbeiter zum Beispiel waren nicht nur durch »Erscheinungen temporärer Arbeitslosigkeit«[93] betroffen; sie waren einfach Gelegenheitsarbeiter, deren Erwerbstätigkeit zudem bei jeder schlechten Witterung zum Stillstand kam, was sie in tiefste Not stürzte. Ein charakteristisches Beispiel dafür ist die »Wirtschaftskrise« von 1799, die zu einer Erhöhung der Erwerbslosenzahl und zu weiterer Verarmung unter den »Erwerbstätigen« führte: »Durch den strengen und früh einfallenden Winter 1798/99 gelangte fünf Monate hindurch kein Schiff in den Hafen, und die Arbeit ruhte. Die Preise wurden bei steigender Warenknappheit und fortdauernder Nachfrage aus dem Inland in die Höhe getrieben ... Die Krise hatte für die Mehrheit der Bevölkerung ein weiteres Anschwellen ihres Elends zur Folge.«[94]

Vier Jahre später – dieses Mal durch Kriegshandlungen verursacht –

kam die Hafenarbeit, »die für fast 40.000 Einwohner das tägliche Brot bedeutete« wieder für längere Zeit zum Stillstand.[95]

»Illegitime«, staatlich hart verfolgte und diskriminierte Einkommens- und Aneignungsformen, wie etwa das Schmuggeln von Lebensmitteln und anderen Gebrauchsgegenständen über die Grenzen der Vorstädte, oder das Betteln insbesondere der Kinder und älteren und/oder schwächeren Haushaltsmitglieder waren unter diesen in ständiger Existenznot lebenden Menschen weit verbreitet, und sie wurden als notgedrungene Einkommens- bzw. Überlebensformen von der zeitgenössischen »erwerbstätigen« Bevölkerung keineswegs allgemein mißbilligt, sondern sie wurden akzeptiert und geschützt. Die staatlichen Vollzugsorgane fanden keine Unterstützung bei der Verfolgung von Bettlern. Die Menschen dagegen »... unterstützten die Armen vor der Festnahme durch die Bettelvögte, pöbelten die Polizei an, griffen teilweise tätlich auf seiten der Bettler ein und verweigerten den Vollzugsorganen Angaben und Auskünfte. Die Äußerung des Elends durch Almosenbitten der Armen in den Straßen der Stadt wurde auf Grundlage des Bettelverbotes von den Polizeiorganen brutal verfolgt, doch weitgehend erfolglos, weil die Bettelei verdeckt auftrat und von Haus zu Haus ziehende, um Gaben bittende Arme von der Bevölkerung geschützt wurden.«[96]

Der Solidarität mit denjenigen, die in absolute Armut gerieten, lagen Klassenerfahrungen z.B. mit der Arbeitsmarkt-, der Preis- oder der Armen- bzw. Sozialpolitik der Herrschenden zugrunde, die integrale Bestandteile des wirtschaftlichen Produktions- und Reproduktionssystems waren. So zum Beispiel die Erfahrung mit dem Bettel, der bei Sparmaßnahmen der Armenanstalt oder bei Arbeitslosigkeit und gleichzeitiger Teuerung der Grundnahrungsmittel, Brot und Kartoffeln, zunahm.[97] Oder die Erfahrung mit der Vertreibung jener ausschließlich armen 20.000 Menschen, darunter Alte und Schwache, Kranke und Sieche, durch die Franzosen (?) 1813 aus der Stadt.[98]

Innerhalb dieser »Unterschichten« oder der Klasse der »Eigentumslosen« waren nicht die Grenzen zwischen »alter« und »neuer«, »arbeitender« und »nichtarbeitender« Armut fließend, sondern es gab einfach keine derartigen »Grenzen«! In ihrem Lebenslauf erfuhren alle körperliches und psychisches Elend als Folge ihres Existenzkampfs, ob durch die harte und zudem minderbezahlte Arbeit, durch die Arbeitsbedingungen, durch Arbeitslosigkeit, Unterernährung und/oder Hungersnot, durch die schrecklich unhygienischen Wohnbedingungen und die chronischen oder epidemischen Krankheiten, durch Schwäche im Alter oder dadurch verursacht, daß sie in die Hände der Staatsorgane fielen, bzw. daß ihnen von den Armenanstalten in Industrie«schulen«, Zucht- oder Arbeitshäusern »geholfen« wurde.

Die Diskriminierung der »unwürdigen« oder »bösen« Armen ist – wie bereits betont – ein arbeits- und herrschaftsideologisches Konstruktum, das während der zur Diskussion stehenden Epoche keinen Widerhall bei den breiten Massen der »arbeitenden Armen« finden konnte, da sie selbst beim Versagen bürgerlicher Arbeitsbeschaffungsprojekte als »unverbesserlich« diskriminiert und kriminalisiert wurden,[99] während die Berechnungen ihrer »Bedürfnisse« seitens der Armenanstalt die verdeckte Bettelei bzw. den privaten Almosenempfang als eine Einnahmequelle für Arme mit einkalkulierten. Noch 1848 ging die Armenanstalt grundsätzlich von der Annahme aus, »daß der Arbeiter ›geringer Classe‹ schon Mittel und Wege fände, sich die jährlich notwendige Kleidung billiger zu beschaffen. Damit war gemeint, daß die Angehörigen der ›niederen Classen‹ hin und wieder Kleidungsstücke von wohlhabenden Bürgern geschenkt bekämen bzw. im Altkleiderhandel kauften.«[100]

Zur Diskriminierung der Armen tragen dagegen Forscher/innen bei, die – allen Erkenntnissen zum Trotz – auf einer Trennung zwischen »würdigen« oder »normalen« und »unwürdigen« oder »asozialen« Armen bestehen:

»Daß es in der Stadt selbstverständlich noch immer Bettler, Tagediebe und Strolche gab, braucht kaum erwähnt zu werden. Sie aber prägten nun nicht mehr das Bild der Armut. Die meisten von ihnen waren Asoziale, Bodensatz der Gesellschaft, der auch bei der bestehenden Armenpflege nicht aufzulösen und in ein normales Arbeitsleben einzugliedern ist. (...) Sie kamen fast alle aus den umliegenden Staaten ...«,[101] so A. Kraus, die sich, zumindest was die Herkunft des »Nachwuchses« dieser »arbeitsscheuen« Bettler und Vagabunden anbelangt, selbst widerspricht. Dieser bestand nämlich aus Kindern armer Hamburger Familien![102]

Auch den moralischen Einstellungen der »niederen Klassen« zu »illegalen« Aneignungsformen und ihrer Solidarität mit manchen »Vagabunden«, die ihren Lebensunterhalt zum Beispiel durch den Schmuggel verdienten, lagen konkrete Klassenerfahrungen zugrunde. Als Hamburg 1806 von den Franzosen besetzt wurde und »der direkte Handel mit England verboten war, mußte man sich die englischen Waren auf Umwegen zu verschaffen suchen. Dies geschah durch Schmuggler ...«[103] und selbstverständlich über Sankt Pauli. Das waren Hamburger Bürger, die das gewinnträchtige Geschäft durch »Bestechung der französischen Beamten, von den höchsten bis zu den niedrigsten,«[104] systematisch organisierten bzw. ermöglichten. Die Schmuggler kamen dagegen von den »niederen Klassen«, waren arbeitslos und mit der Realität konfrontiert, »daß Handel und Verkehr gänzlich darniederlag, im Hafen faulten seit Jahren 300 Schiffe, und alle Einwohner, welche bis dahin sich von der Schiffahrt ernährt hatten, waren jetzt brotlos ...«[105] Und – so E.H.Wichmann, der über die Schmuggelei ausführlich berichtet – »... es war daher kein Wunder, daß viele Arbeiter sich dem einträglichen Schmuggel zuwandten.«[106]

Trotz der schweren Strafen, die sie bei einer Verhaftung – vor allem nach der Einverleibung Hamburgs in das französische Kaisereich (1810) – erwarteten, fanden diese Menschen es als angebracht, ihr Glück beim Schmuggeln zu versuchen, statt bei den Armenanstalten um Hilfe zu bitten. Bei den »niederen Klassen« genossen sie ein hohes Ansehen: »... ihre Tollkühnheit, ihre List und Schlauheit, um die Duanen zu täuschen, erwarben ihnen den Beifall der großen Menge.«[107] Für die Hamburger Bürger wurden sie gefährlich, als sie »politisch« wurden! Sie leisteten nämlich Widerstand, und dabei sind sie soweit gegangen, daß sie nicht nur die Zollwache stürmten und die französischen Duaniers zum Fenster hinauswarfen, sondern sie griffen auch Hamburger Eigentum an! Unterstützt von den »niedern Volksclassen« durchzogen sie »lärmend die Straßen«, verfolgten die Duaniers und demolierten »mehrere Häuser der französisch Gesinnten«![108] Die Bürger sahen sich gezwungen, zu drastischen Maßnahmen zu greifen. »Da die Franzosen zu schwach waren, sammelten sich Männer aus allen Ständen unter Führung der alten Bürger-Capitäne und stellten die Ruhe wieder her. 3–4 Duaniers und vielleicht ebensoviele Tumultanten waren bei dem Krawall um's Leben gekommen.«[109] Später ließ die gestärkte französische Besatzung sechs »Tumultanten« durch ein Schnellgericht zum Tode verurteilen und zwei von ihnen auf dem Heiligengeistfeld hinrichten! Das geschah in den Monaten Februar/März des Jahres 1813, als man auf einen Abzug der Franzosen aus der Stadt gehofft hatte.[110] Ende 1813 trieb man die Armen durch das Millerntor aus der Stadt heraus, und am 2. Januar 1814 »begann das Zerstörungswerk auf dem Hamburger Berg.«[111]

E. H. Wichmann, der das Betreiben der Franzosen kritisiert und für die Arbeitslosen und Armen Verständnis zeigt, sieht in der Schmuggelei vor allem dann eine Zunahme der »Demoralisation«, als die Schmuggler eigene Banden bildeten, wobei auch die kleinen Banditen begannen, ihr Leben zu genießen: »Unter den Mitgliedern einer Bande herrschte strenge Mannszucht und Ehrlichkeit gegeneinander. Jeder mußte sich den Befehlen des Anführers blindlings fügen, der Gewinn wurde nach festen Regeln unter Alle vertheilt, die ergriffenen Mitglieder versuchte man durch jedes zu Gebote stehende Mittel wieder zu befreien, durch List, Gewalt oder Bestechung; aber der reiche Tagesgewinn wurde größtentheils in Branntwein- und Bierkneipen am Abend wieder verpraßt, und so die Moralität der niederen Volksschichten immer mehr untergraben.«[112]

Arbeitsunlust, Trägheit oder Faulheit sind als einige der vielen – fast ausschließlich negativen – Charakteristika der »arbeitenden Armen« sowohl den kritischen Untersuchungen Hamburger Reformpolitiker wie auch den Schimpfkanonaden ihrer zeitgenössischen Reaktionäre gegen die Armen zu entnehmen. Waren die Letzteren der unerschütterlichen Auffassung, Trägheit läge dem »Wesen« dieser Menschenklasse zugrunde, erhofften sich die Reformisten eine Bekämpfung des Übels durch die Erziehung der Armen zu Arbeit bzw. zu Arbeitslust.

An Aktualität gewann jedoch die Auseinanderstzung mit der unterstellten Arbeitsunlust unter »arbeitsfähigen« Armen vorwiegend unter dem Druck der Bettelei und anderer gefährlicher Aneignungsformen armer Menschen, nicht etwa wegen Mangels an arbeitswilligen Frauen und Männern auf dem Hamburger Arbeitsmarkt; sie wurde zu einer Zeit geführt, in der die Hamburger Wirtschaft noch weit davon entfernt war, Arbeitskräfte der Regelmäßigkeit und der Disziplin des industriellen Arbeitsrhytmus massiv zu unterwerfen.[113] Dies bedeutet nicht, daß die »arbeitenden Armen« in Hamburg keinen Widerwillen gegen die Fabrikarbeit gespürt hätten! Die Tatsache, daß die wenigen Hamburger Fabrikanten verhältnismäßig hohe Löhne zahlen mußten, um »genügend taugliche Arbeitskräfte zu bekommen,«[114] beweist gerade das Gegenteil und läßt keinen Zweifel daran, daß sich die Unterstellung, die Armen seien träge oder faul, auch auf das Verhalten erwachsener Arbeiter/innen gegenüber der neuen Produktionsweise bezog. Nur, für die Massen der »arbeitfähigen« Armen stand die Fabrikarbeit als Erwerbsquelle vorerst kaum zur Diskussion. Der Art und Weise der Erwerbsarbeit dagegen, die diesen »Erwerbstätigen« in Hamburg angeboten wurde, entsprach auch deren Verhältnis zur Lohnarbeit, durch die sie das Existenzminimum und, unter günstigen Umständen, etwas darüber fleißig erarbeiten durften, so daß sie »in äußerster Dürftigkeit eine Kümmerform menschlichen Daseins« führten.[115] Wären die Armen bereit gewesen, diese »Daseins«formen widerstandslos hinzunehmen, hätte ihr Verhältnis zur Erwerbsarbeit in vollem Einklang mit den Wirtschafts- und Herrschaftsinteressen der Hamburger Handelsbourgeoisie, der mächtigsten Kapitalfraktion im hamburgischen Staat jener Zeit, gestanden, die über die Gesamtentwicklung der Hamburger Ökonomie dominierte. Dieser Dominanz entsprach eine Politik des Hamburger Rates, die stets darauf gerichtet war, den Bedarf des Handels mit Gütern und Dienstleistungen zu decken, dessen Krisen zu minimieren und dessen Expansion zu fördern, d.h. eine Gewerbe-, Zuwanderungs- und Armenordnung im Dienste des Exports zu prägen und zu erhalten, Handwerk bzw. produzierendes Gewerbe zu ständiger Konkurrenz »anzusporonen«, bestehende Privilegien auf dem Arbeitsmarkt zu untergraben, legale mit

»illegalen« Erwerbsformen zu konfrontieren und nicht zuletzt über eine Menge billiger, beliebig einsetzbarer bzw. austauschbarer Arbeitskräfte zu verfügen, gehörte dementsprechend zu den wichtigsten Bestrebungen dieser Hamburger Wirtschafts- und Gesellschaftspolitik.

»Trotz heftiger Proteste der zünftigen Meister und Gesellen sah sich der Rat gezwungen, unzünftigen Handwerkern Gewerbekonzessionen zu erteilen. Neben diesen Freimeistern nahm zugleich die Zahl der Böhnhasen, jener gelernten, aber ›schwarz‹ arbeitenden Handwerker, in den meisten Gewerben ständig zu.«[116]

Die Abneigung der »arbeitsfähigen« Armen, sich unter allen Umständen als minderbzahlte Arbeitskraft dem Kapital zur Verfügung zu stellen, ist nur verständlich. Arbeitsverweigerung bzw. bedingte Arbeitsaufnahme wurden mit Sicherheit auch von Gelegenheitsarbeitern als ein effektives Druckmittel gegen die Lohnpolitik der Unternehmer praktiziert, vor allem in Arbeitsbereichen – wie z.B. dem Hafen – , in denen Arbeitskräfte zwar unregelmäßig, dafür aber massiv benötigt wurden.[117]

Als ein Charakteristikum des »Systems der Gelegenheitsarbeit« hebt M. Grüttner »... ein relativ großes Maß an Selbstbestimmung, das von den Arbeitern trotz der damit verbundenen Risiken hartnäckig gegenüber den Unternehmern verteidigt wurde,«[118] hervor. Dem Hafenarbeiter, der »... nur dann arbeitete, wenn ihm das Geld ausgegangen war und in der Zwischenzeit anderer Beschäftigung nachging«[119] warfen die auf seine Arbeitskraft gerade angewiesenen Unternehmer »Arbeitsscheu« vor. Auf Verdienst zu verzichten, war für diese Hamburger Unternehmer – die ansonsten keine Hemmungen hatten, die Mehrheit der Hafenarbeiter kurzfristig anzuheuern, sie aber nach dem Beladen oder Löschen eines Schiffes dann wieder auf die Straße zu setzen – ein Zeichen mangelnder »moralischer Tauglichkeit«. Bei dieser Diskriminierung handelte es sich, nach M. Grüttner, in erster Linie um einen moralischen Konflikt: Gegen »die ungeschriebenen Gesetze jener (ursprünglich protestantischen) Arbeitsethik, die in der Mentalität des Bürgertums tiefe Wurzeln geschlagen hatte« verstieß »in eklatanter Weise«[120] die Arbeitsmoral der vorindustriellen Unterklassen, deren Verhältnis zum Verdienst durch Erwerb M. Grüttner wie folgt »idealtypisch« formuliert: »Gearbeitet wurde nicht mit dem Ziel der Einkommensmaximierung, sondern um sich und seiner Familie einen bestimmten, als auskömmlich erscheinenden Lebensstandard zu erhalten.«[121] Inwiefern ein »Lebensstandard« an den Grenzen des Existenzminimums dem Hamburger Gelegenheitsarbeiter jener vorindustriellen Zeit als »für sich und seine Familie« »auskömmlich« erschien, bleibt fraglich. Äußerst fragwürdig wäre jedenfalls eine der oben zitierten Auffassung naheliegende Behauptung, die Armut der vorindustriellen Unterklassen sei durch deren eigene moralische oder mentalitätsbedingte Einstellung zu Erwerb und Einkommen mitverursacht! Eine derartige Behauptung widerspräche nicht nur denjenigen zeitgenössischen Untersuchungen, die den Mangel an Erwerb als ein chronisches Merkmal der sozialen Lage dieser Klassen deutlich hervorhoben; sie würde vor allem ignorieren, daß Intensität und Kontinuität der Arbeit in der Handels- und Hafenstadt von den temporären, konjunkturellen, politischen etc. Schwankungen des Handels bestimmt wurden, was Arbeitsunterbrechungen oder gar lange Arbeitslosigkeitsphasen für erhebliche Teile der einfachen Arbeiter in allen für den Export produzierenden Gewerben bedeutete.

Am Beispiel der Hafenarbeiter zeigt M.Grüttner, daß dort, wo die Gelegenheitsarbeit eine zentrale Funktion hatte – und dies war im Hamburger Hafen bis Ende des 19. Jahrhunderts der Fall – der Wechsel von »Perioden intensiver Arbeit« und »Phasen der Nicht-Arbeit«[122] die Einstellung der Menschen zur Erwerbsarbeit gerade prägte. Das System der Gelegenheitsarbeit rief einen Arbeitertypus hervor, der die Unständigkeit seiner Beschäftigung zu nutzen wußte, um für ungelernte Arbeiter relativ hohe Löhne zu erzwingen, konfliktfähiger war, da er »das Risiko von Entlassungen nicht zu scheuen« brauchte und der sich gegen die monotone »Gleichförmigkeit des industriellen Arbeitsrhytmus« wehren konnte.[123] Dieser Arbeitertypus war nicht nur kein arbeitsscheuer, er scheint auch kein traditionell genügsamer, von Einkommensmaximierung prinzipiell absehender Mensch gewesen zu sein. Wahrscheinlich nahmen auf seine Einstellung zur Arbeit auch weitere Faktoren einen Einfluß wie etwa die schweren körperlichen Anstrengungen bzw. der Kräfteverschleiß, die seinen Arbeitsplatz charakterisierten und faktisch sein Leben bedrohten.

Lebenslage und Reproduktion der Armen – Eine Zusammenfassung

Typische Merkmale der Bedingungen physischer und sozialer Reproduktion der »Eigentumslosen« im Hamburger Staat waren:

Ein niedriges, zudem unregelmäßiges Erwerbseinkommen unter der Majorität der Erwerbstätigen.

Dürftige, einseitige Ernährung mit Nahrungsmitteln unterster Qualität; unzureichende Bekleidung schlechter Qualität; enge, unhygienische Wohnverhältnisse bei zu hohen Mieten.

Epidemische und chronische Massenerkrankungen, wie Nervenfieber (Typhus), Krätze (Psoriasis), Schwindsucht (Lungentuberkulose), Wassersucht u.a.[124] bedingt durch Nahrungslosigkeit oder schlechte Nahrung, schlechte Wohnverhältnisse bzw. unhygienische, feuchte etc. Wohnräume und/oder Mangel an Kleidung.

Äußerst dürftige öffentliche Versorgung bei gleichzeitiger Diskriminierung von akut Verarmten und chronisch Kranken; Zwang zur Arbeit.

Massive Disziplinierung von »Fremden«; Verfolgung der in Verelendung geratenen Menschen bei allgemeiner Verfemung proletarischer Lebensweisen.

Sowohl die Bedingungen materieller Reproduktion wie auch die Arbeitsbedingungen der »Eigentumslosen« oder »arbeitenden Armen« ließen nicht nur keine nennenswerte Vermehrung der Bevölkerung zu; sie führten auch zu einer schnellen Verkümmerung der Arbeitsfähigkeit relativ gesunder und kräftiger Menschen.

Hauptaufgabe der Hamburger Bevölkerungspolitik war die Versorgung des Arbeitsmarktes mit arbeitswilligen Menschen. Dabei begünstigte man die Einwanderung und Integration qualifizierter, bemittelter gegenüber nichtqualifizierten, mittellosen Arbeitskräften, ließ eher jüngere, nichtverheiratete Frauen und Männer als kinderreiche Familien die Staatsgrenze offiziell passieren und verfolgte schärfstens die illegale Einwanderung.

Diese, hier kurz skizzierten, typischen Merkmale kennzeichneten auch die Lebensbedingungen der »Eigentumslosen« in der Vorstadt Sankt Pauli:

- Der rapide Zuwachs ihrer Bevölkerung ging schon vor der Brandkatastrophe in Hamburg eindeutig auf die Zuwanderung von »Fremdarbeitern/innen« zurück;
- ihre Sozialstruktur wurde darüber hinaus durch den Einzug »arbeitender Armer« aus der Hamburger Innenstadt nach 1842 besonders geprägt;
- die Majorität der Bewohner/innen lebte unter schlechten hygienischen Bedingungen in vorwiegend traditionellen Armenquartieren, schließlich waren
- überdurchschnittlich viele ihrer Erwerbstätigen gezwungen, ein Leben an der Grenze des Existenzminimums zu führen, während bei der Majorität der »besser« Verdienenden die untersten Einkommensgruppen überwogen.

Sankt Pauli wies jedoch als Grenzgebiet und Vorstadt an der Elbe eine Reihe von Charakteristika auf, die sich als Rahmenbedingungen (Wirtschaftsstruktur bzw. Ausbeutungsverhältnisse) oder als spezifische Faktoren (territoriale Lage/militärische Ausbeutung) auf die soziale Reproduktion der Bevölkerung mitbestimmend bzw. differenzierend auswirkten.

Sankt Pauli in der Vergangenheit

Abschluß-bemerkungen

Um die Mitte des 19. Jahrhunderts vollzog sich im wesentlichen die Formierung des Stadtteils in wirtschaftlicher bzw. funktionaler und in sozialstruktureller Hinsicht. Eigentumslose, auf Lohnarbeit angewiesene Menschen mit ihrem Nachwuchs bevölkerten mehrheitlich alle Sankt Paulianer Wohngegenden, vielenorts in enger Nachbarschaft zu kleinen Gewerbetreibenden, während die Vergnügungs- bzw. Freizeiteinrichtungen, in einer Vielfalt von Lokalen und Darbietungen, sich allmählich überall bemerkbar machten und tendenziell das Profil des Stadtteils prägten.

Bedingt jedoch durch die historisch unterschiedlichen Zeitpunkte ihrer Entstehung bzw. Verstädterung wiesen die Ortsteile Sankt Paulis gewisse funktionale Unterschiede auf. Diese wirkten sich auf die soziale Zusammensetzung der Bevölkerung in bestimmten Wohngegenden oder Nachbarschaften differenzierend aus. In der Mitte, vor allem aber im Norden des Stadtteils (Karolinen- und Schulterblatt-Viertel) bewirkte eine gezielte Einquartierung von Arbeiterfamilien in direkter oder relativer Nähe zu den Arbeitsstätten ihrer männlichen Ernährer (Schlachthof und/oder Hafen) eine relative Homogenisierung mancher Nachbarschaft. Dennoch lassen sich auch diese später entstandenen Wohngegenden Sankt Paulis mit manchen, primär auf das Fabrikwesen bezogenen Arbeiterstadtteilen kaum vergleichen. Denn in unmittelbarer Nähe entwickelten sich parallel Handel und Handwerk, während sich die Freizeiteinrichtungen vermehrten und später zeitweise expandierten (z.B. am Schulterblatt). Das Merkmal eines »durchsetzten Wohngebiets« behielt Sankt Pauli auch während seiner späteren Entwicklung bei.

Möglichkeiten sozialer Reproduktion durch Erwerbsarbeit im Stadtteil selbst bzw. in der Nähe der Wohnung bot Sankt Pauli, wegen seiner relativ pluralen Wirtschaftsstruktur zahlreichen Sankt Paulianern/innen an. Die Masse jedoch der Arbeiter war auf Großbetriebe in der Nähe (Hafenbetriebe, Werften, etc.) angewiesen; viele suchten sich eine Beschäftigung in der Stadt.

Auf die Berufs- und Beschäftigungsstruktur der »arbeitenden Armen« in Sankt Pauli wirkte sich die Nähe des Gebietes zur Elbe selektiv aus. Sie bewirkte eine gewisse Konzentration bestimmter Gruppen (z.B. Hafenarbeiter, Werftarbeiter, Seeleute oder Gastwirte, Prostituierte, Kleinkünstler u.a) im Stadtteil. Krisen im Bereich der Seefahrt trafen einen großen Teil der Bevölkerung zwar gleichzeitig, jedoch nicht in gleichem Maße. Das »Vergnügungsviertel« an der Elbe sowie die Freizeiteinrichtungen in den anderen Ortsteilen Sankt Paulis zogen ihre Kundschaft zu einem großen Teil aus Hamburg an, und sie konnten auch dann gewisse Beschäftigungs- zumindest aber Überlebensmöglichkeiten anbieten, wenn andere »Branchen« zeitweilig stagnierten. Das Verhältnis armer, erwerbsloser Sankt Paulianer/innen zu diesem, sich allmählich entfaltenden Wirtschaftsbereich blieb indifferent oder aber davon abhängig, ob Betroffene in dessen Einrichtungen Erwerbsmöglichkeiten bzw. Reproduktionschancen erblickten oder fanden. Auf die soziale Reproduktion kleiner Selbständiger, etwa freier Künstler, hatten staatliche Eingriffe und Strukturveränderungen im Bereich der Volksbelustigungen eindeutig negative Auswirkungen. Denn Kapital und Staat sahen im Aufblühen des »Vergnügungsviertels« an der Elbe eine gewinnversprechende Ergänzung zu Handel und Industrie; sie ordneten, förderten und schützten das Geschäft. In

St. Pauli und die Hafenstraße

diesem Zusammenhang sollte die »Diffamierung« Sankt Paulis bzw. ihr Äquivalent – die Werbung für Sankt Pauli – als ein typisches Merkmal der Verwertung des Stadtteils hervorgehoben werden. Dadurch wurde Sankt Pauli, als das Etikett, die Verpackung oder der Dekor für die Ware »Hamburger Vergnügungen«, mit der Ware zugleich auf den Weltmarkt gebracht und insofern den präformierten Erwartungen eines relativ unterschiedlichen Käuferpublikums angepaßt.

Auf Sankt Pauli, außerhalb der Tore, war man nicht nur Kriegsgefahren stets ausgesetzt, man wurde auch ungleich behandelt und direkt diskriminiert. Bestimmte Eigenschaften Sankt Paulis wie seine Grenzlage, die Nähe zur Elbe, seine »Durchgangsfunktion« zur Stadt, gewisse Merkmale seiner Wirtschaftsstruktur und nicht zuletzt die überdurchschnittliche Verarmung seiner Bevölkerungsmajorität bargen Gefahren für Hamburg in sich und riefen eine durchgehende Überwachung der Vorstadt hervor. Außer dem Hamburger Militär operierten dort die Vögte des Patronats, Zollgrenzschützer bzw. die Wachen der Tore und nicht zuletzt Fremden- und Sittenpolizei.

Diese Politik der Ausbeutung und Ausgrenzung hat nicht nur die Beziehung der Groß- und Kleinbürger in Sankt Pauli, die nach den gleichen Privilegien mit den Hamburgern trachteten, zur »Mutterstadt« geprägt; sie qualifizierte auch die Überlebensstrategien und die Handlungsalternativen der armen Bewohner als einen ständigen Widerstand gegen die Lebensbedingungen, die sie hervorrief.

Sankt Pauli, als Arbeitsplatz und Wohngegend, ließ Gleichförmigkeit, Rigidität und Monotonie bei den zwischenmenschlichen Beziehungen nur schwer entstehen. Nicht Anpassung und Konformität, sondern Konfliktfähigkeit, bedingte Solidarität und eine stets nachzuweisende gegenseitige Akzeptanz dürften für den Existenzkampf in diesem Grenzgebiet erforderlich gewesen sein.

III. Berichte

Hamburger Moritaten

A. Sankt Pauli-Nord

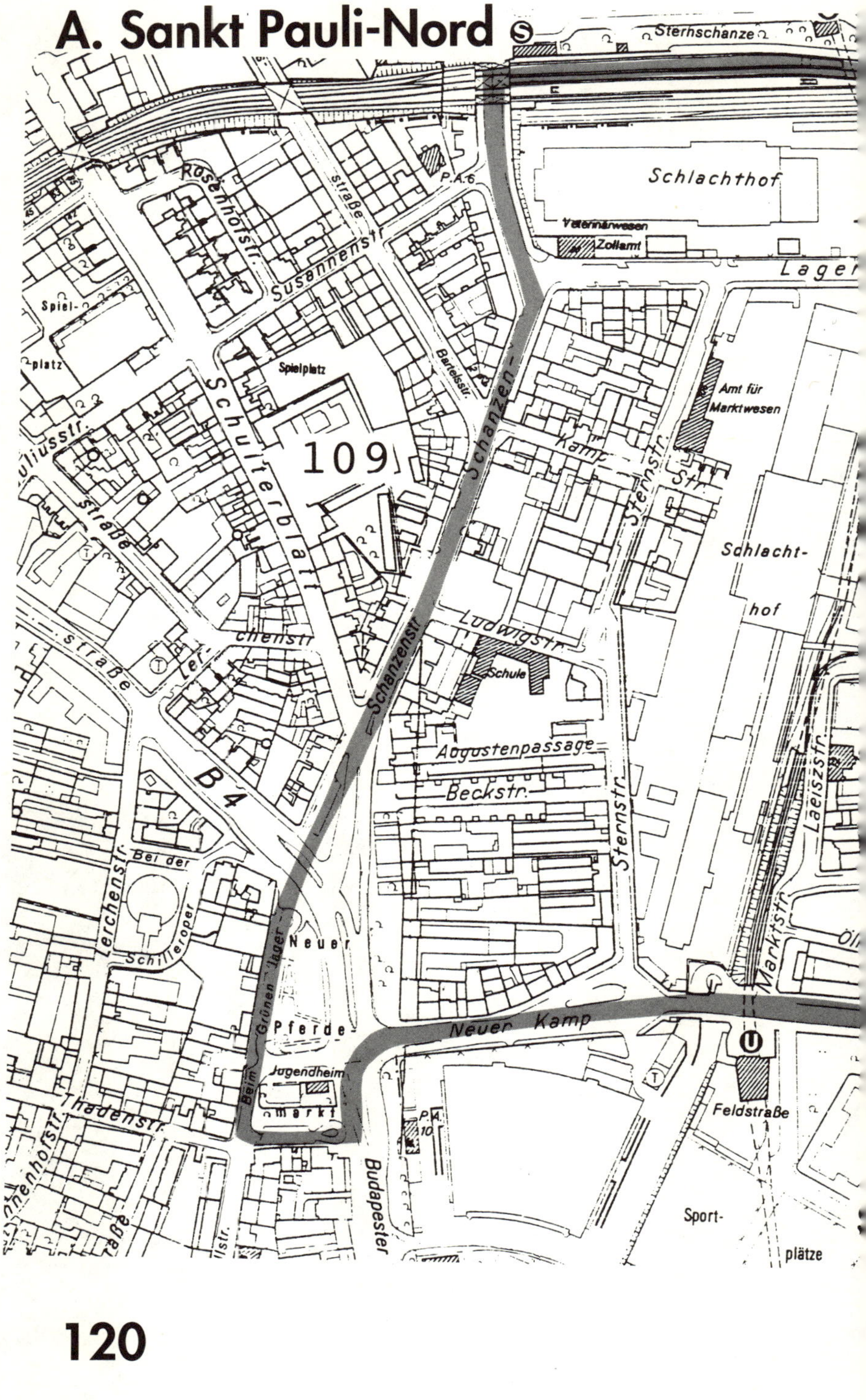

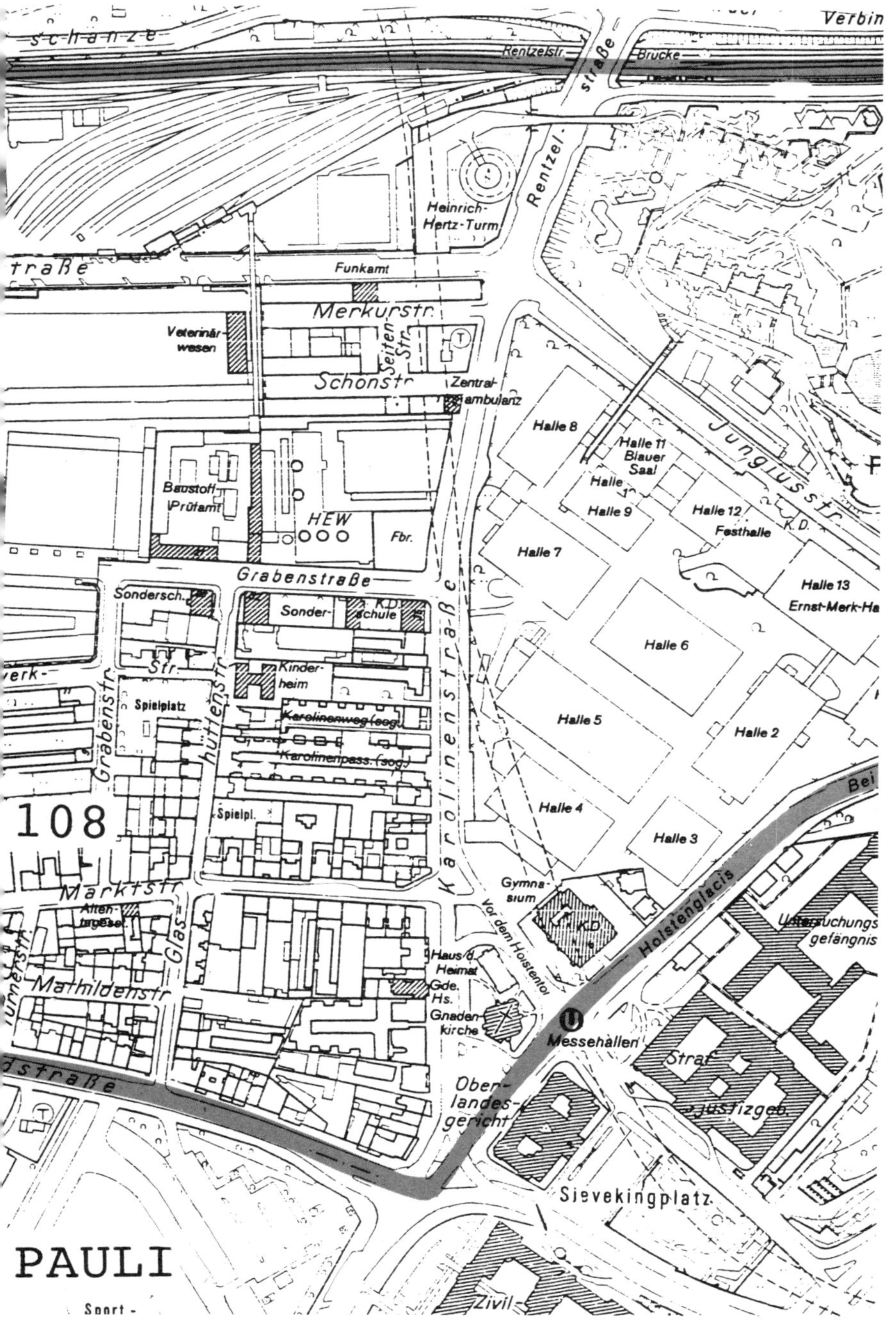
schanze
Verbin
Rentzelstr.
Brücke
Rentzelstraße
Heinrich-Hertz-Turm
straße
Funkamt
Merkurstr.
Veterinär-wesen
Seiten Str.
Schonstr.
Zentral-ambulanz
Halle 8
Halle 11 Blauer Saal
Halle 10
Halle 9
Halle 12 Festhalle
Jungiusstr.
K.D.
Baustoff-Prüfamt
HEW
Fbr.
Halle 7
Halle 13 Ernst-Merk-Ha
Grabenstraße
Sondersch.
Sonder-
K.D. schule
Kinder-heim
Halle 6
Spielplatz
Karolinenweg (sog.)
Karolinenpass. (sog.)
Karolinenstraße
Halle 5
Halle 2
Grabenstr.
Glashüttenstr.
Bei
108
Spielpl.
Halle 4
Halle 3
Marktstr.
Gymna-sium
Alten-tagesst.
Vor dem Holstentor
KD
Holstenglacis
Untersuchungs-gefängnis
Mathildenstr.
Haus d. Heimat
Gde. Hs.
Gnaden-kirche
Messehallen
Straf-justizgeb.
straße
Ober-landes-gericht
Sievekingplatz
PAULI
Sport-
Zivil-

Berichte aus dem Karolinenviertel

Eine Nachbarschaft

In alten, historisch gewachsenen Stadt- und Ortstteilen ist die Wahrnehmung der eigenen Wohngegend als Nachbarschaft nicht vorwiegend eine Folge subjektiven Empfindens bzw. individueller Einstellung der Anwohner/innen; sie ist vor allem das Resultat der Wertung »funktionaler Eigenschaften« der Wohngegend an sich. Diesen Eindruck vermitteln zumindest die Reaktionen von Anwohnern/innen der Wohngegenden Sankt Paulis auf die Frage, inwiefern und warum sie ihre Wohngegend als »Nachbarschaft« bezeichnen würden. Einige dieser Eigenschaften seien hier, zusammengefaßt, erwähnt:

- Straßen, die man ohne Gefahr oder Angst überqueren kann;
- Erreichbarkeit aller Örtlichkeiten zu Fuß;
- relative Überschaubarkeit, etwa im Sinne des Wissens von Straßennamen, der Kenntnisse von öffentlichen und privaten Einrichtungen und ihrer Funktionen oder im Sinne der »Erleichterung« bei der Realisierung notwendiger, alltäglicher Aktivitäten;
- Vermittlung eines Gefühls von Nähe;
- Möglichkeiten – als Ermöglichung und/oder Förderung – alltäglicher Kontaktaufnahmen;
- Vermittlung eines Gefühls von Zusammengehörigkeit.[1]

Der Ortsteil auf der nord-östlichen Spitze Sankt Paulis der heute kommunalamtlich Karolinenviertel genannt wird, besteht aus zwei Wohngegenden: dem eigentlichen alten Karolinenviertel und der Wohngegend zwischen den Straßenzügen Stern- und Schanzenstraße, die von den Anwohnern/innen als ein Teil des Schanzenviertels bezeichnet wird. Der Schlachthof trennt die beiden Ortschaften gewaltsam voneinander.[2] »Die gründerzeitlichen Backsteinbauten des Schlachthofareals durchschneiden das Wohngebiet keilförmig. Einheitliche Gestaltungsmerkmale weisen auf ihre historische und funktionale Zusammengehörigkeit hin.«[3] Diese Hinweise reichen heute nicht mehr aus, um auch bei den Anwohnern ein Gefühl der Zusammengehörigkeit entstehen zu lassen, während eine Verbindung zwischen den Wohngebieten aus rein wirtschaftlichen Gründen stets hinausgezögert wird: »Der Schlachthof wird zur Zeit umgebaut bzw. modernisiert. Und das Bemerkenswerte dabei ist, daß mancher durchaus sinnvolle Plan, der eine Verbindung der beiden Ortsteile über den südlichen Teil dieser großflächigen Nutzung vorsah, auf Eis gelegt wurde! ... Weil der Schlachthof seine Interessen durchgesetzt hat, nämlich nochmal für 10 Jahre auf diesem südlichen Teil bleiben zu können.«[4]

Legt man dem Versuch einer Einschätzung des Karolinenviertels als Wohngegend,[5] die anfangs erwähnten »funktionalen Eigenschaften« zugrunde, stellt man unschwer fest, daß es sich bei diesem Viertel um eine »funktionierende« Nachbarschaft handelt. Diese positive Einschätzung bildet auch den leicht erkennbaren »gemeinsamen Standpunkt«, worauf sich auch unsere Befragten oder Diskutanten beziehen, wenn sie sich – im folgenden – über »ihre Nachbarn« kritisch äußern, auf die inneren Widersprüche und die realen Probleme »ihres Viertels« hinweisen oder sich über Entfremdungsprobleme in »ihrer Nachbarschaft« Sorgen machen. Erst vor diesem Hintergrund läßt sich auch die soziale, kulturelle und politische Bedeutung, die viele Menschen im Karolinenviertel ihrer Wohngegend beimessen, besser verstehen: sie identifizieren sich mit ihr, offensichtlich. Folglich lehnen sie die »Kolonisierung« ihres Viertels durch »fremde« kommerzielle Einrichtungen des Vergnügungsbetriebes nicht aus rein ästhetischen Gründen ab, sondern weil sie darin die Ausbeutung, die Entstellung und Entfremdung ihres Lebenszusammenhanges erblicken. Oder sie verteidigen nicht nur »ihr« Haus, sondern sie kämpfen gegen ihre Vertreibung bzw. um das Recht, dort menschenwürdig und preiswert zu wohnen, wo sie eben wollen, nämlich im alten, traditionsreichen Karolinenviertel!

Das Karolinenviertel – gemeint ist an dieser Stelle der gesamte Ortsteil – ist seit 1980 ein Sanierungsgebiet.[6] Anders als bei Sanierungsplanungen in den 60er Jahren sah man diesmal von einem völligen Abriß des Viertels ab, beschloß stattdessen die »Erhaltung des Karolinenviertels als Wohnstandort«, ja man erkannte sogar die baugeschichtliche Bedetung des alten Stadtteils: »Das Karolinenviertel ist einer der wenigen Stadtteile Hamburgs, der in seiner baugeschichtlichen Entwicklung fast vollständig erhalten geblieben ist. 90 Prozent der Häuser stammen aus dem vorigen Jahrhundert, einer Zeit, wo noch Liebe zum Detail und der Stolz eines Hausbesitzers Ausdruck in der Fassade fanden ...«.[7] Oder: Das Stadtbild des Viertels »... prägen die typische ein- bis dreigeschossige Terassenbebauung des frühen 19.Jahrhunderts und besonders die vier- bis fünfgeschossigen, teilweise üppig dekorierten Schlitzbauten der Gründerzeit als geschlossene Blockrandbebauung ...«[8]

»Nun sind alle Vorbereitungen längst getroffen, Stadtteilentwicklungs- und Sozialpläne wurden angefertigt, es wurde dabei viel diskutiert, über zu erwartende Mieterhöhungen gestritten und zuweilen hart gekämpft; mit der Instandsetzung der Wohnhäuser hat es aber noch nicht begonnen ...«[9] Dessen ungeachtet, erhielten die Mieter des stadteigenen Wohnungsbauunternehmens (SAGA) Ende 1987 Mieterhöhungen zum 1.1.1988: » – ein Skandal, wenn man zum Beispiel die Situation der SAGA-Mieter im stark belasteten Karolinenviertel mit bevorstehender Sanierung in vollkommen vernachlässigten Häusern bedenkt. Bis zu 30 Prozent mehr Miete läßt die Hansestadt von der SAGA einfordern. Ein großer Teil dieser Mieterhöhungen ist aber auch unter rechtlichen Gesichtspunkten nicht in Ordnung.«[10]

Im Karolinenviertel leben viele junge und alte verarmte Menschen, unter ihnen zahlreiche Arbeitsimmigranten mit ihren Familien. In den Augen der »Verantwortlichen« für die »Lebensqualität« in den Hamburger Stadtteilen erscheint diese Sozialstruktur wie eine Wildnis inmitten »ihrer« Stadt: »Eine besondere Ausgangslage bestimmt die Planung für das Karolinenviertel: Wegen seiner Insellage, aber auch wegen langjähriger Unentschiedenheit, welche Funktionen das Viertel künftig erfüllen sollte, hat sich hier Eigenständiges, Originelles, Vitales erhalten.«[11] Zu einer »Normalisierung« der Verhältnisse im Karolinenviertel sollen nun die Mieterhöhungen beitragen: »Fest steht, obwohl keiner etwas entscheidet, daß der Ausländeranteil von jetzt 50 Prozent auf zehn Prozent gedrückt werden soll. Dieses Viertel soll angeglichen werden an die durchschnittlichen Hamburger Verhältnisse. Erreicht wird dies wohl mit steigenden Mietpreisen.«[12]

Im Karolinenviertel leben nicht wenige Frauen und Männer, die über die alltäglichen, keinesfalls konfliktlosen nachbarschaftlichen Beziehungen hinaus Wege zu einer politischen Solidarität mit akut verarmten und/oder in ihrer Existenz bedrohten Menschen in ihrer Nachbarschaft suchen. Die folgenden Beiträge weisen auf die Bedeutung, aber auch auf die problematische Lage der stadtteilbezogenen sozialen und politischen Arbeit im Karolinenviertel hin. Eine Intention dieses Berichtes ist, auf die Situation der Frauen im Karolinenviertel aufmerksam zu machen. Dafür stellten wir in den Mittelpunkt der Diskussion ältere, ausländische und deutsche Frauen und ließen vorwiegend Frauen sich mit der Problematik ihrer Nachbarschaft auseinandersetzen.

Sozialdemographische Charakteristika und markante Probleme der Bevölkerung

Circa 26 v.H. der Gesamtbevölkerung Sankt Paulis lebte Ende September 1986[13] im Karolinenviertel.[14]

Die aus insgesamt 6.691 registrierten Personen bestehende Einwohnerschaft dieses Ortsteils war zu 45,4 v.H. weiblichen (in Sankt Pauli 44,5 v.H.) und zu 54,6 v.H. männlichen (in Sankt Pauli 55,5 v.H.) Geschlechts.

19,7 v.H. der weiblichen (in Sankt Pauli 16,2 v.H.) und 17,1 v.H. der männlichen (in Sankt Pauli 13,1 v.H.) Personen im Ortsteil waren Kinder und Jugendliche unter 18 Jahren.

36,7 v.H. der Bevölkerung befand sich in einem Alter von 40 und mehr Jahren. Das betraf 36,0 v.H. der weiblichen und 37,3 v.H. der männlichen Bevölkerung im Ortsteil. In den Altersgruppen zwischen

40 und 60 Jahren befanden sich 20,8 v.H. der weiblichen und 29,0 v.H. der männlichen Bevölkerung. 60 Jahre und älter waren 10,9 v.H. der Gesamtbevölkerung oder 7,2 v.H. der männlichen und 15,3 v.H. der weiblichen Bevölkerung im Karolinenviertel.

Bis auf den Anteil der Kinder/Jugendlichen, der auch für die Verhältnisse in Sankt Pauli überdurchschnittlich hoch war, lagen alle oben referierten Werte zur Altersstruktur der Bevölkerung in diesem Ortsteil unter dem Sankt Pauli-Durchschnitt.

Ausländischer Herkunft bzw. Staatsangehörigkeit waren 1986 44,7 v.H. aller Einwohner/innen des Ortsteils (in Sankt Pauli 36,4 v.H.). Das waren 41,2 v.H. der weiblichen (in Sankt Pauli 31,9 v.H.) und 47,6 v.H. der männlichen (in Sankt Pauli 40,4 v.H.) Bevölkerung im Karolinenviertel.[15]

Die Majorität der ausländischen Staatsangehörigen im Karolinenviertel setzte sich 1987 aus spanischen (2,6 v.H.), italienischen (2,9 v.H.), griechischen (7,3 v.H.), portugiesischen (7,3 v.H.), jugoslawischen (17,4 v.H.) und türkischen (46,0 v.H.) Staatsangehörigen, d.h. aus den sechs alten Arbeitsimmigrantengruppen zusammen.

Weitere 16,3 v.H. der Ausländer/innen in diesem Ortsteil waren statistisch unter der Kategorie »Sonstige« registriert und insofern ethnisch nicht identifizierbar.

In diesem Zusammenhang ist es von Bedeutung festzustellen, daß der Anteil der Erwachsenen (ab 18 Jahren) an der Ausländerbevölkerung im Karolinenviertel niedriger war, als an dem entsprechenden Sankt Pauli-Durchschnitt der Fall (71,7 v.H. : 77,9 v.H.), während gleichzeitig der Anteil der Verheirateten wie auch der weiblichen Personen mit ca. 48,0 v.H. : 46,6 v.H. bzw. 41,7 v.H. : 39,3 v.H. unter den Ausländern im Karolinenviertel höher lag, als im Sankt Pauli-Durchschnitt.

Die unter »Sonstige« dagegen registrierten Ausländer/innen im Karolinenviertel, also 16,3 v.H. der ausländischen Bevölkerung in diesem Ortsteil, bildeten eine Ausnahme. 93,6 v.H. von ihnen waren Erwachsene, nur zu 36,1 v.H. verheiratet und der Anteil der weiblichen Personen unter ihnen betrug 34,4 v.H.

Von den Immigranten aus der Türkei bzw. Türkei/Kurdistan waren 1987 37,3 v.H. Kinder und Jugendliche, 62,7 v.H. dagegen Erwachsene ab 18 Jahre. 58,8 v.H. aller erwachsenen Männer und Frauen waren älter als 30 Jahre.

Mit 44,1 v.H. lag der Anteil der weiblichen Personen an dieser Bevölkerungsgruppe höher als der Anteil der weiblichen Bevölkerung an den ausländischen Einwohner/innen insgesamt sowohl im Karolinenviertel als auch in Sankt Pauli als Ganzem.[16]

Kinder in St. Pauli

Überdurchschnittlich viele Ausländer, verglichen mit Sankt Pauli insgesamt, lebten auch 1987 im Karolinenviertel. Ihr Anteil an der Gesamtbevölkerung des Ortsteils, der eine geringfügige Veränderung gegenüber 1986 erfuhr, betrug 1987 44,4 v.H. (in Sankt Pauli 35,7 v.H.). Ausländischer Staatsangehörigkeit waren 1987 41,5 v.H. der weiblichen (in Sankt Pauli 31,7 v.H.) und 46,7 v.H. der männlichen (in Sankt Pauli 38,9 v.H.) Bevölkerung im Ortsteil.

Im Vergleich zum Stadtteil Sankt Pauli insgesamt lebten 1987 im Karolinenviertel verhältnismäßig weniger Menschen der Altersgruppen 40 Jahre und älter. Ihr Anteil an der Bevölkerung des Ortsteils nahm zwischen 1986 und 1987[17] geringfügig ab und betrug nun 35,4 v.H. (in Sankt Pauli 39,5 v.H.). 36,2 v.H. dieser älteren Bevölkerung im Ortsteil waren ausländische Staatsangehörige. Auf die Geschlechter bezogen waren 41,6 v.H. der männlichen und 29,4 v.H. der weiblichen Bevölkerung ab 40 Jahre im Karolinenviertel Ausländer bzw. Ausländerinnen.

Die Frauen sind sowohl in Sankt Pauli insgesamt wie auch im Karolinenviertel in der Minderzahl. Die Frauen (Erwachsene ab 18 Jahren) machten 1986 ebenso wie 1987 36,4 v.H. der Bevölkerung im Karolinenviertel aus.

42,2 v.H. aller erwachsenen Frauen in diesem Ortsteil waren 1987 40 Jahre und älter. 58,4 v.H. dieser älteren Frauen befanden sich im Alter zwischen 40 und 60 Jahren; weitere 41,6 v.H. von ihnen waren 60 Jahre und älter. Circa 35,0 v.H. aller erwachsenen Frauen in diesem Ortsteil waren Ausländerinnen. 36,0 v.H. von ihnen waren 40 Jahre und älter. Unter diesen älteren ausländischen Frauen dominierten die Altersgruppen zwischen 40 und unter 60 Jahren mit 90,2 v.H. Lediglich 26 ausländische Frauen im Karolinenviertel waren 1987 60 Jahre und älter. Das bedeutet u.a., daß 93,8 v.H. aller Frauen im Rentenalter in diesem Ortsteil Deutsche waren.

Im Rahmen dieses Berichtes möchten wir einige markante Charakteristika der weiblichen Bevölkerung im Karolinenviertel hervorheben:

Die weibliche Bevölkerung im Karolinenviertel setzte sich zu 58,5 v.H. aus deutschen und zu 41,5 v.H. aus ausländischen Staatsangehörigen zusammen;

im Rentenalter (60 Jahre und älter) befand sich 15,3 v.H., Kinder und Jugendliche waren 19,7 v.H. der weiblichen Personen.

Die Frauen (erwachsene Personen ab 18 Jahren) stellten 36,4 v.H. der Bevölkerung insgesamt dar. 42,2 v.H. der Frauen waren 40 Jahre alt und älter. Die größten Gruppen unter diesen Frauen bildeten die 40-60jährigen.

Viele dieser Frauen erleben ein Altern in Armut.

Zu den markantesten Problemen der Bevölkerung im Karolinenviertel gehören die Wohnverhältnisse. Das Karolinenviertel ist – wie bereits erwähnt – ein Sanierungsgebiet. Ein großer Teil der Bevölkerung lebt in diesem Stadtviertel seit vielen Jahren. Dies wurde z.B. durch eine 1984 im Rahmen der Sanierungsvoruntersuchungen durchgeführte Bewohnerbefragung dokumentiert: 51 v.H. der befragten deutschen Haushalte gaben dabei an, länger als 10 Jahre im Karolinenviertel zu wohnen; 72 v.H. dieser Befragten lebten sogar länger als 20 Jahre in dieser Nachbarschaft.[18] Was ein langes Wohnen in dieser alten, völlig vernachlässigten Wohngegend für die Bevölkerung mit sich bringt, läßt sich aus den Wohnbedingungen im Karolinenviertel leicht erraten.

Die folgenden Informationen zu dieser Frage haben wir dem, seit 1986 vorliegenden, Schlußbericht zu den vorbereitenden Untersuchungen für die Sanierung des Stadtviertels entnommen.[19] Sie dokumentieren einerseits die allgemein problematischen Wohnverhältnisse im Karolinenviertel; zugleich vermitteln sie aber auch einen Überblick darüber, wie, d.h. unter welch menschenunwürdigen Wohnbedingungen, die Immigrantenfamilien leben müssen; sie verdeutlichen schließlich die menschenfeindlichen bevölkerungspolitischen Kalkulationen, die hinter den Mieterhöhungen für diese schrecklich primitiven Wohnungen stecken.

Den Ergebnissen dieser Studie entsprechend beurteilte die Mehrheit der befragten Haushalte die Maßnahmen der Vermieter zur Instandhaltung der Häuser/Wohnungen »eher negativ«. D.h., für 43 v.H. der Befragten tat der Vermieter »zu wenig«, und für weitere 23 v.H. tat der Vermieter »gar nichts für die Instandhaltung.«[20]

Die von den befragten Haushalten am häufigsten genannten baulichen Mängel waren »undichte Fenster (49 v.H.), feuchte Räume (41 v.H.), schadhafte Fußböden (31 v.H.) und unzureichende elektrische Leitungen (20 v.H.).«[21] Dementsprechend bezeichneten 36 v.H. der befragten Haushalte den baulichen Zustand der Wohnungen als »schlecht oder sehr schlecht«, während weitere 39 v.H. der Befragten den baulichen Zustand als »mittelmäßig« bewerteten.[22]

Offensichtlich wiesen viele der Häuser/Wohnungen weitere Mängel auf, trotzdem betrug 1984 die Bruttokaltmiete im Karolinenviertel 5,80 DM/qm. Waren das vielleicht die Ausländer, die da »billig« wohnten? Nach den Ergebnissen dieser Studie keinesfalls! Die von den ausländischen Haushalten gezahlte Miete unterschied sich sogar »trotz qualitativer Unterschiede in der Ausstattung und im Zustand kaum von der von deutschen Haushalten gezahlten Miete.«[23]

Über die Ausstattungsdefizite der Wohnungen wurde im allgemeinen festgestellt, daß sie »sowohl blockbezogen als auch sozial« differierten. Die Wohnungen der ausländischen Haushalte waren »in der Regel schlechter ausgestattet.«[24]

Von allen befragten Haushalten wurden 56 v.H. mit Einzelöfen beheizt; verfügten 45 v.H. über kein Bad/keine Dusche in der Wohnung; hatten 14 v.H. sogar kein eigenes WC.

Zwischen deutschen und ausländischen befragten Haushalten ließen sich u.a. auch folgende Differenzen feststellen:

Zu den Haushalten, die über kein eigenes Bad/keine Dusche verfügten, gehörten 40 v.H. der deutschen gegenüber 60 v.H. der ausländischen Haushalte; 2 v.H. der deutschen und 14 v.H. der ausländischen Haushalte hatten nicht einmal eine Küche![25]

Die katastrophalen Wohnverhältnisse der Immigranten im Karolinenviertel verdeutlicht, schließlich, die Belegungsdichte. Unter den befragten ausländischen Haushalten erwies sie sich in allen Rubriken: Personen je Wohnung; Personen pro Raum; Räume je Person und Wohnfläche je Person als doppelt so hoch bzw. niedrig als unter den deutschen Haushalten. Stand z.B. eine Wohnfläche von 16,5 qm je Person unter den Ausländern, durchschnittlich, zur Verfügung, betrug das Verhältnis unter den deutschen befragten Haushalten im Karolinenviertel 31,3 qm je Person und beim Hamburger Durchschnitt, 1982, 33,0 qm.[26]

Unter diesen Umständen ist es nicht verwunderlich, daß 50 v.H. der befragten ausländischen Haushalte den baulichen Zustand ihrer Wohnung als »schlecht bis sehr schlecht« bezeichneten,[27] 33 v.H. von ihnen über die »zu hohe Miete« und 22 v.H. über die »zu kleine Wohnung« klagten.[28]

Die Ergebnisse dieser Studie sind jedoch keinesfalls unproblematisch:

Bewohner/innen des Stadtviertels riefen zum Boykott der Sanierungsbefragung auf; sie trugen Informationsmaterialien zusammen, in denen sie nachwiesen, »... daß Sanieren nicht nur bauliche Mißstände beseitigt (was dringend nötig wäre), sondern immer auch die Bewohner, die nicht zu den gut verdienenden gehören ...«.[29]

51 v.H. der Haushalte hat sich geweigert, die verteilten Fragebögen auszufüllen; lediglich 26 v.H. aller befragten Haushalte waren ausländische Haushalte.[30] Wie die Verfasser selbst betonen, waren »bei den Blockerörterungen ... Ausländer kaum beteiligt gewesen. Auch an der Befragung hat nur ein geringer Teil der ausländischen Mitbürger teilgenommen. Dies bedeutet, daß die Bedürfnisse eines erheblichen Teiles der Bevölkerung nicht mit in die Untersuchung eingeflossen sind.«[31]

Interessant ist es andererseits, daß 53 v.H. aller Haushalte, die sich befragen ließen, angaben, daß sie »keine Mieterhöhung für die Verbesserung ihrer Wohnungsausstattung ... bezahlen« würden.[32] Vermutlich waren sie dazu finanziell kaum in der Lage. Der durchschnittliche Mehrbetrag für Verbesserungen der Wohnungsausstattung lag damals bei 72,80 DM,[33] während 56 v.H. aller befragten Haushalte sich aus Arbeitern (30 v.H.), Rentnern/innen (16 v.H.) und Schülern bzw. Studenten (10 v.H.) zusammensetzte.[34]

Reproduktionsbedingungen und -probleme unter erwerbslosen Arbeitsimmigranten

Einige Beispiele

Die Majorität der Arbeitsimmigranten im Karolinenviertel besteht aus Familien türkischer Staatsangehörigkeit und ländlicher Herkunft, unter ihnen zahlreiche Familien aus der Türkei/Kurdistan. Neben dieser größeren, sprachlich wie auch ethnisch-kulturell keinesfalls homogenen Gruppe, leben im Karolinenviertel Familien jugoslawischer, griechischer, protugiesischer, spanischer und italienischer Herkunft bzw. Staatsangehörigkeit sowie auch Familien und Einzelpersonen aus verschiedenen nicht-europäischen Ländern, z.B. aus Afrika. Dies geht sowohl aus der Sozial- bzw. Ethnostruktur des Ortsteils wie auch aus unseren Beobachtungen hervor.

Zu den Lebens- und Reproduktionsproblemen von Familien aus der Türkei und Türkei/Kurdistan zitieren wir im folgenden aus einem Interview mit einer türkischen Sozialberaterin im Ortsteil, die seit mehreren Jahren dort tätig ist und schwerpunktmäßig mit erwachsenen Frauen arbeitet.3[5] Die Erfahrungen dieser Befragten bestätigen zum großen Teil unsere eigenen Erfahrungen bzw. die Ergebnisse aus unseren vor Ort geführten Beobachtungen und Einzelgesprächen; sie führten ferner zur Beantwortung einiger bis dahin offener Fragen.

Hausfrauen im »Mittelpunkt« ihrer Familien in der Krise

In ihrer Rolle als Ehefrauen und Mütter stehen viele Immigrantinnen im Mittelpunkt ihrer Familie. Neben der alltäglichen Haus- und Reproduktionsarbeit, unter vorwiegend schlechten Wohn-, d.h. für sie auch Arbeitsbedingungen, nehmen diese Frauen in der Regel alle materiellen und psychischen Belastungen auf sich, die sich aus der Erwerbslosigkeit des Ehemannes und/oder auch anderer Familienmitglieder, etwa aus der prekären Lage der Jugendlichen in der Familie ergeben oder mit der Problematik der Familienperspektive hier bzw. nach einer eventuellen Rückkehr in die Heimat zusammenhängen.

· *Ja, sie müssen mit der Versorgung ihrer Familie und ihrer Kinder und zugleich mit allen, oft schweren Folgen der Arbeitslosigkeit für ihre Familie, mit den Konflikten etwa zwischen den herumsitzenden Vätern und Jugendlichen oder zwischen den erwerbslosen Jugendlichen unter sich und nicht zuletzt damit irgendwie fertigwerden, daß die Familie zur Zeit kaum eine Chance hat, in die Heimat zurückzukehren und dort menschenwürdig zu leben ... Oft bewundere ich diese Frauen. Denn ich stelle immer wieder fest, daß sie viel mehr Mut haben und viel mehr Energie aufweisen als die Männer, sich mit diesen Problemen zu konfrontieren und für ihre Familie Wege aus der Misere zu suchen ...*

Die hohe Arbetslosigkeit unter den männlichen Familienmitgliedern führt viele Hausfrauen und Mütter zur Übernahme von Teilzeitbeschäftigungen, z.B. in Reinigungsunternehmen.

· *Wäre der Ehemann nicht arbeitslos und das Geld nicht für den Haushalt nötig, so hätte die Frau es dann als Taschengeld für sich selbst, oder meinetwegen auch für die Kinder, was diese Mütter gerne machen, verwenden können ...*

Den Luxus eigenen Taschengeldes können sie sich nicht leisten! Diese Mütter, von denen viele hoffnungsvoll aber ahnungslos erst nach dem Anwerbestop 1973, als »Familienmitglieder« aus der Türkei kamen; infolgedessen vier Jahre lang auf eine Arbeitserlaubnis warten mußten und heute nur stundenweise arbeiten dürfen, müssen andererseits zusehen, wie ihre Kinder in die Ausweglosigkeit und viele Männer in Resignation und Passivität getrieben werden bzw. geraten.

· *Das ist eine persönliche Erfahrung von mir: viele Männer, die für längere Zeit arbeitslos sind, verlieren auch den Mut, verlieren die Lust und die Motivation, eine Arbeit überhaupt zu suchen! Das ist offensichtlich psychisch bedingt. Denn sie wissen von vorne herein, daß sie nichts finden werden!*
Das habe ich direkt von betroffenen Männern erfahren, d.h. von solchen, die sich wirklich sehr lange darum bemüht haben und nichts fanden. Und das sind nicht wenige in diesem Stadtviertel! Zwar habe ich keine statistischen Daten dazu, wohl aber meine langjährigen Erfahrungen: die Arbeitslosigkeit ist sehr hoch in diesem Stadtviertel! Es kommt vor, daß alle männlichen Personen in einer Familie arbeitslos sind. Lange arbeitslos sind! Man kann sich dann vorstellen, was das für einen Familienvater mit 40 bedeutet, seit vier Jahren arbeitslos zu sein, also keine Beschäftigung, keine sinnvolle Aufgabe, keine Möglichkeit, seine Familie zu ernähren zu haben ... Er verliert jegliche Motivation, ja – ich würde sagen – er wird psychisch krank! Und das hat Auswirkungen auf das Familienleben, belastet insbesondere die Frauen ...

Lohnarbeiterfamilien droht in der Krise die Gefahr des Zerfalls, der

Auflösung, der Verwahrlosung und Kriminalisierung ihrer Kinder und Jugendlichen. In solchen prekären Lagen allseitiger Bedrohung und Diskriminierung erfährt die »Autorität der Eltern« die Grenzen ihrer ohnehin ambivalenten Wirksamkeit.

· *Besonders problematisch in diesem Stadtviertel, wie übrigens auch überall, ist die Situation der erwerbslosen Jugendlichen.*
Vor allem die männlichen Jugendlichen sind hier zahlreichen Gefahren ausgesetzt. Denn sie wissen gar nicht wohin ... Zuhause stören sie, auf den Straßen oder in den Cafés langweilen sie sich; sie entfalten keine kreative, kulturelle oder sonstige sinnvolle Aktivität; sie werden als die »verlorene Generation« angesehen und laufen tatsächlich Gefahr, eine verlorene Generation zu werden. Alkohol- und Drogenkonsum sind unter ihnen schon stark verbreitet! Dies erfahre ich durch tiefstens besorgte, leider machtlose Mütter ...

Familismus als »Schutzwall«?

Arbeiterfrauen entfalten in der Krise nicht nur einfallsreiche fürsorgerische Aktivitäten, um ihre Kinder dennoch gut zu ernähren, sie dennoch mit warmer, zugleich modischer Kleidung zu versorgen, ihnen dadurch das Gefühl der Geborgenheit und Sicherheit im Familienzusammenhang anzubieten. Ausländische Arbeiterfrauen bemühen sich darüberhinaus durch die Pflege von kulturellen Überlieferungen, den Familienzusammenhang an sich zu erhalten und zu stärken. Dieser »wohlgemeinte« Familismus erweist sich allerdings selten als der geeignete »Schutzwall« gegen die Angriffe der Krise. Je dauerhafter die Krise, desto offensichtlicher werden seine Brüche, seine inneren Widersprüche, die Tatsache nämlich, daß er ausschließlich auf Kosten der Frauen betrieben werden kann.

· *Ich spreche von Frauen etwa ab 40, die in der Regel auch erwachsene Kinder haben. Sie nehmen, wie ich sagte, viele Belastungen auf sich, um die Familie zusammenzuhalten – so gut, wie es geht.*
Und wenn die jungen Leute, nach dem alten Brauch, ihre Hochzeit feiern, so ist das nicht nur schön und erfreulich, sondern es bringt oft auch viele materielle und psychische Probleme mit sich. Abgesehen von den Kosten für die Feierlichkeiten an sich, übernehmen die Familien auch die Kosten für den Lebensunterhalt der jungen Ehepaare, die heute meistens arbeitslos sind und bei den Schwiegereltern wohnen. Das tun diese Eltern für ihre Kinder gerne.

Sie freuen sich offenbar auch mit ihrer Familie und Verwandtschaft, die Hochzeit ihrer Kinder zu feiern, nur:

· *Das Zusammenleben unter den hiesigen Wohnverhältnissen ist keineswegs so einfach! Es bringt Konflikte mit sich, zum Beispiel dann, wenn die jungverheiratete Frau – anders als ihre Schwiegermutter – persönliche Vorstellungen über Ehe und Familie hat, sich also den traditionellen Lebensvorstellungen der Familie nicht unterwerfen will und ihre hauptsächlich durch die Eltern bestimmte Ehe sie nicht befriedigt. Daher auch einige Scheidungen hinterher ...*

Die Zwangsverhältnisse, unter denen die aus der Heimat geholten jungen Bräute leben müssen, sind nahezu total:

· *Sie müssen mindestens vier Jahre hier gelebt haben, um sich an die hiesigen Behörden wenden zu dürfen, etwa um eine Hilfe, eine Wohnung oder die Arbeitserlaubnis zu beantragen.*
Während dieser Zeit können sie sich unmöglich scheiden lassen, ohne mit der konkreten Gefahr konfrontiert zu werden, in das heimatliche Dorf zurückgeschickt und dort als die »Ausgestoßenen« stigmatisiert zu werden ... Also, die Frauen müssen diese Ehen so oder so weiterführen, bis sie es nicht mehr können! Mindestens die Hälfte aller mir bekannten derartigen Ehen in unserer Umgebung sind eindeutig Problemehen!

Nicht nur die Ehe- und Familienbeziehungen dieser Arbeitsimmigranten leiden unter den Wohnverhältnissen im Karolinenviertel.

Alte, feuchte, schlecht ausgestattete Wohnungen beeinträchtigen die Gesundheit und das Wohlbefinden von Kindern und Erwachsenen, während sie von den darin arbeitenden Frauen hohe körperliche und psychische Anstrengungen unter primitiven Arbeitsbedingungen fordern.

· *Die Familien aus der Türkei wohnen in diesem Stadtviertel entweder in größeren oder aber auch in kleineren, sehr engräumigen, im allgemeinen sehr alten und vor allem schlecht ausgestatteten Wohnungen.*
Weder die größeren noch die kleineren Wohnungen haben die für dieses Klima besonders notwendigen Komforts, etwa Heizung oder Bad. Viele der hiesigen Wohnhäuser sind so alt und in einem derartig schlechten Zustand, daß sie unter normalen Bedingungen als nicht mehr bewohnbar erklärt werden würden! An deutsche Familien mit Kindern sind derartige Wohnungen nicht mehr zu vermieten, obwohl sie relativ billig sind. Dafür werden sie von der SAGA den wohnungssuchenden, kinderreichen, ausländischen Familien angeboten ... Und, wie ich sagte, auch mit diesen Zuständen müssen die Hausfrauen irgendwie fertig werden ...
Also, ich wundere mich nicht mehr, wenn viele Frauen über ständige Kopfschmerzen klagen. Zwar können Kopfschmerzen unterschiedliche Ursachen haben, mit verschiedenen Krankheiten zusammenhängen. Wenn aber die Betroffenen diverse Ärzte besucht haben und diese nichts anderes diagnostizierten, dann kann ich nur eins annehmen: es geht dabei um Folgen der starken körperlichen und psychischen Belastungen, unter denen diese Frauen leben und ihre Familien versorgen müssen ...

Zur Rückkehr in die Heimat – Traum und Realität

Im Arbeiterhaushalt oder als billige Arbeitskraft in der Fabrik ausgebeutet, politisch entrechtet und soziokulturell diskriminiert, fanden ausländische Lohnabhängige in dem Traum Zuflucht, eines Tages in die Heimat zurückzukehren und dort aufgrund ihrer Ersparnisse schöner, menschenwürdiger zu leben. Wie verhalten sie sich heute dieser »Perspektive« gegenüber?

- *Die meisten Familien aus der Türkei in unserer Umgebung leben hier seit längerer Zeit. Früher, wenn ich mit einer Familie über das Thema Rückkehr ins Gespräch kam, oder wenn ich die Frauen, mit denen ich arbeite, direkt darüber fragte, bekam ich von ihnen Antworten voller Zuversicht: »Wir kehren bestimmt zurück! Wir bleiben vielleicht noch ein bis zwei Jahre hier, aber dann kehren wir endgültig zurück!« Nun, seit etwa zwei Jahren – das ist mir aufgefallen – lautet ihre Antwort nicht mehr »wir werden zurückkehren«, sondern »ja, das wär ja schön, könnten wir zurückkehren, aber aus dem oder dem Grund bleiben wir hier! Für längere Zeit, vielleicht für immer!«*

Ist es diesen Immigrantinnen allmählich bewußt geworden, daß die Rückkehr, die sie planten, aus finanziellen, sozialen oder auch kulturellen Gründen nicht einfach realisierbar ist, oder wurden die Arbeitsimmigranten durch die Krise nüchterner?

- *Ich glaube, beides. Das ist auch realistisch! Nehmen wir an, eine dieser Arbeiterfamilien kehrt in die Türkei zurück, so muß sie dort bereits eine Einkommensquelle bzw. die Zusicherung haben, daß ihre erwachsenen Mitglieder, wenigstens aber die Männer, dort eine Arbeit finden werden. Das ist heute in der Türkei nicht möglich! Außerdem ist dort nicht nur das Leben sehr teuer geworden, auch die Inflation ist sehr hoch. Die Ersparnisse – falls es noch welche gibt – werden entwertet und schnell verbraucht. Das ist dort leider die Realität, die man berücksichtigen muß!*

Läßt die Realität, mit der hier Arbeitsimmigranten konfrontiert werden, Sparen noch zu?

· *Natürlich kenne ich auch einige wenige Familien in unserer Umgebung, wo alle Erwachsenen oder mindestens alle Männer noch regelmäßig arbeiten und so gemeinsam noch gut sparen können. Einzelbeispiele gibt es also auch dazu. Bei der Mehrheit von ihnen jedoch ist sparen nicht mehr möglich. Auch dann nicht, wenn der Vater oder die Mutter eine Arbeit hat oder immer wieder eine findet. Denn die Lebenskosten sind auch hier gestiegen und die Menschen haben inzwischen auch einige Bedürfnisse entwickelt. Sie möchten auch mal gut essen; sie können sich nicht mehr, wie vor 15 oder 20 Jahren stets mit Bulgur oder Bohnen zwecks sparen ernähren! Das ist, finde ich, völlig normal ...*

Unter dem Druck der Krise ist es diesen Lohnabhängigen auch zum Normalverhalten geworden, ihre Ersparnisse, insofern sie noch einige haben, nicht für Fehlinvestitionen in der fernen Heimat, sondern für ihre Familien hier zu verwenden.

· *Das ist ja auch notwendig! Denn mit deren Heranwachsen wachsen auch die Kosten der Kinder zu, während die Jugendlichen und jungen Erwachsenen, in der Regel, arbeitslos sind. Außerdem: die meisten dieser Eltern, vor allem die Mütter, wie ich bereits sagte, bemühen sich, die Bedürfnisse ihrer Kinder so gut wie nur möglich zu befriedigen ... Ich habe viele pädagogische Bedenken diesbezüglich; ich sehe Probleme darin, daß Jugendliche mehr Taschengeld und Kinder fast alles bekommen, was sie verlangen! Aber diese Eltern tun es sogar sehr gerne ...*

Wenn ausländische Arbeitereltern in der Krise ihrem Nachwuchs »fast alles« anbieten, so tun sie es, um den jungen Leuten in dieser »ausweglosen Situation« mit denjenigen Mitteln entgegenzukommen, die sie ja »für diese Kinder« etwa für die Aussteuer der Töchter, die Existenzgründung der Söhne usw., d.h. für die Realisierung jener eigenen Träume von Familienglück in der Heimat, aus denen sie heute schockiert erwachen, mühsam zu ersparen versuchten. Sie tun es aber auch aus Angst vor der Kriminalisierung und Stigmatisierung ihrer Kinder durch die soziale Umwelt, in die viele von ihnen aus demselben Grund es versäumt haben, sich kritisch einzumischen, um sie besser zu begreifen.

· *In diesem Zusammenhang muß man auch berücksichtigen, daß die jungen Leute kaum in die alte Heimat, insbesondere in die Dörfer nicht, zurückkehren wollen, während sie in den Großstädten bei einer derartig hohen Konkurrenz, ohne berufliche Qualifikation, keine Chance haben, sich irgendwie zu integrieren! Das ist aber auch für die älteren Arbeitnehmer ein akutes Problem ...*

Selbst aber dann, wenn sie eine Chance hätten, im Heimatland eine Erwerbstätigkeit zu finden, könnten ältere Arbeitsimmigranten, die hier lange schwer gearbeitet haben, nicht zuletzt aus Alters- und Gesundheitsgründen die dortigen Arbeitsbedingungen nur schwer ertragen. Sich andererseits in die Herkunftsgemeinde, ohne ausreichende finanzielle Mittel, zurückzuziehen, käme nicht nur aus sozialpsychologischen Gründen, etwa den Hohn zu ertragen, sie seien als arme Versager zurückgekehrt, der Selbstaufgabe gleich. Insbesondere im Bereich ihrer medizinischen Versorgung, für die sie hier jahrelang Beiträge geleistet haben, die es aber dort kaum oder sehr dürftig ausgebaut gibt, wären sie echten Lebensgefahren ausgesetzt.

· *In der Tat! Und das ist den älteren Arbeitslosen auch bewußt geworden, was aber für sie in dieser tristen Situation, hier in den Cafés als alte, abgenutzte Erwerbslose herumzusitzen, nur einen schwachen Trost bedeutet. Ich meine, nicht nur die jüngeren, auch die älteren arbeitslosen Männer haben Aktivitäten, haben kreative, nützliche Tätigkeiten absolut nötig. Auch für sie gibt es in diesem Stadtteil kein sinnvolles Angebot.*

Kulturelle Eigenart – ein Problem nachbarschaftlicher Beziehungen

In der Nachbarschaft, wo »der Eine des Anderen soziale und kulturelle Umwelt« ist, nehmen Wahrnehmungen und Interpretationen, Urteile und Wertungen der Anwohner von- bzw. übereinander, trotz vergleichbarer materieller Lage, eine zentrale Stelle bei der Gestaltung nachbarschaftlicher Beziehungen ein. Unsere, sich auf Beobachtungen stützende Annahme, dies sei im Karolinenviertel in besonderem Maße der Fall, wurde nur zum Teil bestätigt bzw. kritisch relativiert.

· *Was die materielle Lage anbelangt, würde ich sagen, daß ein großer Teil der Deutschen in unserem Viertel unter ähnlichen Bedingungen leben, d.h. mit ähnlichen Problemen fertig werden muß, wie auch die ausländischen Arbeiterfamilien. Ich erwähnte bereits die Wohnbedingungen in den alten Wohnhäusern. Hinzu kommt eine, wie ich erfahre, ziemlich hohe Arbeitslosigkeit unter z.B. den männlichen deutschen Arbeitnehmern, aber auch unter alleinstehenden deutschen Frauen. Außerdem ist die finanzielle Lage der vielen Rentnerinnen und Rentner und der ebenso sehr vielen jüngeren Deutschen in dieser Umgebung, die hauptsächlich von der Sozialhilfe leben, keinesfalls besser als die der ausländischen Betroffenen.*

Dennoch haben Ausländer und Deutsche, soweit ich es beurteilen kann, auch in diesem so übermäßig betroffenen Stadtviertel kaum intensivere, solidarische Beziehungen zueinander entwickeln können oder wollen …

Auch unter den deutschen Bewohnern scheint die Situation nicht wesentlich besser zu sein … Ich führe das auf kulturelle Unterschiede zurück. Einmal auf bestimmte, typische nationalkulturelle Unterschiede zwischen den Erwachsenen, z.B. Christen und Mohammedanern; zum anderen aber auch auf die starken kulturellen Unterschiede zwischen den verschiedenen Gruppen der Deutschen im Stadtviertel unter sich. Zum Beispiel zwischen den alten, oft sehr alten Rentnerinnen/ern und den zahlreichen Gruppierungen von jungen bzw. sehr jungen deutschen Bewohnern, die auch unter sich viele

Differenzen im Lebensstil oder in ihren Verhaltensweisen aufweisen. Oder etwa zwischen den verschiedenen Gruppen alternativer Kunsthandwerker, Künstler, Galeristen usw. – insofern sie im Stadtviertel auch wohnen – einerseits und den stark verarmten Männern und Frauen aus der Unterschicht andererseits.

Kulturelle Pluralität und soziale Distanz

Diese eigenartige kulturelle Pluralität, die bestimmte innerstädtische Wohnviertel kennzeichnet, kann von den Stadtteilbewohnern unmöglich ignoriert werden; sie kann entweder als solche akzeptiert werden oder – wird sie zum Teil oder als Ganzes abgelehnt – führt sie zu psychischen Belastungen und kann unter Umständen auch zum Auszug aus dem Stadtteil führen.

· *Da ist z.B. die Mehrheit der Älteren – denn es gibt ja auch Ausnahmen. Die Älteren, Renterinnen/er, ziehen sich vor den ausländischen Familien zurück, obwohl sie – wie ich annehme – gerade diejenigen sind, die sich innerlich am stärksten Kontakte zu Menschen mittleren Alters und vor allem zu Kindern wünschen. Sie fühlen sich mit der Idee, derartige Kontakte in der Nachbarschaft zu realisieren, offensichtlich überfordert, weil sie es nicht gelernt haben, mit Ausländern Kontakte zu pflegen. ...*
Und ich meine, daß das Problem Sprache nicht das wichtigste Hindernis dabei ist. Auch zu den jungen Deutschen in der Umgebung haben sie nicht viele Kontakte. Sie bleiben unter sich und treffen sich z.B. in der Gemeinde, wo sie auch die Mehrheit der Mitglieder stellen ...
Da sind auch die vielen deutschen Eltern mit Schulkindern, die ihren Stadtteil verließen bzw. verlassen. Damit hängen auch einige Probleme unseres Vereins zusammen. Diese Initiative ist vor fünf Jahren mit dem Ziel gegründet worden, Menschen aus unterschiedlichen Kulturen mit ähnlichen Interessen, z.B. moslemische und christliche Eltern, zu Kontakten und Kooperation zu motivieren.
Es ist uns nicht gelungen, weil wir keine deutschen Eltern mit Schulkindern dazu gewinnen konnten. Zwar arbeiten deutsche Frauen mit uns, sogar ehrenamtlich, sie wohnen aber nicht hier. Und, wie ich sagte, die Kirchengemeinde besteht hauptsächlich aus älteren oder sehr alten Menschen.

Führen sozialkulturell bedingte Negativeinstellungen gegenüber Ausländern nicht zu politischen Äußerungen und/oder Aktivitäten gegen sie?

· *Hier nicht! Das heißt, soweit ich informiert bin, gibt es in dieser Umgebung zur Zeit keine derartigen offenen Konflikte.*
Vor einigen Jahren, als ich hier mit meiner Tätigkeit anfing, gab es im Stadtviertel eine faschistoide Gruppe unter den jungen Leuten und dies führte zu Konflikten und zu politischen Auseinandersetzungen. Das ist heute nicht mehr der Fall. ... Was aber die soziokulturellen Einstellungen anbelangt ...
Ja, sie führen eher zu einer Distanz. ...
Natürlich kenne ich auch eine oder zwei, eher ältere Personen in unserem

Bereich, die sich offen über die Ausländer negativ äußern. Ähnlich äußern sich diese Menschen aber auch gegen junge Leute hier, insbesondere gegen die Punker! Einen politischen Einfluß auf die Nachbarschaft üben sie aber nicht aus.

Führen kulturell bedingte Wahrnehmungen oder Interpretationen seitens der ausländischen Erwachsenen nicht zur Ablehnung dieser sogenannten Szene unter den Ausländern im Stadtviertel?

· *Vielleicht. Man sollte aber da sehr differenzieren. Ich sagte bereits, daß es zwischen Ausländern, insbesondere den Erwachsenen und den jungen Deutschen, die hier mit »Szene« gemeint sind, kaum Beziehungen zu geben scheint. Das also, worüber geurteilt wird, das, was viele stört oder mal gestört hat, ist eher das Äußerliche oder sind auch bestimmte Verhaltensweisen dieser jungen Nachbarn etwa auf den Straßen oder vor den Cafés usw ... Andererseits erfahre ich aber auch von bestimmten Entwicklungen, die da stattgefunden haben müssen, und die ich sehr interessant finde. Türkische Frauen bzw. Mütter, mit denen ich darüber sprach und sie fragte, ob sie sich gestört fühlen, wenn sie mal von Punkern auf der Straße angesprochen, z.B. um etwas Kleingeld gebeten werden, überraschten mich mit der Behauptung: »Nein! Die Punks sind ja keine bösen Menschen«! Diese Frauen finden es zwar »nicht schön«, wenn »junge Leute mit einer Bierdose in der Hand herumstehen«, sie wissen aber auch zu differenzieren.*
Und überhaupt finde ich es positiv, daß viele türkische Erwachsene mit der Zeit ihre Erfahrungen aufarbeiten, also nicht mehr pauschal über das Äußerliche, sondern ziemlich differenziert urteilen; daß sie wie z.B. diese Mütter hinter die »Fassade« schauen und eben erkennen, daß »unsere Punks keine bösen Menschen« sind!

Schanzenleben

Erfahrungen mit ausländischen Nachbarn

Kritische Bemerkungen

Für eine differenzierte Auseinandersetzung mit der Problematik nachbarschaftlicher Beziehungen im Stadtviertel plädierten auch deutsche Befragte, die sich über ihre Erfahrungen mit dem Zusammenleben von deutschen und ausländischen Nachbarn äußerten. An dieser Stelle beziehen wir uns auf Gespräche mit im Stadtteil engagierten Frauen[36] sowie auch auf ein Interview mit einem Stadtteilbewohner, der bereit war, einige Meinungen bzw. Positionen in diesem Bericht kritisch zu problematisieren, aus dem wir im folgenden zitieren.[37]

Die Befragten bestätigten die Meinung, wonach latente, alters-, sozial- und kulturell bedingte Konflikte im Alltag die nachbarschaftlichen Beziehungen in den Wohngegenden bzw. Wohnhäusern immer wieder negativ beeinflußen. Sie wiesen aber auch darauf hin, daß die Distanzierungen »nicht geradlinig«, etwa zwischen Jüngeren und Älteren oder Deutschen und Ausländern verlaufen, während andererseits positive Kontakte und intensivere zwischenmenschliche Beziehungen keinesfalls nur gruppenintern stattfinden.

· *In dieser Hinsicht sieht es in unserem Stadtviertel nicht anders als in vielen anderen ähnlich zusammengesetzten Stadtteilen aus. So sind Alltagskonflikte oder Störungen auch zwischen ausländischen Familien zu beobachten, obwohl sich die Ausländer im allgemeinen stärker auf ihre eigenen Landsleute beziehen.*

Die ausländischen Nachbarn werden nicht immer als kontaktfreudig erlebt:

· *Gegenüber ihren deutschen Nachbarn erlebe ich viele Ausländer als ziemlich zurückhaltend, so daß ich behaupten kann, meine Schwierigkeiten, mit ihnen Kontakte spontan herzustellen, sich auch daraus ergeben, daß sie keine Kontakte zu Deutschen suchen. In manchen Fällen kommt es sogar demonstrativ zum Ausdruck, daß sie keine Lust auf einen haben! Es gibt also in der Nachbarschaft ausländische Familien, die gegenüber Deutschen eine eindeutige Abwehrhaltung annehmen. Ich kann diese Haltung nicht erklären und nehme an, daß sie entweder schlechte Erfahrungen mit Deutschen gemacht haben, oder ihre kulturelle Identität bewahren möchten. Eine Tatsache ist es auf jeden Fall, daß sie kein Interesse an Beziehungen zu Deutschen haben.*

Eine Zurückhaltung seitens der ausländischen Nachbarn sollte andererseits nicht leichtfertig als Ablehnung nachbarschaftlicher Beziehungen gedeutet werden.

· *Zurückhaltend reagieren in der Regel die meisten ausländischen Nachbarn auf spontane Beziehungen. Nun handelt es sich dabei sehr oft einfach um*

Vorsicht. ... Am Anfang ist also eine Art Vorsicht da, man nimmt sich gegenseitig wahr, grüßt sich gegenseitig ... Bald entwickeln sich die ersten Gespräche, in der Regel über ganz konkrete alltägliche Angelegenheiten und dann ist ziemlich schnell eine große Offenheit und Kommunikationsbereitschaft da ...

Zur problematischen Lage älterer Deutscher im Stadtviertel

Die Befragten äußerten sich kritisch zu der Meinung, ältere Deutsche in der Nachbarschaft seien vorwiegend aus sozialisatorischen Gründen abgeneigt, Beziehungen zu Ausländern aufzunehmen. Auch in diesem Fall von Distanz oder Ablehnung sollte die materielle Lebenslage berücksichtigt werden, insbesondere die problematischen Wohnverhältnisse und nicht zuletzt bestimmte demographische Entwicklungen im Karolinenviertel als wesentliche Faktoren, die auf die soziale Lage und das Verhalten der Älteren ihrer Nachbarschaft gegenüber Einfluß nehmen.

· *In unserer Wohngegend leben viele alte Menschen meistens allein und sind ziemlich einsam. Sie wurden in diesem Stadtteil geboren oder sie leben hier sehr lange, vielleicht seit 30 oder gar seit 50 Jahren. Früher hatten sie hier ihre eigenen Familien und eine Menge anderer deutscher Arbeiterfamilien um sich herum, darunter oft auch die Familien ihrer eigenen Kinder gehabt. Und alle haben sie verlassen! Dafür sind die Ausländer gekommen – eine Wandlung, die ihre Umwelt grundsätzlich oder sehr stark veränderte ... Nun fühlen sie sich in dieser Umwelt fremd, sie leiden darunter und neigen dazu, die Ursachen ihrer Einsamkeit bei den Zugezogenen zu sehen: »Die Ausländer haben alles eingenommen«! Das ist eine problematische Situation.*

Die Situation der Älteren wird dann besonders problematisch, wenn ihre latente Antipathie gegenüber Ausländern durch das Verhalten gewisser ausländischer Nachbarn bestätigt wird:

· *Ich habe schon darauf hingewiesen, daß es unter den Ausländern auch Personen oder Familien gibt, die ein eindeutiges Desinteresse zeigen, Kontakte zu den deutschen Nachbarn herzustellen, sie kennenzulernen, ihre Lebensweisen zu erfahren und zu berücksichtigen. Wenn Ausländer dann im Alltag auf ihren eigenen Lebens- und Verhaltensweisen bestehen, etwa in dem Sinne: »wir leben eben so – und fertig!«, dann fühlen sich die Älteren völlig gestört.*

Ältere, verlassene, einsame Menschen haben es ohnehin nicht leicht, drastische Veränderungen in ihrem Leben psychisch zu verkraften, sich in einer fremden Umwelt zu orientieren, sich Unbekannten zuzuwenden oder gar mit Fremden, Kontakte und Beziehungen aus eigener Initiative herzustellen.

Sie benötigen dafür eine soziale Umwelt, die ihnen Aufmerksamkeit und Interesse zuwendet, sie respektiert und ein gewisses Maß an Bereitwilligkeit aufweist, ihnen bei Unstimmigkeiten oder Konflikten Verständnis entgegenzubringen. Erst wenn ihr Vertrauen zur sozialen Umwelt hergestellt wird, können ältere Menschen ihre Einsamkeit überwinden und dabei wertvolle Erfahrungen machen:

· *... Zum Beispiel die Erfahrung, daß ihre ausländische Nachbarschaft keinesfalls so finster ist, wie sie glaubten.*

In unserem Stadtviertel kann man auch diesbezüglich einige positive Entwicklungen beobachten. Nämlich, daß Vorurteile von Älteren gegen die Ausländer abgebaut werden und die Betroffenen feststellen, daß ihre Nachbarn in der Realität genau das Gegenteil davon sind, was sie über sie dachten.

Ich möchte also nochmal betonen, daß die Entwicklung von nachbarschaftlichen, negativen wie auch positiven Verhältnissen alles andere als geradlinig verläuft; wobei die Bereitschaft der Ausländer, unseren Älteren gegenüber Respekt und Verständnis zu zeigen, eine besondere Rolle beim Abbau von Vorurteilen spielt.

Ältere, alleinlebende Menschen erfahren aber auch unter der deutschen Bevölkerung im Stadtviertel nicht immer Zuwendung und Interesse. Die Sozialkontakte unter den deutschen Nachbarn werden nicht als besonders verbindlich empfunden. Zwar sind unter ihnen nähere Bekanntschaften und Kommunikationsstrukturen ...

· *... nicht jedoch immer ausreichende Informationen übereinander vorhanden, so daß man sich in Notsituationen um die Betroffenen wirksam kümmern könnte. ... Man hat dagegen oft den Eindruck, daß diese Sozialkontakte und Kommunikationsformen relativ oberflächlich sind. Ich erfuhr z.B., daß vor einiger Zeit ein älterer, alleinstehender Mann in seiner Wohnung tot*

Alt und einsam

aufgefunden wurde. Er lag dort drei oder vier Wochen lang tot und Nachbarn meinten, er sei auf Kur gewesen …
Das ist ein schreckliches, vielleicht aber symptomatisches Beispiel für die Einsamkeit älterer Menschen. Und das in einer Wohngegend, in der die Menschen relativ eng beieinander wohnen und viele Kontakte zu beobachten bzw. zu erfahren sind …

Ältere erwerbslose Männer finden auch kaum Zugang zu informellen Begegnungen von Arbeitslosen und/oder Sozialhilfeempfängern im Stadtviertel, die in Cafés, Kneipen oder im Freien stattfinden. Diese Kontakte haben für die Betroffenen eine sehr positive soziale, psychologische wie auch rein praktische Funktion. Sie bieten Möglichkeiten der Überwindung der individuellen Isolation durch Kommunikation und gegenseitige Beratung an. Es handelt sich um informelle Begegnungen von Nachbarn in gleicher oder vergleichbarer Lebenslage, von Lohnabhängigen, in der Regel auf staatliche Hilfen angewiesene, verarmte Menschen, die ihre konkrete Lebens-, Arbeits- oder Wohnproblematik miteinander besprechen, zugleich Informationen über Beschäftigungsmöglichkeiten und/oder ihre Erfahrungen beim Umgang mit den Institutionen austauschen. Derartige, krisenbedingte, »spontane« Begegnungen im Stadtteil sind aber eher für Betroffene interessant, die sozialpsychologisch in der Lage sind, ihre »privaten« Probleme »Unbekannten« mitzuteilen, Rat und Hilfe bei dazu »Unbefugten« zu suchen, letzten Endes ihre »individuelle« als soziale Problematik zu behandeln bzw. zu verarbeiten und vor allem danach zu handeln, was älteren Erwerbslosen offensichtlich schwerfällt.

· *Das Problem mit den älteren Erwerbslosen ist, daß sie sich völlig außerhalb von solchen Strukturen halten. Ich denke, sie empfinden es als besonders schlimm, arbeitslos zu sein, weil sie sich an ein geregeltes Berufsleben gewöhnt und entsprechende Wertvorstellungen entwickelt haben.*

Können ältere deutsche Erwerbslose in der Krise, die ihnen ansozialisierten Wertvorstellungen und Verhaltensweisen kaum selbsttätig relativieren, sehen sie – ihren ausländischen Altersgenossen ähnlich – keine Alternative zu ihren prekären Lebensverhältnissen. Altern in Armut und Passivität sind wesentliche gemeinsame Charakteristika ihrer sozialen Lage.

Hilfeleistung in der Nachbarschaft

Möglichkeiten und Grenzen

Wir haben den Umgang mit der Subsistenzproblematik als ein Merkmal der Qualität der Funktion einer Nachbarschaft bezeichnet, zugleich aber auch auf gewisse, vor allem materielle Grenzen der Belastbarkeit einer durch massive Verarmung betroffenen Wohngegend hingewiesen. Ferner brachte die Auseinandersetzung mit der kulturellen Pluralität im Karolinenviertel einige latente Konflikte unter den Anwohnern/innen zum Ausdruck, die die Lebenslage bestimmter Gruppen, z.B. der Älteren, in der Nachbarschaft zusätzlich erschweren. Vorurteile und soziale Distanzierungen deuten schließlich zumindest auf Mängel an Solidarität innerhalb der Nachbarschaft hin.

Wir haben Frauen[38] aus dem Karolinenviertel um eine Diskussion über konkrete Formen, Mängel und Störungen der Hilfeleistung und Solidarität in ihrer Nachbarschaft gebeten. Nicht alle Aspekte dieses vielseitigen Problemkomplexes konnten bei diesem Gespräch berücksichtigt werden, das zudem relativ unsystematisch verlief. Einige seiner Ergebnisse sprechen deutlich für die Notwendigkeit einer systematischen Auseinandersetzung mit Möglichkeiten und Konsequenzen der Solidarität in diesem Viertel.

Einige Formen direkter Hilfeleistung

»Spontan« bzw. »nach Möglichkeit« werden Menschen, die in der Nachbarschaft betteln, mit kleinen Geldbeträgen unterstützt. Geldleihen ist eine weitere Form direkter Unterstützung, die hauptsächlich unter »guten Bekannten« oder »guten Freunden«, als eine der Arten von Intra-Gruppen-Solidarität, häufig geleistet wird. In der Regel dürfte es sich dabei um das Ausleihen von kleineren Geldbeträgen zur vorübergehenden Deckung von Kosten des Lebensunterhalts handeln. Entliehen werden von »guten Nachbarn/innen« meistens Gebrauchsgegenstände des täglichen Bedarfs, wie z.B. Werkzeug oder Haushaltsgeräte, während Wäsche, vorwiegend Kinderwäsche oder Kinderkleidung, verschenkt wird.

Derartige, direkte Unterstützungsformen – so die Frauen übereinstimmend – sind für diejenigen, die in absolute, dauerhafte oder momentane Not geraten sind, keinesfalls unbedeutsam; ihre Effektivität ist allerdings zweifelhaft:

· *Einen Mangel bei dieser Hilfeart, die ich übrigens gelegentlich auch leiste, sehe ich darin, daß sie zum einen das Problem der Betroffenen gar nicht löst; zum anderen etabliert sie, sozusagen, ein Abhängigkeitsverhältnis unter der Sozialhilfe … Sie hat so einen Almosencharakter! Ich meine vor allem das Betteln …*

·· *Mir tut's vor allem leid, daß ich nicht immer helfen kann! Mein Mann war lange arbeitslos, und ich habe Kinder. Ich helfe nur, wenn ich kann. Aber die Leute, die stören mich gar nicht …*

··· *Was mich stört, sind nicht diejenigen, die betteln, sondern eigentlich diese Situation: in unserer Nachbarschaft gibt es viele Menschen, zum Beispiel alleinstehende Frauen, die unter dem Existenzminimum leben; die meisten von ihnen sind auch krank … Man nennt das noch verdeckte Armut! Für mich ist das aber eine offene Verelendung … Und dagegen, denke ich, sollte sich frau engagieren und was tun … Ansätze gibt es dazu schon …*

Als »relativ unproblematisch« oder »gut« bezeichneten die Diskutantinnen die Funktion der nachbarschaftlichen »Kleindienstleistungen«, die hauptsächlich auf Gegenseitigkeit beruhen. Unentgeldlich oder gegen geringes Entgelt bzw. eine andere kleine Zuwendung, bekommt man in Notfällen geholfen oder man erfährt eine Erleichterung bei der Verrichtung notwendiger Arbeiten. Sich auf Nachbarn verlassen zu können, wird aber auch dann als eine nachbarschaftliche Hilfeleistungsfunktion empfunden, wenn bei speziellen Dienstleistungen, größeren Arbeiten und/oder Fachkenntnisse verlangenden Verrichtungen ein Lohn bezahlt werden muß.

Hilfen bei der Suche von Erwerbsmöglichkeiten sahen diese Befragten in den soeben erwähnten, gelegentlich zu verrichtenden Arbeiten innerhalb der Nachbarschaft.

Mit Hinweisen, schließlich, auf die oben genannten Formen direkter Hilfeleistung, schätzten die Befragten die Kommunikation in der Nachbarschaft als zwar »unproblematisch«, aber als »bedingt« ein. Eine Frau brachte diese »Bedingtheit« verbaler Kommunikation in der Nachbarschaft folgendermaßen zum Ausdruck:

· *Mit Kommunikation meine ich die verbale Kommunikation. Denn die »nonverbale« findet unter derartig »engen« Wohnverhältnissen dauernd statt. Das Spechen also miteinander ist zum einen durch die Motivation des einzelnen Menschen bedingt. Ich kann aber andererseits nicht behaupten, eine ältere Dame, die mit mir oder mit anderen Nachbarn/innen nicht besonders gerne kommuniziert, sei nicht kommunikativ. Sie kommuniziert höchstwahrscheinlich mit den Mitgliedern ihres Altenkreises oder mit ihren alten Freundinnen in der Nachbarschaft. Die Kommunikation ist also auch durch Gruppenbezogenheit bedingt. Offenbar gibt es bei uns im Viertel Frauen und Männer, die sich eine Kommunikation quer durch die verschiedenen Gruppen innerhalb der Nachbarschaft wünschen. Ihre Motivation zur Kommunikation ist meines Erachtens politisch bedingt. Dann geht es aber um ganz bestimmte Inhalte, worüber man kommunizieren sollte oder müßte, die vielleicht uns alle angehen. Dann ist die Kommunikation dadurch bedingt, daß man den Sachverhalt erkannt und Informationsarbeit geleistet hat …*

Informationen, die die Wohngegend betreffen, zu verbreiten bzw. zu erhalten, schätzten die Befragten »unter bestimmten Bedingungen« als eine »große Hilfeleistung« für die Bevölkerung ein. »Klarheit« und »Sachbezogenheit« sollten ihrer Meinung nach die Informationen an sich kennzeichnen, während der Informationsfluß »eine Regelmäßigkeit« aufweisen sollte, damit Informationsarbeit »von betroffenen Menschen als Hilfeleistung empfunden« werden kann.

· *Mit Sachbezogenheit meine ich, daß man durch eine Information oder Mitteilung vorerst erfahren muß, um was es eigentlich geht. Klar sollte auch mitgeteilt werden, wen das Mitgeteilte angeht und warum … Das hört sich so trivial an. In der Realität kommt es aber oft vor, daß Mitteilungen, z.B. Flugblätter, diese einfachen Funktionen nicht erfüllen. Das ist eine Erfahrung, die ich im Stadtteil immer wieder machen muß …*

·· *Die meisten Menschen in unserer Gegend sind nicht lange zur Schule gegangen. Die Mehrheit hat den Hauptschulabschluß, einige nicht mal das … Ich frage mich dann, wen will man mit manchem Flugblatt, was dort verteilt wird, eigentlich ansprechen ... Mich jedenfalls nicht und die Hauptschüler auch nicht ...*

... Grundsätzlich leidet die Informationsarbeit bei uns daran, daß die meisten politisch Aktiven in unserer Gegend erst dann stadtteilbezogen reagieren, die Nachbarschaft informieren usw., wenn es »irgendwo brennt«. Wir haben es noch nicht geschafft, ein längerfristiges Stadtteilprojekt zu organisieren, Informationen zu sammeln und auszuwerten und so einen regelmäßigen Informationsaustausch innerhalb der Nachbarschaft herzustellen. Das ist, finde ich, ein echtes Manko ...

Aus der Sicht dieser Frauen sollte die Informationsarbeit, als nachbarschaftliche Hilfeleistung, u.a. folgende Ziele verfolgen:

- Die Anwohner/innen über kurz- bzw. längerfristige Maßnahmen und Pläne zum Sanierungsvorhaben der Stadt und dessen Folgen für die verschiedenen sozialen Gruppen rechtzeitig und konkret zu informieren;
- über die speziellen Probleme der Gruppen innerhalb der Nachbarschaft (älterer Menschen, ausländischer und deutscher Frauen, Erwerbsloser u.a.) zu berichten, um so das Problembewußtsein der Anwohnerschaft zu schärfen bzw. solidarisches Handeln unter Nachbarn/innen zu fördern;
- über bereits geleistete, konkrete Unterstützungsformen innerhalb der Nachbarschaft zu berichten, eventuell neue Ideen dazu zu verbreiten, um so die Bedeutung solidarischen Handelns hervorzuheben.

Da unsere Befragten sich zu keiner politischen Partei oder Gruppe explizit bekannten, sich also als kritische Frauen mit unterschiedlichen Erfahrungen innerhalb der Nachbarschaft am Gespräch beteiligten, konnte auf die Frage nach der Realisierung ihrer Vorschläge zur Informationsarbeit nicht konkreter eingegangen werden. Eine der Frauen bemerkte dazu, daß es sich »um ein politisches Projekt« handeln sollte, getragen »von politisch Aktiven im Stadtteil selbst«.

»Hilfe zur Selbsthilfe« in der Nachbarschaft

Ein Vorschlag

Die sozialpädagogische Arbeit im Karolinenviertel scheint sich schwerpunktmäßig auf den Bereich Kinder- und Jugendarbeit zu konzentrieren. Deutschen Senioren/innen werden in einer Altentagesstätte wie auch in der Kirchengemeinde Angebote der Beratung und Betreuung und der Freizeitgestaltung gemacht. Türkische Immigranten treffen sich zu Beratung und Pflege ihrer Kultur in einem eigenen »Volkshaus«, während ausländischen Frauen im »internationalen Treffpunkt e.V.« Beratung und eine Reihe von Kursen angeboten werden. Deutsche Frauen organisieren und treffen sich in »Selbsthilfe-Gruppen«. Bemerkenswert bei dieser Struktur sozialpädagogischer Einrichtungen ist das Fehlen von Arbeitslosen- und Sozialhilfeempfänger-Gruppen, -Vereinen oder -Initiativen.

Sozialpolitische Informations- und Beratungsarbeit mit Erwerbslosen bzw. Sozialhilfeempfängern im Stadtteil betrachtet eine unserer Befagten[39] als dringend erforderlich! Die nächste Informations- und Beratungsstelle ist das »Haus für Alle«, an der Amandastraße im Schanzenviertel. Zwar steht diese Beratungsstelle allen Betroffenen offen und bietet insbesondere ausländischen Hilfesuchenden ihre Dienste an; sie liegt jedoch außerhalb der Wohngegend und ist für bestimmte Betroffenengruppen – so die Befragte – offenbar »weit entfernt«. Gemeint sind hier vor allem die älteren Erwerbslosen und Sozialhilfeempfänger im Karolinenviertel, die – nach der Erfahrung unserer Befragten[40] – nach oft langjähriger Arbeitslosigkeit zunehmend in Resignation und Passivität geraten.

Die Analyse einiger Aspekte der sozialen Reproduktion von Arbeitsimmigranten im Karolinenviertel dürfte auf einen Prozeß der Verkümmerung individueller – psychosomatischer, sozialer bzw. kommunikativer – Ressourcen und Fähigkeiten bei vielen dieser älteren männlichen Erwerbslosen und Sozialhilfeempfänger deutlich hingewiesen haben. Als nicht weniger prekär wurde auch die Situation älterer deutscher erwerbsloser Nachbarn beschrieben – einer Gruppe, die nicht nur im Karolinenviertel durch Isolierung bzw. Marginalisierung bedroht wird. Im Karolinenviertel, dem sozialstrukturell ausgeprägtesten Arbeiterwohnviertel Sankt Paulis, machen sich jedoch einige Folgen der Identitätskrise dieser männlichen »Arbeitskräfte«generation politisch ähnlich bemerkbar wie auch in anderen Arbeiterstadtteilen. Die Betroffenen scheinen kaum in der Lage zu sein, initiativ und selbsttätig aus dieser Krise herauszukommen. »Hilfe zur Selbsthilfe« sollte die Reaktivierung alter erlernter, vor allem aber die Entwicklung neuer situationsadäquater Orientierungs-, Handlungs- und Widerstandsfähigkeiten gegen Passivität und Verelendung unter den Betroffenen zum Ziel haben.

Von elementarer politischer Bedeutung dürfte die Hilfe zu einer kritischen Verarbeitung der krisenbedingten Diskrepanzen bei der Selbstwahrnehmung dieser Männer sein, z.B. als

– »Arbeitnehmer« (Relativierung der ihnen ansozialisierten Arbeits- und Leistungsideologien im Sinne der Ablösung des Rechtes auf eine menschenwürdige Existenz von der Verwertung ihrer Arbeitskraft bzw. vom sogenannten geregelten Berufsleben); ferner als

- »Familienoberhäupter« (Relativierung des Zwanges zur Alleinentscheidung, Abbau ansozialisierter Hierarchievorstellungen gegenüber Frauen, Jugendlichen und Kindern zugunsten der Entfaltung von Solidarbeziehungen und Widerstandskräften aus dem traditionellen Familienverband heraus); schließlich als
- Nachbarn (Relativierung von Vorurteilen, Ängsten oder Hemmungen vor ungewohnten oder ungewöhnlichen Kontaktaufnahmen und Beziehungen in der Nachbarschaft; Reaktivierung bzw. Entwicklung kommunikativer und interaktiver Fähigkeiten als eine elementare Voraussetzung für ihre Anerkennung durch die Nachbarschaft bzw. gegen Selbstisolierung).

Einige der soeben skizzierten politischen Intentionen dieses Konzeptes von »Hilfe zur Selbsthilfe« lassen sich mit einer kontextunabhängigen Beratung oder gar Betreuung älterer Hilfesuchender im Stadtteil kaum vereinbaren. Sie setzen dagegen stadtteilanalytische Arbeit voraus und können von einem Projekt realisiert werden, das die wechselseitige Abhängigkeit der sozialen Gruppen innerhalb der Nachbarschaft, die elementar solidarische Funktion derselben und die krisenbedingten Erfahrungen der Menschen erkannt und sie zu politisieren sich zum Ziel gesetzt hat.

»Hilfe zur Selbsthilfe« wäre jedoch auch in diesem Rahmen ineffektiv, ließe man dabei die gruppenspezifisch (Deutsche-Ausländer; Ältere-Jugendliche; Männer–Frauen usw.) geartete Betroffenheit bzw. Problemlage unberücksichtigt; sie verfehlte völlig ihr Ziel, vernachlässigte man bei einer Fallanalyse bzw. bei der intendierten, konkreten Hilfeleistung die charakteristische Widersprüchlichkeit der Situation des Einzelnen, die wiederum ein Merkmal der Gruppen- und der Klassenlage der Betroffenen ist.

Zahlreiche Schlußfolgerungen aus der analytischen Auseinandersetzung mit der Reproduktionsproblematik von Immigrantenfamilien deuteten, zum Beispiel, auf die Bedingtheit der physischen und sozialen Reproduktion eines Teils dieser älteren Erwerbslosen durch die solidarische Funktion ihrer Familien hin. Grundsätzlich ist dabei kaum etwas »ausländerspezifisches« zu erkennen! Die Bedeutung des »Zusammenhaltens« in der Krise wußten Proletarier in Deutschland immer zu schätzen. Nur zu oberflächlich wäre dementsprechend eine politische Aufarbeitung individueller Verhaltensweisen und Handlungsalternativen mit männlichen Betroffenen, ließe man dabei die Reproduktionsarbeit der Frauen in der Familie außer acht. Sie hätte ihr Ziel völlig verfehlt, berücksichtigte man bei ausländischen Betroffenen das spezifische Abhängigkeitsverhältnis der Immigrantinnen nicht. Und zwar als ein wesentliches Korrelat ihrer reproduktiven Aktivitäten, als ein faktisches Merkmal des »Ausländerin-Seins« und als typisches Charakteristikum proletarischer, durch Rechtsinstumente geteilter, Lebenslagen in dieser Gesellschaft.

Eine politische Aufarbeitung dieser situationsadäquaten Erfahrung mit der eigenen Reproduktion führt die Aufdeckung des Abhängigkeitsverhältnisses dieser Männer zur Frauenarbeit in der Familie in den Mittelpunkt diesbezüglicher »Hilfe zur Selbsthilfe«. Diese ist bei erwerbslosen Männern am notwendigsten, deren Frauen sich »nur zu gerne« für ihre Familien in der Krise aufopfern, und sie sollte hauptsächlich von erfahrenen Männern, in deutsch-ausländischer Kooperation, getragen werden.

Die Auseinandersetzung mit der problematischen Lebenslage älterer erwerbsloser Immigranten im Stadtviertel machte den Prozeßcharakter der Reduzierung individueller Widerstandsfähigkeiten gegen weitere Verarmung, soziale Passivität und Resignation deutlich: Verlust des Arbeitsplatzes; wiederholte, in der Regel erfolglose Bemühungen um eine Neueingliederung in den Prozeß geregelter Erwerbsarbeit; Erfahrungen mit kurzfristigen, tendenziell immer seltener werdenden Beschäftigungen, auf mit deutschen Erwerbslosen nicht belegbaren Arbeitsplätzen; tendenziell zunehmende Reduzierung der Einkommensbasis (Arbeitslosengeld – Arbeitslosenhilfe); Verbrauch von Ersparnissen; Minimierung bzw. völliger Verlust der finanziellen Basis früherer Rückwanderungsplanungen; zunehmende existenzielle Abhängigkeit von staatlichen Hilfeleistungen (laufende Hilfe zum Lebensunterhalt) bei gleichzeitiger Vervielfältigung bzw. Intensivierung der Zwangsunterwerfung unter staatliche Kontrollmechanismen auf der Basis politischer Rechtlosigkeit; existenzielle Unsicherheit vor der realen Gefahr der Auflösung nachbarschaftlicher Solidarstrukturen (mögliche Vertreibung aus der Wohngegend im Rahmen ihrer »Sanierung«) – sind typische Merkmale dieses Prozesses, den die Betroffenen durchlaufen müssen. Die Bedeutung einer systematischen Erfahrung und kollektiven Aufarbeitung von Informationen zur jeweils aktuellen Rechts- und Soziallage tritt vor diesem Hintergrund besonders deutlich hervor. Als »Hilfe zur Selbsthilfe« könnte Informations- und Beratungsarbeit dennoch ineffektiv bleiben, wenn ältere Betroffene in ihr kaum eine für sie praktikable Handlungsalternative erblicken können, oder wenn das politische Paradigma dazu von gruppenexternen Faktoren derartig abhängt, daß seine Wahrnehmung bzw. Wiederholung die Betroffenen überfordert.

Weigern sich zum Beispiel jüngere, alleinstehende deutsche Sozialhilfeempfänger/innen, einen erhöhten Mietzins zu zahlen, das Kündigungsrisiko im Rahmen des politischen Kampfes für preiswerten

Wohnraum auf sich nehmend, müssen informierte ältere, ausländische Betroffene mit Familien ihre Gesamtsituation auf dieses politische Paradigma reflektieren. Möglicherweise ergeben sich dann, nach dem Abwägen aller finanziellen und sozialen Risiken, für sie keine politisch adäquaten Handlungsmöglichkeiten; oder sie entscheiden, sich dem Mieterhöhungszwang zu unterwerfen, um eine Reihe von für sie und ihre Familien eventuell größeren Risiken nicht eingehen zu müssen.

Bei allen denkbaren Beispielen kollektiver Reaktivierung oder Entwicklung politischer Widerstandsfähigkeiten gegen Armut und Passivität im Stadtviertel sollte »Hilfe zur Selbsthilfe« für bzw. mit diesen Betroffenen die kritische Prüfung ihrer »Interessen« nach deren politisch-emanzipativem Gehalt bedeuten. Nicht wenige, als Ausdruck der »Interessen des Betroffenen« mißverstandene, Anforderungen erweisen sich als reine Ausdrucksformen der Betroffenheit selbst, als Folgen nämlich von Resignation und Ausweglosigkeit. An sich steht ihre Realisierung in politischem Einklang zu staatlichen Passivierungs- bzw. Beruhigungskonzepten gegen ältere, »abgenutzte« Menschen in der Krise. Man sollte also Armen nicht zu helfen bereit sein, ohne die bevölkerungspolitisch intendierten Auswirkungen, die sich in einem Teil ihrer Ansprüche bergen, kritisch zu hinterfragen.

Ältere Arbeitsimmigranten, die trotz geregelten Arbeitslebens unter den härtesten Arbeitsbedingungen ihr »Emigrationsziel« nicht erreichten, könnten unter den Umständen langjähriger Erwerbslosigkeit, jede »Zuwendung«, zum Beispiel in der Form einer geminderten, vorgezogenen Rente, als »Anerkennung« ihrer Mühen mißinterpretieren. Äußerst fragwürdig bliebe bei einer Wahrnehmung eines derartigen Interesses im Einzelfall, inwiefern für den Betroffenen seine offizielle und endgültige Abschiebung in den Ruhestand eine Ausgangsposition für kritische Auseinandersetzungen mit demselben bilden könnte.Abschließend sollte auf die Ausgangsposition dieser Bemerkungen erneut hingewiesen werden:

– Im Karolinenviertel scheint politische Arbeit gegen Verarmung und Passivität dringend erforderlich zu sein;
– besonders prekär ist in diesem Zusammenhang die Situation älterer (etwa ab 40-45 Jahre) Erwerbsloser und Sozialhilfeempfänger;
– politische »Hilfe zur Selbsthilfe« für bzw. mit diesen Betroffenen könnte den Ausgangspunkt eines längerfristigen stadtteilpolitischen Projektes innerhalb der Nachbarschaft bilden;
– die kommunikative und kooperative Funktion der Nachbarschaft zu stärken, und Widerstandspotentiale unter den Betroffenen zu fördern, wäre eines der Ziele dieses politischen Projektes gegen Resignation und Passivität.

B. Sankt Pauli-Mitte

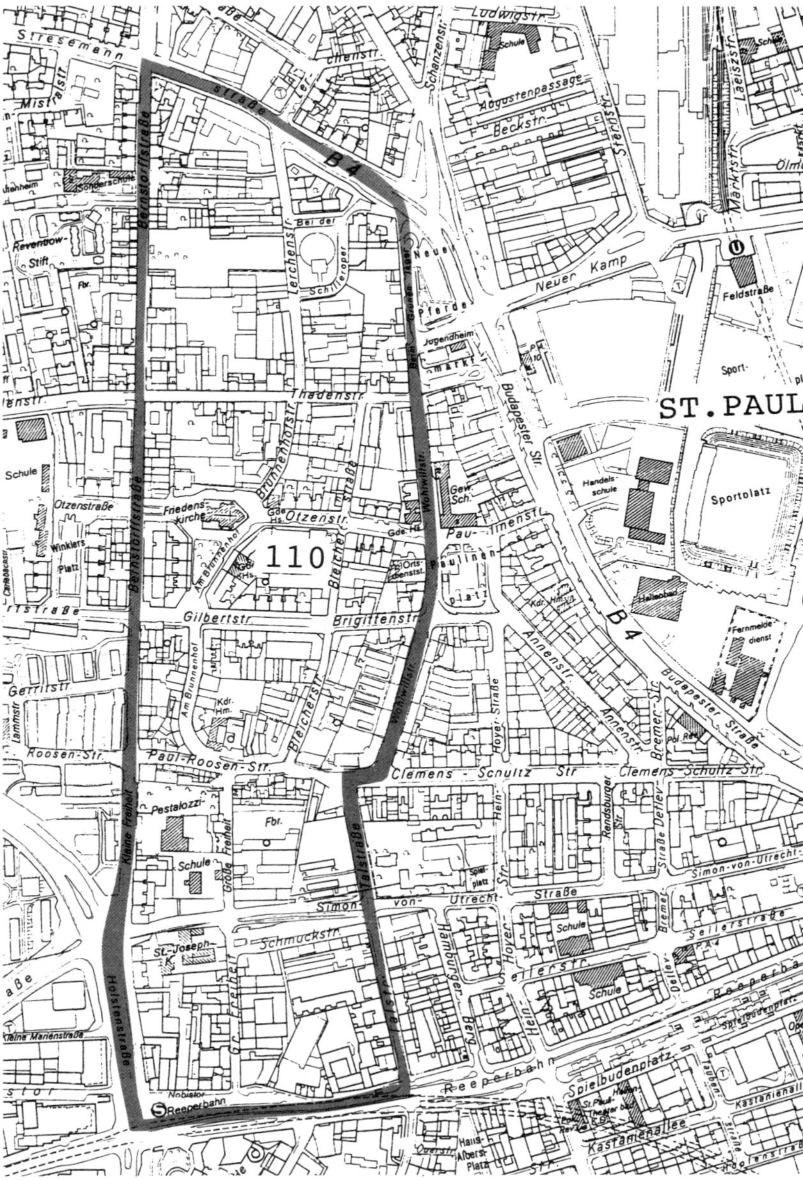

Berichte aus dem Westen und Südosten des Stadtviertels

Zwischen der Friedenskirche und der Reeperbahn

»Der Westen des Stadtteils dient überwiegend dem Wohnen. Diese Funktion ist in diesem Bereich zu erhalten und im einzelnen zu verbessern«, verkündete die Baubehörde Hamburg[1] in den 70er Jahren. Ein Ergebnis dieser wohn- und bevölkerungspolitischen Entscheidung waren die Sanierungen, Modernisierungen und Neubebauungen im Rahmen des »sozialen Wohnungsbaus«, die während der letzten Dekade in diesem Gebiet vorgenommen wurden.

Einige der Wohngegenden oder Nachbarschaften, mit denen wir uns in diesem Bericht befassen werden, sind Realisierungen dieser dem Westen des Stadtteils zugewiesenen Funktion. Ihre gegenwärtigen sozialstrukturellen Merkmale sprechen für die Annahme, daß den Verwertungszwecken Sankt Paulis eher eine Diversifikation bzw. Neuproportionalisierung als eine grundsätzliche Veränderung der Sozialstruktur der Wohnbevölkerung dient.[2]

Die Ortsteile[3] Sankt Paulis, auf die wir uns hier vorwiegend konzentrieren werden, liegen in der Mitte des Stadtteils, und zwar zwischen der Stresemann- und der Budapesterstraße im Norden bzw. im Nord-Osten und der Reeperbahn im Süden des Gebietes; vom Bezirk Altona werden sie hauptsächlich durch die Bernstorffstraße, zum Teil auch durch die Kleine Freiheit und die Holstenstraße getrennt.

Überwiegend dem Wohnen dienen in diesen Ortsteilen die Gegenden nördlich der Straßenzüge Paul-Roosenstraße und Clemens-Schultz-Straße, während die südlich dieser Straßen liegenden Gebiete eine starke Mischung von Wohnhäusern und Arbeitsstätten bzw. Betrieben aufweisen. Dieses gilt zum Teil auch für die Wohlwillstraße, die als Grenze zwischen diesen Ortsteilen fungiert.

Anders als im Karolinenviertel, dies- und jenseits des Schlachthofs, liegen zwischen den Wohngegenden dieser Ortsteile zwar keine großflächigen Nutzungen, dafür aber einige stark befahrene Straßen, etwa die Verkehrsader Simon-von-Utrecht-Straße, die manchenorts eine Nachbarschaft zwischen den umliegenden Wohnblocks verunmöglicht oder erschwert. Sankt Pauli-Mitte besteht aber auch wegen seiner allgemeinen städtebaulichen Struktur aus mehreren, voneinander kaum abgeschlossenen Wohngegenden, die sich nur im Norden des Gebietes auf zentrale, historische oder funktionale Örtlichkeiten beziehen lassen. So wohnt man z.B. »oben bei der Schilleroper«, »am Paulinenplatz«, »in der Nähe der Friedenskirche« usw.

Sankt Pauli-Mitte bildet den größten Teil des Einzugsgebietes der

Friedenskirchengemeinde. Markante Wandlungen in diesem Gebiet lassen sich in historischer wie in aktueller Hinsicht dem ersten, der Einführung in die Entwicklungsproblematik des Gebietes dienenden Teil dieses Berichtes entnehmen. Relativ übergreifenden Charakters sind auch die darauf folgenden, kurzen Berichte zu den Schwerpunkten sozialer Arbeit in dieser Gemeinde, während sich die weiteren Abschnitte des Berichtes auf die Problematik zweier Wohngegenden mit voneinander stark divergierenden Charakteristika konzentrieren.

Der nord-westliche Teil von Sankt Pauli-Mitte erfuhr, wie bereits angedeutet, eine Reihe städtebaulicher Veränderungen, die auf gewisse sozialstrukturelle und/oder kulturelle Unterschiede zum Süden des Stadtteils hindeuten, während in den süd-östlichen Nachbarschaften dieses Gebietes Wohnverhältnisse und Sozialstrukturen anzutreffen sind, die ihren »altstädtischen« Charakter bewahrt zu haben scheinen. Man neigt z.B. dazu, diese Wohngegenden mit Sankt Pauli-Süd zu vergleichen oder sie einfach Sankt Pauli zu nennen, während es im Norden gewisse Distanzierungen »gegenüber Sankt Pauli« zu geben scheint.

Zur Konkretisierung realer bzw. zur Klärung vermeintlicher Unterschiede zwischen dem Norden und dem Süden des Gebietes tragen die Erfahrungen unserer Befragten auch bei; ihre Bedeutung liegt jedoch vor allem in der Schilderung spezifischer Aspekte der jeweiligen Wohngegend an sich.

Der Auseinandersetzung mit der Qualität sozialer Beziehungen in einer Nachbarschaft nach der Sanierung lag die Annahme zugrunde, daß die im Norden erfolgten Wandlungen an sich eine nachteilige Wirkung auf die Zusammensetzung und die Funktion der Nachbarschaft ausgeübt haben. Diese Annahme ließ sich nur zum Teil bzw. nur unter Berücksichtigung anderer, z.B. politischer, Faktoren bestätigen. Die Diskussion über den Süden des Gebietes konzentrierte sich überwiegend auf Fragen und Probleme nachbarschaftlicher Beziehungen und sozialer Reproduktion unter dem Einfluß sogenannter typischer Sankt Pauli – Verhältnisse unmittelbar am Zentrum des Vergnügungsviertels. Einige unserer Annahmen zu gegenseitiger Akzeptanz und bedingter Solidarität unter den Bewohnern/innen in diesen Gegenden wurden in Folge dieser Gespräche zwar bekräftigt, zugleich aber auch kritisch differenziert.

Auf eine separate Analyse sozialdemographischer Daten zur Bevölkerungsstruktur in Sankt Pauli-Mitte insgesamt haben wir verzichtet. Dafür möchten wir auf markante Charakteristika der Alters- und Nationalitätenstruktur der zur Diskussion stehenden Ortsteile und des Gebietes insgesamt innerhalb der folgenden Berichte hinweisen bzw. die Daten, wo erforderlich, auch analytisch behandeln.

Eine Kirchengemeinde

Diese Gemeinde heißt Evangelisch-Lutherische Friedenskirchengemeinde Altona, und die Bezeichnung Altona erinnert uns an die Geschichte dieses Stadtteils. … Die Kirche wurde Ende der 80er Jahre des letzten Jahrhunderts erbaut, zu einer Zeit, als dieses Gebiet der Stadt Altona gehörte – einer, wie wir wissen, damals noch selbständigen Stadt, die dann, seit 1937, durch das Groß-Hamburg-Gesetz mit Hamburg zwangsverbunden wurde. …

Die Friedenskirchengemeinde ist seitdem »geteilt«, so daß wir zwar Friedenskirchengemeinde Altona heißen und zum Kirchenkreis Altona gehören, die Kirche jedoch, das Gemeindehaus und die Pastorate in Hamburg liegen, während die Gemeinde politisch einen Teil des Bezirkes Hamburg-Mitte bildet. …

Dieses erwähne ich, weil es sich bei der genannten Veränderung um eine historisch bedeutsame Wandlung in der Geschichte dieses Stadtteils handelte, die Konsequenzen für die Menschen und ihre Umwelt hatte. … Wir erfahren, daß viele unserer Älteren oder Ältesten ihre Einbeziehung zu Hamburg als ein Identifikationsproblem erlebt haben. Sie waren keine Hamburgerinnen bzw. Hamburger, sondern Altonaer, bewußte Altonaer, die dann zwangsweise von Altona getrennt wurden. …

Durch eine politische Grenze wurden frühere, zum Beispiel kommunale Gemeinsamkeiten in Frage gestellt; man bezog sich nicht mehr auf dieselben Institutionen, ging zum Beispiel nicht mehr zum selben Einwohner- oder Sozialamt usw., man machte zum Teil getrennte Erfahrungen …

Und wir wissen, daß derartige Eingriffe zwar vielleicht nicht eine schwerwiegende, doch aber immer eine gewisse Bedeutung für Nachbarschaften haben. … Dieses Wohngebiet war immer ein Arbeiterwohngebiet. Es gab unter den Bewohnern auch so kleinbürgerliche Gruppen – das erkennt man etwa an der Bebauung mancher Orte, zum Beispiel am Baustil hier in der Umgebung der Kirche, am Brunnenhof, an der Annenstraße oder am Winklers-Platz, der noch zu Altona gehört; aber die große Mehrheit der Stadtteilbewohner waren Arbeiterinnen und Arbeiter. … Und es war eben eine Aufgabe von Kirchen in den Arbeitergebieten, dem »Ungeist« des Sozialdemokratismus jener Zeit etwas entgegenzusetzen. … Dieses war zwar nicht die einzige Begründung für die Erbauung einer Kirche, doch aber eine wesentliche. …

Denn die Verbindung zwischen Staat und Kirche war damals noch bzw. wesentlich stärker als heute …

Das Gebiet unserer Gemeinde ist noch heute ein Arbeiterwohngebiet. Als Lebensumwelt hat es einige nennenswerte Eingriffe oder Veränderungen erfahren: im Zuge, zum Beipiel, der Eingliederung Altonas fanden Straßenumbenennungen statt, wobei – im Falle von gleichnamigen Straßen – die Namensänderung nicht in Hamburg, sondern hier vorgenommen wurde …

Ähnliches geschah auch nach dem Krieg. Dabei wurden nicht nur Straßen-

namen entfernt, die im Hitlerfaschismus entstanden, sondern auch andere, die auf alte Stadtteilstrukturen hinwiesen. Die alte Gärtnerstraße zum Beispiel, die heute Thadenstraße heißt, machte deutlich, daß es in diesem Gebiet Gärtnereien, Baumschulen und ähnliche Nutzungen gab. … Ich meine: durch die Umbenennung der Straßen verschwand auch ein Stück Erinnerung an die Geschichte des Stadtteils …

Den Kriegseinwirkungen bzw. Kriegszerstörungen folgte dann ein Straßenbau, der die Stadtteil-Landschaft deutlich veränderte.

Und weil ja auch Boden Geschichte hat, ging ein Stück Stadtteilidentität verloren …

Was der Krieg nicht zerstört hatte, d.h. was die Menschen im Krieg nicht zerstört hatten, das ist dann durch die Sanierung versucht worden. … Die ersten Ideen für eine Sanierung – man nannte das auch Entkernung – Sankt Paulis sind, wie bekannt, in den 30er Jahren, im Hitlerfaschismus entstanden; sie wurden politisch wesentlich durch die Absicht bestimmt, das Wohngebiet übersichtlich zu machen, so daß sich hier, zum Beispiel, keine Widerstandsgruppen verstecken können … Durch die Sanierung verliert eine Wohngegend viel an Identität … Das kann ich, ganz konkret, durch die Erfahrung hier in unserem Bereich, dem »Sanierungsgebiet Schilleroper«, wie es heißt, belegen: es ist hier versucht worden, die Adolfspassage zugunsten der Erweiterung eines Gewerbehofes abzureißen! Die Adolfspassage, eine alte historische Passage, ein Stück Geschichte von Arbeiterwohnkultur, heute noch schön preiswerter Wohnraum, sollte als alte Bausubstanz abgerissen werden, und an ihrer Stelle sollte ein Gewerbehof erweitert werden bzw. entstehen! …

So ganz im Sinne der Entkernung: die Gewerbebetriebe aus den Wohnblocks herausnehmen, sie in einem Gewerbehof zusammenbringen und dafür preiswerten Wohnraum und Wohnkultur im Stadtteil opfern …

Wir haben das verhindern können!

Es war einer der wenigen Erfolge, die wir gehabt haben … …

In der Nachkriegszeit verlor das Gebiet unserer Gemeinde viele seiner alten Einwohner … Die Wohndichte war hier sehr hoch, die Menschen lebten unter sehr engen Wohnverhältnissen, wegen der Wohnungszwangswirtschaft …..

Und dann, als die Neubaugebiete rund um Hamburg herum, auf der grünen Wiese entstanden, zogen auch sehr viele Einwohner aus. …

Einige der Älteren, die damals den Stadtteil verließen, kommen einmal in der Woche hierher zurück, um einfach mal durch die Straßen hier zu gehen. … Das ist die Sehnsucht!

Viele haben es eben bereut, aus ihrem Stadtteil auszuziehen …

Schwerpunkte sozialer Arbeit in der Gemeinde

Als Schwerpunkte sozialer Arbeit mit sich regelmäßig treffenden Gruppen galten in der Friedenskirchengemeinde zur Zeit unserer Befragung die Arbeit mit älteren Menschen, die Arbeit mit Sozialhilfeempfängern, sowie die offene Jugendarbeit.

Die Jugendarbeit, konzipiert als »ein Angebot, ohne feste Gruppenbildung«, richtete sich an Jugendliche, die »arbeitslos sind und die immer wieder auch in Schwierigkeiten mit Polizei, Staatsanwaltschaft oder Gerichten« geraten.[5] Einkommenslosigkeit war die Hauptursache dieser prekären Lage unter vielen deutschen und ausländischen Jugendlichen. Nach den Einschätzungen ihrer Bezugsperson waren mehr als 20 v.H. der Jugendlichen in dieser Umgebung erwerbslos.

Informations- und Beratungsarbeit zu sozialen, Ernährungs- bzw. Gesundheitsfragen im Alter waren Bestandteil der Altenarbeit in der Gemeinde. Die Teilnehmerinnen, etwa 50-60 Frauen im Rentenalter, unter denen viele entweder seit ihrer Kindheit oder Jugend in dieser Nachbarschaft leben, oder nach dem Krieg in diesen Stadtteil gezogen sind, nennen ihren Kreis »bewußt Altenkreis und kommen wöchentlich zusammen. Für sie ist es wichtig, aus der Einsamkeit und der Isolation herauszutreten, durch ihre monatlichen Tagesausflüge, auf die sie sich immer sehr freuen, etwas Neues kennenzulernen, oder durch ein Gespräch neue Erkenntnisse zu gewinnen.«[6]

Die Gruppe der Sozialhilfeempfänger, in der Beratung, gegenseitige Information und Unterstützung auf den Ämtern geleistet wird,[7] ist durch die Aufnahme verarmter Menschen aus der Umgebung in die Räumlichkeiten des Gemeindehauses entstanden. Sozialhilfeempfänger/innen aus der Nachbarschaft traten »spontan« aus ihrer Einsamkeit und Isolation heraus und trafen sich eine zeitlang informell[8] regelmäßig vor der Kirche, bevor Mitarbeiter der Friedenskirche »... von sich aus auf diese Gruppe zugingen, sie in die Gemeinderäume gebeten haben, und sich daraus eine Sozialhilfeempfängergruppe bildete, die heute Kaffee-Treffs mit den Betroffenen veranstaltet und auch Sozialhilfeberatung durchführt«, wie ein Beobachter berichtete.[9]

Das Gemeindehaus der Friedenskirche genießt in Sankt Pauli-Mitte den Ruf einer offenen Begegnungsstätte für unterschiedliche, schutzbedürftige bzw. für ihre Existenz und Rechte kämpfende Gruppen im Stadtteil sowie auch für regionale und überregionale Initiativen, die sich mit aktuellen, stadtteilspezifischen oder stadtteilübergreifenden sozialen und politischen Problemen auseinandersetzen. Diese Gemeindehausfunktion zu erhalten und zu erweitern ist ein erklärtes Ziel engagierter Kirchenmitarbeiter in dieser Gemeinde:

»Wir wollen, daß dieses Haus, soweit wie möglich, aus dem Stadtteil heraus genutzt wird ... Stadtteilbezogene Konflikte, die sich aus der Sanierung ergeben oder mit dem Problem der Verkehrsberuhigung zusammenhängen, um nur einige Beispiele zu nennen, nehmen wir auch selbst auf. Unsere Hauptintention ist jedoch die Kooperation mit den Initiativen der Betroffenen. Dabei ist es für uns keine Frage, wer zuerst das Problem erkannt oder die praktische Initiative ergriffen hat; entscheidend ist ausschließlich das Thema, das Problem an sich ...«[10]

Eine Nachbarschaft nach der Sanierung

Umweltveränderungen und soziale Realität

Wie anfangs angedeutet, gingen wir bei der Einschätzung der Auswirkungen städtebaulicher Wandlungen auf die Qualität nachbarschaftlicher Beziehungen in altstädtischen Wohnvierteln von der Annahme aus, daß sich der Eingriff an sich nachteilig, d.h. zum Beispiel entfremdend und/oder desorientierend auf die zwischenmenschlichen Beziehungen auswirkt. In dieser allgemeinen Form wurde diese Annahme auch bezüglich der sanierungsbedingten Veränderungen im westlichen bzw. nordwestlichen Teil des zur Diskussion stehenden Wohngebietes nachträglich bestätigt, allerdings nicht ohne Hinweise auf die sanierungspolitischen Intentionen, die Reaktion oder den Widerstand der Betroffenen sowie auf Art und Ausmaß der tatsächlich erfolgten Maßnahmen. In dieser Hinsicht lassen sich die Eingriffe in Sankt Pauli-Mitte von den Flächensanierungen und der Sanierungspolitik in Sankt Pauli-Süd differenzieren:

- *Meine ersten Erfahrungen mit der Sanierung gehen auf die Jahre 1972-1973 in Sankt Pauli-Süd, wo ich zwischen 1969 und 1975 wohnte, zurück. Dort hat man noch ziemlich grob Ausquartierungen und Umsetzungen der Betroffenen realisiert und damit Empörung in Gang gesetzt, die sich dann dort organisierte …*
  Die Erfahrungen mit der Sanierung in diesem nördlichen Bereich des Stadtteils, in den ich dann umzog, liegen nicht nur zeitlich später, also in der zweiten Hälfte der 70er Jahre, sie sind auch unterschiedlich. Die SAGA hatte sich inzwischen eine neue Taktik angewöhnt, Flächensanierung stand hier nicht so massiv auf der Tagesordnung, dafür Abriß in kleinem Maßstab und Neubauten … I[1]

Eine Umwälzung der Sozialstruktur der alteingesessenen Bevölkerung fand durch diese Maßnahmen nicht statt, während ein endgültiger Auszug von Personen bzw. Haushalten aus dem Wohngebiet zwar vorkam, aber als Randerscheinung eingeschätzt wird.[12]

Im Stadtviertel dürfte nach der Sanierung die Majorität der nicht unmittelbar Betroffenen sowie derjenigen Bewohner/innen unter den Betroffenen geblieben sein, deren Wohnhäuser nicht dem Abriß zum Opfer fielen, sondern renoviert wurden. Eine Mobilität aus dem Stadtviertel bzw. aus ihrer Wohngegend kennzeichnete die Personen oder Haushalte, deren Wohnhäuser abgerissen wurden. Ein großer Teil der Bewohner/innen der Neubauten besteht aus diesen ehemals Betroffenen, die zu ihrem Wohngebiet, allerdings unter stark veränderten Wohn- und Umweltbedingungen, zurückkehrten bzw. zurückkehren.[13]

»Es sind vor allem die Umweltveränderungen, die sich in diesen Nachbarschaften nach der Sanierung nachhaltig negativ auswirken. Die Störung z.B. der alten Dichte nachbarschaftlicher Kontakte und Beziehungen und die Entstellung des gewohnten Umfelds, in dem man sich früher bewegte«;[14] und sie betreffen alle Nachbarn/innen, die diese Wandlungen in ihrer alten Nachbarschaft erfahren mußten.

Man äußerte in diesem Zusammenhang die Hoffnung, es könnte sich nach einer »Übergangsperiode stärkerer Einsamkeit oder relativer Entfremdung ein neues nachbarschaftliches Zusammengehörigkeitsgefühl entwickeln ...«.[15] Diese Hoffnung dürfte unmöglich eine Erfüllungschance haben ohne die bewußte Einbeziehung der Zugezogenen.

Die neuen Nachbarn sind da! – eine Kritik

Den neuen Nachbarn gegenüber verhält man sich auch als kritischer Mensch in Sankt Pauli reserviert oder zumindest »abwartend«, wie es im folgenden Beitrag zur Frage nach den zu erwartenden sozialstrukturellen Wandlungen in diesem Gebiet deutlich zum Ausdruck kommt:

In den nächsten Monaten laufen die Bauarbeiten im Norden, in der Umgebung der Friedenskirche aus. Dort, im Wohngebiet an der Thadenstraße-Bernstorffstraße-Lerchenstraße, entsteht ein ganzer Komplex von Neubauten; er wird von der SAGA gebaut. Man kann noch nichts darüber sagen, was dort für Veränderungen stattfinden werden. Dieses läßt sich nur absehen: die Häuser sind fertig, und dann werden es vermutlich nicht mehr Sankt Paulianer sein, die dort eine Wohnung beziehen werden, sondern Leute, die von weither kommen. Man muß sorgfältig beobachten, was sich dort an Verschiebungen ergeben wird![16]

Selbstverständlich bedarf es keiner sorgfältigen Beobachtung, um die Sozialmerkmale der SAGA-Mieter einschätzen zu können. Ferner dürfte das Nicht-Sankt Paulianer-Sein der neuen oder zu erwartenden Nachbarn an sich nichts besorgniserregendes sein, es sei denn, man vermutete unter den Zugezogenen lauter Menschen, die Sankt Pauli gegenüber abgeneigt sind! Eine Besorgnis um die Zusammensetzung der zu erwartenden Nachbarn könnte sich nur in einer Hinsicht als begründet erweisen, nämlich als plausible Annahme, durch die Neuen könnten sich die politischen Verhältnisse in diesem Gebiet ändern bzw. negativ ändern. In diesem Falle wäre eine sorgfältige Beobachtung der Entwicklung zwar besonders erforderlich, als stadtteilpolitische Praxis jedoch kaum ausreichend.

Fiktiv, politisch jedoch nicht irreal ist die folgende Formulierung des obigen Zitates: »In den nächsten Monaten laufen die Bauarbeiten im Norden aus. Dort (...) entsteht ein ganzer Komplex von SAGA-Häusern, und die ersten Mieter werden bald erwartet. Vermutlich werden viele dieser Mieter nicht Sankt Paulianer sein, einige werden vielleicht von weither kommen. Man sollte sich in den Stadtteilinitiativen darauf vorbereiten, diesen neuen Nachbarn/innen den Bezug zu ihrer neuen Umgebung zu erleichtern und sie dabei auch über die politische Problematik in unserem Stadtteil zu informieren. Ein Stadtteilfest wäre dazu sehr geeignet und ein guter Anfang! Zu deiner Frage: Nein, wesentliche sozialstrukturelle Veränderungen können sich aus dieser Wohngegend für den Stadtteil nicht ergeben, vielleicht aber manche politische. Man muß sorgfältig beobachten, was sich dort an politischen Verschiebungen ergeben wird, denn sie können negative oder aber auch positive Auswirkungen auf unsere stadtteilpolitische Entwicklung haben.«

Derartig einfache »positive Sätze« zu Wahrnehmung und Gestaltung der neu entstandenen Realität in der Nachbarschaft sind höchstwahrscheinlich in vielen Stadtteilgruppen ausgesprochen worden. Eine praktische Konsequenz daraus haben wir nicht feststellen können. Wir gewannen vielmehr den Eindruck, daß in Sankt Pauli die Aktivitäten für die Erhaltung der alten Strukturen auffallend intensiver und langatmiger sind als das Engagement für die politische Qualifizierung der Beziehungen zwischen alten und neuen Nachbarn.

Die Barrieren abbauen!

Die Auseinandersetzung mit der Frage, inwiefern sich zehn Jahre nach dem staatlichen Eingriff in die alten traditionellen Wohn- und Lebenszusammenhänge situationsadäquate Handlungen erkennen lassen, die ein neues Zusammengehörigkeitsgefühl bzw. eine Verdichtung und Intensivierung der nachbarschaftlichen Beziehungen fördern könnten, bekräftigte den o.g. Eindruck. Sie zeigte einerseits, daß in diesem Wohngebiet situations- oder sachbezogene, stadtteilwirksame Kooperationsansätze entstehen können bzw. immer wieder entstehen. Andererseits deckte sie gewisse Barrieren auf, deren Überwindung eine Voraussetzung für die Entwicklung realitätsadäquater zwischenmenschlicher und stadtteilpolitischer Beziehungen zu sein scheint. Ein alter Stadtteilkämpfer brachte, selbstkritisch, einige Aspekte dieses Problems folgendermaßen zum Ausdruck:

· *Ich denke, daß Ansätze eines neuen Zusammengehörigkeits- oder Wir-Gefühls zwar noch rudimentär, aber doch vorhanden sind. Sie zu entdecken und zu fördern, verlangt nicht nur viel Aufmerksamkeit, sondern auch eine kritische Neueinstellung zur Realität nach der Sanierung …*
Von mir muß ich sagen, daß ich an diesem alten Modell, das wir damals im Kopf hatten, irgendwie noch hänge. …
Also diese alten sympathischen Strukturen, dachten wir, am Leben erhalten zu können, sie weiterentwickeln zu können, sie verbreitern zu können! Ich denke, das war eine Illusion, und sie ist eben durch die Wirklichkeit als solche qualifiziert worden. … Wir können heute erkennen, daß wir Nachbarn/innen hier natürlich in einer prinzipiell vergleichbaren Lage wohnen, und

daß von daher viele Leute auch bereit sind, zwar nicht mehr so pathetisch, sondern eher sach- und problembezogen, in Kommunikation zu treten und zu handeln und daraus ein Gefühl der Zusammengehörigkeit in der Nachbarschaft zu entwickeln … Also, ich betone das: wir sind heute wirklich in einer sozial vergleichbaren Lage …[17]

Soziale Lage und soziale Fragen

Verarmung und Verelendung nach der Sanierung

Welches die Bedeutung intensiverer nachbarschaftlicher Kommunikation und gezielter sozialer Aktivitäten in diesem Arbeiterwohngebiet nach der Sanierung sein kann bzw. ist, wird ersichtlich, wenn man zu den geschilderten Funktionsverlusten der Nachbarschaft die harten Auswirkungen der Krise auf die Lebenslage der Bewohner/innen hinzuzieht.

Die Wohnungsfrage

Die Wohnungsfrage, eine der lebenswichtigsten Fragen für Eigentumslose im Bereich physischer und sozialer Reproduktion, stellt sich in dieser Gegend nicht oder nicht mehr so akut als Problem der Wohnqualität wie zum Beispiel im Karolinenviertel. Dennoch bleibt sie eine bedrohliche Frage und wirkt sich nachteilig auf die Bewohner aus, sowohl solange diese die hohen Mieten irgendwie noch bezahlen können als auch wenn das nicht mehr möglich ist. An einer anderen Stelle dieses Berichtes stellten wir fest, daß die hohen Mietzinsen bzw. Wohnungskosten einer der wichtigsten Gründe für akute Verarmung von Erwerbstätigen sind. Viele Familien aus den Neubauten Sankt Paulis, insbesondere Familien von Alleinverdienenden mit Kindern, wurden uns als ein Beispiel mietpreisbedingter Abhängigkeit von der Sozialhilfe genannt.[18] Auflösungen von Familien unter dem Druck der Reduzierung aller Bedürfnisse »wegen der zu hohen Miete« dürften auch in dieser Wohngegend keine Seltenheit sein.[19]

Kaum erschwinglicher sind in der Folge der Wohnungspreissteigerungen die Mietzinsen für die Altbauwohnungen in der Nachbarschaft, ein Problem insbesondere der ärmeren gemeinschaftlich Wohnenden:

· *Unser Viertel ist immer noch ein Gebiet, wo Wohngemeinschaften zu Hause sind, wahrscheinlich aber mit abnehmender Tendenz! ... Weil das Raumpreisniveau in diesem Bereich so hoch gestiegen ist, daß man sich entweder überlegt, für dasselbe Geld eine Wohnung vielleicht in Eppendorf anzumieten, oder aber, etwa als Student, kaum in der Lage ist, die Miete zu bezahlen! Die billigste Miete, zum Beispiel, in unserem Haus beträgt circa 500 DM. Eine vergleichbare Wohnung, die vor kurzem an eine Wohngemeinschaft vermietet wurde, kostet 1.300 DM!!*[20]

Soziale Isolierung

Nicht nur bei notgedrungenen Auflösungen oder beim Zusammenbruch wertvoller menschlicher Beziehungen und Lebensgemeinschaften gehen finanzielle Probleme und Isolationstendenzen gegen die Reproduktionsmöglichkeiten vieler Menschen in dieser Nachbarschaft effektiv zusammen. Sie machen sich auch bei scheinbar intakten Familienverhältnissen geltend:

· *Die allgemeinen Lebensbedingungen sind hier durch Armut gekennzeichnet. Und Armut nicht nur im Sinne nicht vorhandenen Einkommens, sondern viel differenzierter und umfassender. Also Armut als Reduzierung des Einkommens, das gerade noch die Ausgaben deckt, gleichzeitig aber auch als Verlust des gesellschaftlichen Reichtums menschlicher Beziehungen. Es kommt nicht selten vor, daß die Leute zwar in einer gut ausgestatteten, in Vergleich zu ihren früheren Verhältnissen »traumhaften« Wohnung mit Heizung, Dusche usw. sitzen, aber völlig verarmt sind ... Sie konsumieren nur noch Fernsehen ...*[21]

Arbeitslosigkeit

Die hier zur Diskussion stehenden Wohngegenden im Norden bzw. Nord-Westen von Sankt Pauli-Mitte sind traditionell, im Vergleich zu Sankt Pauli-Süd, als Wohngebiete »finanzkräftigerer« oder »besser situierter« Bevölkerungsgruppen bekannt. Unter der Majorität der lohnabhängigen Bevölkerung ließen sich diese Unterschiede zu Sankt Pauli-Süd darin begründen, daß die Facharbeiterfamilien im Norden einen höheren Anteil an deren Struktur als im Süden hatten bzw. haben.[22] Traditionelle Beschäftigungsbereiche für viele dieser Facharbeiter waren die Hafenbetriebe, der Schiffbau und das Baugewerbe.

In Sankt Pauli-Mitte liegt der Anteil der deutschen Bevölkerung an der Bevölkerung des Gebietes höher als der Anteil der Deutschen an der Bevölkerung Sankt Paulis insgesamt.[23] Speziell im westlichen Ortsteil[24] des Gebietes macht sich dieser Unterschied deutlich bemerkbar. Der Anteil der Deutschen an der Bevölkerung dieses Ortsteils lag 1987 mit 70,1 v.H. höher, als in allen anderen Ortsteilen Sankt Paulis. Im selben Jahr setzte sich die erwachsene Bevölkerung (18 Jahre und älter) in diesem Ortsteil aus 71,9 v.H. deutschen und 28,1 v.H. ausländischen Staatsangehörigen zusammen. Im sogenannten erwerbsfähigen Alter (unter 65 Jahren) befanden sich circa 89,0 v.H. der erwachsenen deutschen Männer und Frauen in diesem Ortsteil.[25]

Diese Charakteristika der Bevölkerungsmehrheit deuten auf eine starke Betroffenheit der deutschen Nachbarn durch die »sehr hohe Arbeitslosigkeit«[26] in diesem Viertel hin. Dieses ist mit Sicherheit bei den formal ungelernten Arbeiter/innen, sehr wahrscheinlich aber auch unter älteren Facharbeitern, ehemaligen Beschäftigten in den oben genannten Wirtschaftsbereichen, der Fall.

Unter den älteren Frauen und Männern im sogenannten erwerbsfähigen Alter (45–65 Jahre), die 1987 in Sankt Pauli-Mitte 26,0 v.H. der erwachsenen Bevölkerung stellten, bildeten die 45–55jährigen mit 66,0 v.H. die Mehrheit.

Circa 70,0 v.H. der Menschen in diesen Altersgruppen insgesamt waren Deutsche. Auffallend hoch war unter diesen Altersgruppen der Anteil der Männer. Während der Anteil der männlichen Personen an der Bevölkerung von Sankt Pauli-Mitte 1987 55,4 v.H. betrug, waren die Männer an den 45–65jährigen mit 62,0 v.H. beteiligt.

Im westlichen Ortsteil des Gebietes wies die Zusammensetzung dieser älteren Jahrgänge der Bevölkerung einige Differenzen zu Sankt Pauli-Mitte insgesamt auf. Hier setzten sich die 45–65jährigen zu 58,0 v.H. aus Männern bzw. zu 42,0 v.H. aus Frauen zusammen. 72,0 v.H. aller Betreffenden waren Deutsche; 54,5 v.H. dieser 45–65jährigen waren Männer und 43,5 v.H. Frauen.[27]

Diese Hinweise auf die demographischen Merkmale älterer Jahrgänge der Bevölkerung im Ortsteil sagen selbstverständlich nichts Konkretes über das Ausmaß tatsächlicher Betroffenheit durch Erwerbslosigkeit unter den Betreffenden aus; sie sind informativen Charakters und gewinnen nur im Kontext der Gesamtproblematik älterer Erwerbsloser im Stadtteil[28] eine Bedeutung. In diesem Kontext stützen sie die Annahme, daß die Lebenslagenmerkmale »hohe Arbeitslosigkeit« und »Verarmung«, als Charakteristika der Nachbarschaft, bei den älteren Jahrgängen und unter ihnen bei der deutschen Majorität mit hoher Wahrscheinlichkeit anzutreffen sind. Für diese Annahme sprechen auch die Einschätzungen unserer Befragten. Diese betonten allerdings vorerst die Betroffenheit unter den ausländischen Arbeiterfamilien, die offensichtlich nicht nur an sich »sehr hoch« und dauerhaft ist, sondern auch »weniger verdeckt gehalten« wird als unter den Deutschen.

· *Es ist also klar, daß wir hier einen sehr hohen Arbeitslosenanteil haben. Ich kann ein Beispiel dafür aus unserer nächsten Nachbarschaft nennen. Wenn ich hier aus meinem Fenster schaue, sehe ich das Haus, wo eine mir sehr bekannte und befreundete türkische Familie wohnt. Dort sind eben alle für Erwerbstätigkeit in Frage kommendenden männlichen Personen arbeitslos! Angefangen vom Vater, etwa Mitte 40, der seit Jahren arbeitslos ist und händeringend eine Arbeit sucht, also sich selbst stark darum bemüht und nichts findet, bis hin zu seinen beiden Söhnen, 20 und 19 Jahre alt, die auch keine Arbeit haben, sind alle arbeitslos! Ich habe bei Gelegenheit mit dem Vater darüber gesprochen, was diese Situation für ihn bedeutet. Für ihn wird es, eindeutig, immer unerträglicher, unter solchen Bedingungen hier weiterzuleben; gleichzeitig hat er aber auch in seiner Heimat, in der Türkei, keine reale Chance eine Beschäftigung zu bekommen.*[29]

Dauerarbeitslosigkeit

Für »ältere Arbeitskräfte« bedeutet Arbeitslosigkeit, in der Regel, Dauerarbeitslosigkeit. In der Nachbarschaft vielleicht weniger auffallend, bei ihrer Suche nach einer Tätigkeit jedoch kaum erfolgreicher, sind auch viele fachlich qualifizierte Gleichaltrige dieses ausländischen Vaters, wie uns Befragte aus den Ämtern, die für diese Wohngegenden zuständig sind, berichteten:

· *Die Betroffenen aus diesen mittleren Jahrgängen, so ab 40-45 Jahre, in unserem Stadtteil, versuchen am Anfang selbst eine Arbeit, zumindest aber eine Nebentätigkeit zu finden; ihr fachliches Können also irgendwie zu verwerten, etwas Geld zu verdienen und zugleich leistungsfähig zu bleiben, so nach dem bekannten deutschen Prinzip ... Wenn es aber ein, zwei oder mehr Jahre andauert, so tritt allmählich die Resignation ein ...*
Man hat es eben einfach satt, ständig sich anhören zu müssen »Sie sind für diese Stelle zu alt« oder »Sie brauchen eine Umschulung« ...
Und wenn in der Familie auch Kinder da sind, dann bricht eine ganze Welt zusammen. Denn es ist noch so eine Tradition in diesen Familien, daß die Ehefrau nicht mehr arbeitet, wenn sie Kinder zu Hause hat ...[30]

Als äußerst problematisch wird die Lage derjenigen Betroffenen innerhalb dieser Kategorie eingeschätzt, die, ausgehend von einem ihrer Meinung nach sicheren Arbeitsplatz bzw. einer sicheren Beschäftigungsperspektive bis zum Rentenalter, sich mit »hohen Schulden« belastet haben:[31]

Viele dieser Familien sind bis zum Hals verschuldet! Wenn sie sich etwa eine vernünftige Wohnungseinrichtung und ein gutes Auto dazu geleistet haben, stehen sie, im Falle einer Arbeitslosigkeit ihres Ernähres, nicht selten vor einem Berg von Schulden! Kredite der Höhe von 15.000-20.000 Mark sind unter unseren Betroffenen keine Seltenheit, in manchen Fällen geht es sogar bis zu 50.000 Mark. ...

Die Folgen sind mittlerweile bekannt: unter dem Druck der Banken gerät man in einen Teufelskreis, die Familie leidet darunter, oder sie wird aufgelöst, und die Männer versuchen, mit dem Schuldenberg irgendwie fertig zu werden. ... Zwar können sie damit argumentieren, daß sie Sozialhilfeempfänger sind, aber viele von ihnen fürchten dennoch, sie könnten ins Gefängnis kommen, weil sie ihre Schulden nicht bezahlen können ...[32]

Relativ hohe Entschädigungen, die einem Teil älterer Betroffener bei ihrer Entlassung geleistet wurden, werden für die Tilgung von Schulden verwendet, so daß die Betroffenen dann, ohne Sozialhilfe – in der Regel ergänzende Hilfen zum Lebensunterhalt und/oder Wohngeld – , kaum existieren können. Als Beispiel dafür wurden uns ältere Stadtteilbewohner genannt, die aus Großbetrieben, wie z.B. den Werften, entlassen wurden, »zwar bei ihrer Entlassung eine Abfindung bekamen, diese aber meistens für die Abzahlung irgendwelcher Kredite verwendeten ... Die Betroffenen, die ja mit 50 Jahren auch Familien haben, sind dann, trotz ihres Anspruches auf Arbeitslosenunterstützung, auf ergänzende Hilfen angewiesen ...«[33]

Psychosomatische Störungen

In der Nachbarschaft mehren sich die Beispiele von Betroffenen, bei denen die Wechsel- und Zusammenwirkung ökonomischer, sozialer, psychischer und somatischer Verarmung deutlich erkennbar werden.

»Leicht erkennbare Zeichen der Reduzierung oder des Verschleißes ihrer körperlichen Kräfte«[34] werden nicht nur bei älteren, schon vor ihrer Entlassung durch Schwerarbeit oder ihre Arbeitsbedingungen hart angegriffenen Erwerbslosen festgestellt;[35] sie werden auch bei Nachbarn/innen beobachtet, deren materielle Bedingungen sie zur Einschränkung wichtiger Ausgaben für Lebensmittel zwingen.

Psychosomatische Störungen, bedingt durch die materielle Armut und den Zustand körperlicher Inaktivität,[36] die Reduzierung gesellschaftlicher Kontakte und/oder die Minimierung bzw. gänzliche Unterdrückung kultureller Bedürfnisse[37] werden hinter »sichtbar negativen« äußerlichen Veränderungen oder als Ursache einer sich zunehmend bemerkbar machenden Verhaltensunsicherheit bei vielen Betroffenen vermutet.

Alkoholismus und psychische Erkrankungen

Männer und Frauen »mittleren Alters wie auch Ältere sind in hohem Maße vom Alkoholismus betroffen.«[38] Das folgende Beispiel stellt keine Einzelerscheinung in dieser Wohngegend dar:

· *Mir fällt spontan eine deutsche Familie ein, die ich hier in der Nachbarschaft mit aller Vorsicht seit etwa 10 Jahren beobachten konnte. Es handelt sich um ein Ehepaar, so schätzungsweise Ende 40, mit einem Sohn.*
Als ich hierher umzog, hatte zumindest der Vater eine regelmäßige Beschäftigung, der Sohn war damals im jugendlichen Alter. Ich weiß, daß er keinen Hauptschulabschluß bekommen hat, eine lange Zeit keine Arbeit fand und dann mit einer sogenannten Drückerkolonne in Süddeutschland gelandet ist. Ich erfahre, daß er dort auch körperlich mißhandelt wird, wenn er die gewünschten Zeitungsabonnements nicht erreicht hat. In der Zwischenzeit wurde der Vater arbeitslos, und das Ehepaar geriet in die Abhängigkeit vom Alkohol … Ich sehe sie häufig, mitten am Tage schon betrunken, hier vorbeigehen … Das vielleicht als ein Beispiel.[39]

Über das Problem des Alkoholismus hinaus scheinen sich hier in der Nachbarschaft Tendenzen zu psychischer Verelendung bzw. zu psychischen Erkrankungen bemerkbar zu machen. Die Ursachen einer von Befragten erwarteten Zuspitzung der prekären Lage verarmter Menschen in der Wohngegend werden hauptsächlich im Funktionsverlust der Nachbarschaft selbst erblickt:

· *Was sich hier tendenziell herausbildet und sich meines Erachtens zur Zeit nur*

andeutet, ist die psychische Verelendung und darin, speziell, die psychische Erkrankung. Ich höre, daß bei Schätzungen davon ausgegangen wird, daß mehr als 20 v.H. der Menschen unter solchen Bedingungen psychisch krank werden. Damit ist hier auch zu rechnen und zwar mit einem noch höheren Anteil, weil hier die erfahrenen Störungen, die erlebten Kränkungen, all diese Belastungen nicht mehr in einem sozialen Kontext verarbeitet werden können, sondern von den Einzelnen am eigenen Leib ausgebadet werden müssen. ... Aus dieser Lage ist für mich langfristig das schlimmste der Probleme zu erwarten ...[40]

Bemerkungen zum »sozialen Kontext«

An dieser Stelle bedarf es einiger kritischer Bemerkungen zur Einschätzung des sozialen Zusammenhanges oder Kontextes im Wohnviertel.

Aus der oben zitierten Behauptung, die von den betroffenen Menschen erfahrenen Belastungen könnten »nicht mehr in einem sozialen Kontext verarbeitet werden ...«, wäre die Annahme möglich, in diesem Wohnviertel gäbe es keinen sozialen Kontext – eine Annahme, die nicht nur der kritischen Intention des Befragten widerspräche, sondern auch an sich fehlerhaft bzw. irreführend wäre. Ein von Menschen bewohntes, relativ überschaubares Stadtviertel stellt nämlich an sich einen, wie auch immer gearteten oder strukturierten, sozialen Zusammenhang dar. Daß diese Auffassung nicht nur eine formale ist, ergibt sich aus den Reaktionen der Bewohner/innen, die sich auf »ihr« Wohnviertel und/oder auf »ihre« Nachbarschaft beziehen – eine Voraussetzung für die Qualifizierung einer Nachbarschaft als solcher. Schließlich kann es keine sozialkritischen Äußerungen über ein Wohnviertel, geschweige denn über eine Nachbarschaft geben, deren Wahrnehmung als eines konkreten sozialen Zusammenhangs nicht vorausgesetzt wird.

Viel adäquater wäre dementsprechend die Annahme, daß diese Wohngegend oder Nachbarschaft, also der vorhandene gesellschaftliche Zusammenhang oder Kontext, der Fülle und Intensität der sozialen bzw. der Härte der individuell erfahrbaren Probleme nicht »gewachsen«, also funktional schwach und insofern kaum in der Lage ist, den leidenden Einzelnen vor psychischer Verelendung zu schützen. Dafür sprechen nicht nur die bisherigen Äußerungen dieses und anderer Befragten zur Problemlage in ihrer Wohngegend, sondern auch der Ausdruck »nicht mehr« im obigen Zitat, der als ein Hinweis auf die erfahrenen, zum Teil auch diskutierten Wandlungen des sozialen Zusammenhanges in dieser Wohngegend interpretiert werden soll.

Problematisch bleibt dennoch die Stellung oder Position des leidenden Einzelnen. Daß er nicht mehr effektiv vor einer Verelendung geschützt werden kann, setzt ihn nicht außerhalb des funktionsunfähigen Kontextes, der ja erst durch ihn als solcher qualifiziert wird;

vielmehr dokumentiert diese Situation eine Reduzierung qualitativer Eigenschaften der Nachbarschaft, die kaum wahrnehmbar wäre, gäbe es nicht den oder die leidenden Einzelnen. Problematisch ist ferner überhaupt eine Vorstellung von Einzelnen innerhalb eines solchen Zusammenhanges, wie die Nachbarschaft, die aus ihnen selbst besteht und insofern auch die Vorstellung von Funktionsverlusten dieses sozialen Zusammenhanges, deren »Träger« nicht die Nachbarn selbst wären. Möchte man darunter nicht den Menschen, als Individuum oder Person, mit seinen relativ spezifischen Eigenschaften, sondern eine Monade verstehen, so existiert der Einzelne in der menschlichen Gesellschaft überhaupt nicht! Dafür spricht die Wahrnehmung von Vereinzelung, Isolation oder Ausgrenzung von Menschen, die auch dann als furchterregende Zustände empfunden werden und Gewaltanwendung sind, wenn sie mit der Vorsilbe »Selbst-« versehen werden können. Auf die Entstehung derartiger Zustände in seiner Nachbarschaft weist der anfangs zitierte Befragte hin. Eine daraus zu befürchtende massive psychische Verelendung – eine durchaus reale Gefahr – qualifiziert den sozialen Zusammenhang als einen problematischen; sie hebt ihn nicht auf.

Verarmung als Ambivalenz nachbarschaftlicher Beziehungen

Der soeben als »Reduzierung qualitativer Eigenschaften der Nachbarschaft« umschriebenen problematischen Situation im Wohnviertel kann kein »positives Funktionsmodell einer Nachbarschaft« gegenübergestellt werden, das nicht »repressiven« Charakters wäre. Denn bei den vermißten Eigenschaften dieser Nachbarschaft handelt es sich fast ausschließlich um solche, die die zwischenmenschlichen sozialen, kulturellen und/oder politischen Beziehungen angehen. Diese lassen sich zwar einschätzen und kritisieren und insofern auch beeinflussen; das Qualitätsmerkmal der »Vermittlung eines Gefühls der Nähe und der Zusammengehörigkeit«[41] können ihren Beziehungen nur die Betreffenden selbst beifügen.

Aufgrund der Einschätzungen unserer Befragten lassen sich die angedeuteten Störungen in verschiedenen Bereichen des Kommunikations- und Interaktionsfeldes innerhalb der Nachbarschaft etwas konkreter lokalisieren; sie lassen sich ferner in Einstellungen und Verhaltensweisen von mehr oder weniger konkret beschreibbaren

Gruppen der Wohnbevölkerung erkennen und, zumindest in Form von Annahmen, für die stadtteilpolitische Situation transparent machen. Wir gehen davon aus, daß diese Störungen insgesamt eine allgemeine Ambivalenz, die die Verhältnisse in diesem Wohngebiet charakterisiert, zum Ausdruck bringen bzw. dokumentieren.

Vorurteile

Ein ambivalentes Verhältnis zur Nachbarschaft läßt sich, wie wir annehmen, zum Beispiel aus bestimmten Einstellungen zu Sankt Pauli entnehmen, deren Realitätsgehalt und politische Implikationen wir im folgenden zu problematisieren versuchen.

Unter der Majorität der Bewohner/innen ist – so unsere Befragten – ein positives Verhältnis zum Wohngebiet festzustellen. Unter ihnen sind jedoch offensichtlich viele, die sich zugleich schämen, in Sankt Pauli zu wohnen und darauf bedacht sind, dieses – wie sie selbst berichten – vor ihren Bekanntenkreisen so weit wie möglich zu verbergen.[42] Manchen gelingt es durch eine »Tarnung«: da der Postzustellbereich für diese nord-westliche Sankt Pauli-Wohngegend »Hamburg 50« ist und damit in Hamburg spontan Altona assoziiert wird, geben diese Stadtteilbewohner an, in Hamburg 50 zu wohnen, um so nicht mit Sankt Pauli, »einem Wohngebiet, das im Sozialprestige Hamburgs wohl an letzter Stelle liegt«[43] in Verbindung gebracht zu werden!

Weder sozial noch politisch können diese »distanzierten« Bewohner/innen als eine Gruppe konkret identifiziert werden. Bei ihnen handelt es sich aber kaum um alteingesessene Altonaer, auch nicht um Gruppen von Zugezogenen wie Arbeitsimmigranten oder Asylbewerber; ferner sind sie mit Sicherheit nicht unter den Schülern, Studenten oder Akademikern zu finden, deren Prestige unter einer Sankt Pauli-Adresse kaum zu leiden scheint bzw. deren Majorität diesen Stadtteil als attraktiv empfindet und ihn als Wohngebiet bewußt bevorzugt. Man vermutet diese Bewohner/innen auch nicht unter den Wählern/innen bestimmter Parteien, wie z.B. der GAL, deren Anhänger/innen »ein ganz bestimmtes Verhältnis zu diesem Wohngebiet«[44] haben, während es für die zur Diskussion stehenden Nachbarn eine eindeutige Belastung bedeutet, sich mit Sankt Pauli identifizieren zu müssen. Dieses erfährt man bei Gesprächen mit ihnen selbst, oder man stellt es immer wieder fest, wenn Nachbarn/innen der gleichen Einstellung einige Straßen weiter wohnen und so »gegenüber ihren Arbeitskollegen oder Arbeitgebern HH 6 oder HH 4 oder gar manchen Straßenzug als ihre Adresse nennen müssen. Da weiß man eben gleich Bescheid, wo sie herkommen! Und das ist eine Belastung für diese Menschen ...«[45]

Inwiefern diesen Einstellungen zum Wohngebiet real erfahrenen Sanktionen zugrundeliegen, oder ob es sich dabei um reine Befürchtungen der Betreffenden handelt, können wir leider im Rahmen dieser Arbeit nicht prüfen. Wir halten es kaum für wahrscheinlich, daß die Bewohner/innen Sankt Paulis einer besonderen Diskriminierung an ihrem Arbeitsplatz unterliegen; dennoch möchten wir unsere Überlegungen zur problematischen Stellung dieser Bewohner innerhalb der Nachbarschaft als Hypothesen formulieren:

Diese Nachbarn/innen haben sich vermutlich unter einem objektiven »Druck« für ihre jetzige Wohnung entschieden; ihre »Tarnungen« und Befürchtungen bzw. ihre psychischen Belastungen lassen keinen Zweifel darüber bestehen, daß sie selbst das Wohnen in Sankt Pauli als Prestigeverlust empfinden; vermutlich wären ihre eigenen Reaktionen auf ein »Wohnen in Sankt Pauli« ähnlich denjenigen ihrer wirklichen oder vermeintlichen »Arbeitgeber, Kollegen oder Freunde«, wären dabei nicht sie selbst, sondern andere die »Betroffenen« gewesen. Ihre Betroffenheit scheint in der Diskrepanz zwischen ihren, durch das Wohnen in diesem Gebiet nicht überwundenen, Stigmatisierungsängsten und der Sankt Pauli-Realität in ihrer Umgebung zu bestehen.

Charakteristisch für ihr Leiden ist die Rolle der »Distanz« zwischen ihrem Wohngebiet und den »sanktionierenden Instanzen«, die bei den Stigmatisierungsbefürchtungen der Betreffenden durch den »schlechten Ruf« Sankt Paulis besonders wirksam zu sein scheint. Die für diese Nachbarn/innen maßgeblichen Personen oder Personenkreise müssen sich außerhalb Sankt Paulis, vermutlich sogar außerhalb aller benachbarten Stadtteile befinden, um es vollbringen zu können, eine Adresse etwa an der Friedenskirche oder an der Schilleroper mit dem von ihnen verachteten Sankt Pauli automatisch gleichzusetzen! Vermutlich brauchen die Betreffenden diese des Ortes unkundigen »moralischen Kontrollinstanzen«, um ihre eigenen Einstellungen zum »unanständigen« Sankt Pauli aufrechtzuerhalten.

Nicht weniger charakteristisch für die psychischen Belastungen dieser Menschen durch das verrufene Sankt Pauli scheint andererseits eine spezifische »Nähe« oder »Intimität« ihrer maßgeblichen Bezugsgruppen zu eben diesem »unanständigen« etc. Sankt Pauli zu sein. Diese müssen des gemeinten Sankt Paulis kundig, zumindest aber in der Lage sein, beim Anklingen jeder beliebigen Sankt Pauli-Adresse ihren wie auch immer entstandenen Sankt Pauli-Phantasien freien Lauf zu lassen und sie dann auf die Stadtteilbewohner stigmatisierend zu übertragen! Wahrscheinlich haben die Betreffenden selbst diese Phantasien, die sie auf die Nachbarschaft projizieren, um ihre »Anständigkeit« zu demonstrieren, und ihr »verletztes Sozialprestige« zu »kurieren«.

Bedeutungsvoll dürfte in diesem Zusammenhang die Auswahl der Gesprächspartner, denen die Betreffenden ihr Leiden anvertrauen, sein. Sie sprechen darüber vermutlich mit Personen, deren Position oder Amt in der Nachbarschaft Verständnis oder Anteilnahme verspricht und/oder von denen sie eine Bestätigung ihrer »moralischen Bedenken« erwarten. Sie meiden dagegen wahrscheinlich Gespräche, von deren Inhalt sie eine Aufklärung über ihre Einstellungen erwarten, denn sie erleben selbst die Ambivalenz ihres Verhältnisses zur Realität: Die relative Nähe ihrer Wohngegenden zum Vergnügungsviertel im Süden und zu den Freizeiteinrichtungen am Schulterblatt im Norden Sankt Paulis kann ohne ihre psychischen Belastungen bzw. ihre Vorurteile kaum als Störung empfunden werden, während in ihrem vorwiegend dem Wohnen dienenden Gebiet, die typischen Einrichtungen des Vergnügungsbetriebes, des Fremdenverkehrs und die für viele Menschen dadurch entstehenden Belastungen kaum in Erscheinung treten! Dagegen dominieren am südwestlichen und östlichen Rande dieser Wohngegenden (etwa an der Paul-Roosen-Straße oder an der Wohlwillstraße) kleinere Einkaufsläden, Cafés und Restaurants, deren Kundschaft mehrheitlich aus Stadtteilbewohnern/innen besteht.

Wir vertreten nicht die Meinung, daß das soeben skizzierte Problem eines der in diesem Gebiet hervortretenden oder dominierenden Probleme sei. Wir nehmen jedoch mit Sicherheit an, daß diese gestörte Einstellung eines Teiles der Bewohner zum Stadtteil politische Gefahren in sich birgt. Sie kann unter Umständen die Isolierung und Diskriminierung von Personen oder Gruppen in der Nachbarschaft bewirken, die das Ansehen des Stadtteils in den Augen dieser Bürger nicht gerade fördern, ungeachtet dessen, ob sie mit dem »schlechten Ruf« Sankt Paulis in Zusammenhang gebracht werden können, oder einfach Opfer der Wirtschafts-, Wohn- und/oder Bevölkerungspolitik unseres »anständigen« Senats sind. Zur Zeit verursacht diese gestörte Einstellung die Sebstisolierung ihrer Träger, von denen viele, – wie wir annehmen – tendenziell nicht abgeneigt wären, ihre qualvollen Vorurteile einer solidarischen Nachbarschaft zu »opfern«, käme diese gezielt und phantasievoll ihnen entgegen.

Stadtteilpolitisch sollten die angenommenen Erwartungen dieser Stadtteilbewohner, in die Nachbarschaft »aufgenommen« zu werden, als eine Chance für die Überwindung der Entfremdung in dieser Nachbarschaft angesehen und kulturpolitisch aufgearbeitet werden. Die historische und aktuelle Vielfalt des gesellschaftlichen Zusammenhanges in diesen traditionsreichen Arbeiterwohngegenden könnte Veranstaltungen bzw. stadtteilbezogenen Aktivitäten als Grundlage dienen, die dieses tolerante Sankt Pauli allen zugänglich machen und Vorurteile abbauen könnten.

Vorurteile machen sich auch gegenüber ausländischen Nachbarn im Stadtviertel bemerkbar. Dabei sind nicht so sehr die eigentlichen, mittlerweile fast klassisch gewordenen »Vorwürfe« gegen die Ausländer an sich von Bedeutung, sondern die gesellschaftspolitische Verarmung ihrer Träger, die sich dauernd als »unfähig« erweisen, die offenkundigsten Ursachen einfacher Sachverhalte zu erkennen!

Bei kritischen Beobachtern in der Nachbarschaft erwecken diese Stadtteilbewohner den Eindruck, sie seien »uninformiert oder falsch informiert«[46] – eine Einschätzung, die die Hoffnung ausdrückt, durch Aufklärungsarbeit wäre eine Meinungsänderung unter diesen Betroffenen erreichbar, während diese sich dabei möglicherweise völlig überfordert oder gänzlich verunsichert fühlen würden. Das Verhalten dieser Nachbarn kann durch den kritischen politischen Diskurs kaum beeinflußt werden, wie auch ihre »Meinung« keine individuelle Überzeugung voraussetzt. Diese Menschen haben vermutlich sehr früh und oft genug die Lebenserfahrung gemacht, daß das kritische Hinterfragen vorgefaßter bzw. vorherrschender Meinungen für sie existenzbedrohliche Sanktionen, höchstwahrscheinlich den Ausschluß aus der »Gemeinschaft« oder der Gruppe bedeuten würde. Das Leben in unserer Republik hat sie nicht zu Meinungsfreiheit und Meinungsäußerung erzogen, sondern ihnen das Opfern derselben als eine existenzielle Voraussetzung beigebracht bzw. vorgetäuscht. Das erklärt vielleicht ihr elementares Bedürfnis, offiziellen Auffassungen, aller Logik und Gegenargumentation zum Trotz, nicht zu widersprechen und/ oder ihre panische Angst, durch »individuelles« Meinen oder Handeln aufzufallen, zu mißfallen oder »aus dem Rahmen zu fallen« – ein »Rahmen«, der in unserem Zusammenhang als der deutsche vermutet wird.

Im Stadtviertel stellen diese Betroffenen das deutsche Pendant derjenigen ausländischen Personen oder Gruppierungen dar, deren Beitrag zur Gestaltung der ausländisch-deutschen Beziehungen in der Nachbarschaft ausschließlich darin besteht, sich selbst als die Fremden auszuweisen! Auch diese Nachbarn sind durch »Unfähigkeit« gekennzeichnet, eine Konfrontation mit der Realität auszuhalten, während sie ihre »Meinung« und Verhaltensweisen als repräsentativ für die »Kultur« einer Nationalgesellschaft zu deklarieren versuchen, aus der sie faktisch ausgeschlossen leben. Die Angst, bei einer »Auflockerung« ihrer Haltung gegenüber »deutschen« Sitten und Verhaltensweisen könnten sie Sanktionen seitens ihrer Bezugsgruppen oder auch die Auflösung derselben erleben, ist eine, die pauschale Beurteilung der Deutschen eine weitere Gemeinsamkeit dieser ausländischen mit den deutschen Betroffenen.

Es ist kaum zu verkennen, daß die »hermetische Abgrenzung dieser Gruppen voneinander (...) von den im Stadtteil ordnenden staatlichen Instanzen erwünscht und intendiert wird; denn dadurch entstehen tendenziell feindselige Potentiale, die gegeneinander aufgebracht werden können …«.[47] Auch die gravierende Rolle der Massenmedien bei der Perpetuierung latenter Feindseligkeiten unter verarmten Menschen kann unmöglich übersehen werden.[48] Die Hauptursache jedoch dieser prekären Situation vermuten wir primär in der tiefgreifenden sozialen Unsicherheit der Betroffenen. Deren Erkenntnis- oder Kritik«unfähigkeit« sind unseres Erachtens Flucht vor der sozialen Realität – kein Konzept oder politisches Programm, das rein argumentativ widerlegt werden könnte. Daß sich diese Menschen in einer ambivalenten Situation befinden, beweist deren Spaltung in feindselige Lager und die potenzielle politische Gefahr, gegeneinander »aufgebracht« zu werden, d.h. aufgrund politischer Programme als »Potentiale« in Bewegung gesetzt zu werden.

Bekanntermaßen ist eine derartige verhängnisvolle Manipulation verarmter Menschen in der Regel dort nicht auszuschließen, wo humane Alternativen zur Barbarisierung gesellschaftlicher Verhältnisse sich – als politische Gegenmacht und praktisches, alltägliches Solidaritätserlebnis – kaum auswirken. Dieses dürfte in den zur Diskussion stehenden Wohngegenden insofern auch der Fall sein, als die dort festzustellenden Ansätze kritischen Verhaltens und kooperativen Handels noch

Gemeinsame Erlebnisse

nicht eine gruppenübergreifende, politische Resonanz haben. Das Verhältnis zu den ausländischen Nachbarn scheint auch unter kritischen Deutschen, die im solidarischen Austragen alltäglicher Konflikte einen politischen Reichtum, eine Waffe gegen faschistoide Feindseligkeiten erkennen und das im eigenen Wirkungsbereich praktizieren, nicht problemlos zu sein:

- *Eine Schwierigkeit, die ich selbst habe und bei anderen auch feststelle, ist die mangelnde Kritikfähigkeit deutscher Bewohner gegenüber ausländischen Nachbarn. Es gibt einfach manches, was mir an ausländischen Eltern nicht gefällt. Ich möchte das eigentlich ihnen sagen. Da ich aber nicht ausländerfeindlich sein möchte, unterlasse ich diese notwendige Kritik. ... Und dann tritt anstelle einer wirklichen Beziehung eine Scheinheiligkeit, die sich in Formalitäten und Freundlichkeiten äußert. ... Aber ich behandle die Leute nicht wie meinesgleichen ...*[49]

Disengagement

Es ist selbstverständlich nicht die Absicht dieser Arbeit, die Frage der Kommunikation und Interaktion zwischen den Bewohnern/innen eines Stadtviertels als eine »Bürgerpflicht« zu behandeln, oder gar die Auswirkungen bedingter Entstellungen des sozialen Umfeldes in altstädtischen Nachbarschaften zu relativieren und dadurch den Bewohnern/innen ein »defizitäres« Verhalten nachzuweisen!

Systemkonformen Einstellungen zum Wohnraum als Ware, zum Stadtteil als relativ beliebigem Wohnort, oder zur Nachbarschaft als mehr oder minder zufällig daseiende Mitbürger/innen, entspringen keine, über die gesetzlich diktierten hinausreichenden, Pflichten. Ein indifferentes Verhältnis zum Wohnviertel stellt dementsprechend nicht nur keine Pflichtverletzung dar; es kann auch nur bedingt als Disengagement diskutiert werden. Ferner wirken sich entstellte, sanierungsmäßig behandelte bzw. »normalisierte« Wohngegenden auf viele Bewohner kaum als zum Engagement motivierend aus; sie bewirken dagegen psychische Belastungen, die bei den Betroffenen das Bedürfnis nach einem Ausgleich hervorrufen. Sich erfahrenen Belastungen durch ein temporäres »Fliehen« aus dem Stadtteil zu entziehen, ist eine Kompensationsmaßnahme, die Großstädtern kaum zum Vorwurf gemacht werden kann. Distanzierungen gegenüber einer problemvollen, verarmten Nachbarschaft können schließlich klassenbedingte oder schichtenspezifische Verhaltensweisen sein, die mit den oben beschriebenen politisch harmonieren und/oder ein »Fliehen« vor den Nachbarn selbst bedeuten können.

Unter Disengagement verstehen wir in diesem Zusammenhang die Negierung oder Nichtwahrnehmung von Handlungs- und Verhaltensalternativen, die – würden sie realisiert – eine positive Veränderung der Lebenslage ihrer Träger selbst nachweislich bewirkt hätten. »Disengagement gegenüber dem Stadtviertel« bzw. »Desinteresse an der Entwicklung des Wohngebietes« macht sich in den zur Diskussion stehenden Wohngegenden unter bestimmten Gruppen deutlich bemerkbar. Das sind Personen oder soziale Gruppen, die ein ziemlich indifferentes Verhältnis zu ihrem Wohnviertel zu haben scheinen. Sie werden als jüngere Nachbarn/innen aus dem studentischen Bereich, den Wohngemeinschaften und aus den Neubauten »identifiziert« und politisch als desinteressiert, inkonsequent oder auch als resigniert charakterisiert.[50]

· *Viele dieser Nachbarn/innen wohnen zwar hier, sie leben aber mit ihren Gedanken und ihren Gefühlen auf dem Campingplatz oder in ihrem kleinen Wochenendhaus im Grünen ... Freitags fahren sie dorthin, und wenn sie am Montag zurückkommen, erzählen sie über ihre Erlebnisse dort draußen ... Am Mittwoch sind sie wieder auf das nächste Wochenende orientiert! Und so geht es weiter ... Es ist einfach sinnlos, hier am Wochenende eine Veranstaltung zu organisieren ...*[51]

Ein stadtteilpolitisches Engagement bzw. eine Beteiligung an konkreten Aktivitäten in ihrem Wohngebiet lehnen diese, auf ihr Wochenende fixierten Anwohner, mit der Behauptung ab, sie engagierten sich nicht, weil sie keine Chance hätten, mit ihren Forderungen bei der Stadt oder bei den Politikern durchzukommen! Zwar ist es durchaus denkbar, daß einige dieser Menschen enttäuschende Erfahrungen mit »Politikern« gemacht haben, denen sie nun, resigniert, das Terrain für weitere Täuschungen störungsfrei überlassen! Bei der Majorität jedoch von ihnen vermuten wir kaum eine persönliche politische Erfahrung, sondern ein Vortäuschen kritischen Denkens und politischer Resignation.

Die politische Passivität dieser »Bessergestellten, etwa Angestellten und Facharbeiter, die es sich leisten können«,[52] sich den realen Belastungen und den politischen Problemen des Stadtviertels zu entziehen, hängt offensichtlich mit ihrer finanziellen Lage zusammen. »Lästigen« Engagierten gegenüber, die versuchen, sie stadtteilpolitisch zu »verpflichten«, täuschen sie – höflicherweise – politische Resignation vor, um ihr Verhalten zu legitimieren. Durch Disengagement sind nur diejenigen unter ihnen gekennzeichnet, deren »Fliehen« aus dem Stadtteil mit einem »Fliehen vor den eigenen Problemen« nachweislich gleichzusetzen ist. Dieses nachzuweisen, gelingt jedoch offensichtlich weder durch politische Aktivitäten, die die polizeiliche Verfolgung, die Wohnverhältnisse, die Verarmung und Verelendung und andere Probleme im Stadtteil skandalisieren bzw. bekämpfen, die aber diese Betreffenden nicht unmittelbar angehen, noch durch die Skandalisierung von Umweltbedingungen – Sanierungs-, Verkehrsbelastungen usw. -, denen sich die Betreffenden teilweise entziehen können.

Wir, die – ohne eine direkte Befragung der Betreffenden selbst – nur zur Formulierung der obigen Annahmen in der Lage sind, betrachten die Haltung vieler dieser Menschen als politisch ambivalent. Zwar engagieren sie sich nicht für die Belange anderer Gruppen im

Stadtteil, sie tragen aber auch nicht zur Diskriminierung Betroffener aktiv bei. Möglicherweise liegt diesem Verhalten ein bürgerliches Demokratieverständnis zugrunde, das Akzeptanz gegenüber Betroffenen unter Umständen mit einschließt. Stadtteilpolitisch sollte man unseres Erachtens diese Nachbarn/innen nicht durch für sie irrelevante Projekte überfordern, sondern sie kritisch-analytisch über die Ursachen und Konsequenzen der Stadtteilprobleme schriftlich informieren. Eine schonungslose Kritik der »Herren Politiker« wäre dabei besonders ratsam!!

Mit Hinweisen auf ihr »vorübergehendes Wohnen« im Stadtteil »begründete« einer unserer Befragten das »punktuelle« Interesse vieler Nachbarn/innen aus den »Wohngemeinschaften« an Aktivitäten im Wohnviertel. Sie erweckten bei ihm den Eindruck, ihr diskontinuierliches Engagement sei darauf zurückzuführen, daß sie in der Regel »so 2-3 Jahre im Stadtviertel wohnen und deshalb, verständlicherweise, wenig an der Stadtteilentwicklung interessiert sind.«[53]

Diese Auffassung möchten wir politisch relativieren. Sie stützt sich auf die plausible Annahme, politisierte Menschen entscheiden sich für längerfristiges stadtteilpolitisches Engagement, wenn sie vorhaben, in einem Stadtteil längerfristig zu wohnen. Diese Annahme setzt bei den Betreffenden ein Politikverständnis voraus, das Kontinuität, als politischen Begriff und alltägliche Praxis und Stadtteilpolitik, als ein Konzept mit Konsequenzen, beinhaltet. Bei vielen politisierten Stadtteilbewohnern/innen vermissen wir jedoch diese Voraussetzungen. In der Regel beziehen sich auch die stadtteilpolitischen Projekte und Aktivitäten innerhalb einer Wohngegend oder Nachbarschaft auf bestimmte Mißstände, also auf »Punkte« eines Ganzen, das irgendwie als politischer Hintergrund fungiert, sich jedoch konzeptionell kaum auswirkt.[54]

Theoretisch könnte das »vorübergehende Wohnen« im Stadtteil als Hindernis für stadtteilpolitische Aktivitäten bei Politisierten mit längerfristigen Plänen gelten oder angenommen werden. Gerade diese Nachbarn/innen sind aber diejenigen, die es politisch kaum verantworten können, zwei oder drei Jahre lang in einem derartig problemvollen Wohnviertel zu wohnen, ohne sich konsequent zu engagieren. Bei vielen von ihnen hat das dann eine Integration in die Nachbarschaft zur Folge. Einer unserer Befragten, der vor ca. 20 Jahren als Student »vorübergehend« nach Sankt Pauli umzog und seit mehr als 10 Jahren in der zur Diskussion stehenden Nachbarschaft mit seiner Familie wohnt, brachte seine persönlichen Erfahrungen zum Thema Engagement und Kontinuität wie folgt zum Ausdruck:

· *Ich werde das mal durch den Begriff »Stadtteil-Linke«, der für mich zwei Ausprägungen hat, verdeutlichen:*
Es gibt hier im Wohnviertel so die »klassischen Linken«, die sich in ihren

Parteien oder Organisationen betätigen und von daher eine abgehobene Existenz haben. Ich würde sie die »unpraktische Linke« nennen. Leute also, die sich eigentlich hier auf den Alltag nicht einlassen, sondern immer wieder, wenn etwas angesagt ist, mit ihren Ständen, Plakaten etc. erscheinen ... Und ich würde mich mit manchen anderen Nachbarn hier, als »praktische Linke« bezeichnen ...

Zum Beispiel, wenn ich mal an die Gespräche denke, die ich mit den türkischen Nachbarn führe! Sie lassen bei ihnen keinen Zweifel darüber, welche Position ich beziehe. Ich werde auch oft gefragt, was ich wähle, und ich habe ihnen auch deutlich gesagt, was ich vom Regime in der Türkei halte, kurz ich spreche mit ihnen offen und das wird akzeptiert. ... Und für mich war so eine der schönsten Erfahrungen in der jüngsten Zeit, als ich zwei Monate lang im Krankenhaus lag. Da klopfte eines Tages jemand an die Tür und da kamen fünf türkische Männer aus meiner Nachbarschaft hinein, die mich im Krankenhaus besuchten. Also das war für mich gewissermaßen eine Belohnung für die jahrelange Kleinarbeit ...[55]

Diese sogenannte Kleinarbeit, die wir als die kritische Humanisierung menschlicher Beziehungen bzw. als die Politisierung des Alltags bezeichnen möchten, ist nicht das einzige politische Betätigungsfeld dieses Befragten und seiner gleichgesinnten »praktischen Linken« in der Nachbarschaft; sie ist aber die unabdingbare Voraussetzung für die Bekämpfung der Barbarei, für Solidarität und Widerstand im Stadtteil. Und sie verlangt zielgerichtetes Handeln und Ausdauer.

Die Ambivalenz im Engagement der inkonsequenten oder diskontinuierlichen Aktiven ist also unseres Erachtens nicht so sehr in ihrer Unentschiedenheit gegenüber dem Stadtteil als Wohnviertel, sondern in ihrer Konzeptionslosigkeit zu sehen. Dieser politische Mangel qualifiziert ihr Verhalten als Disengagement gegenüber einer Wohnbevölkerung und politischen Nachbarschaft, die sie akzeptieren und bei denen sie politisch wertvolle Erfahrungen machen könnten ...

Spaltung

· *Es gibt in unserer Umgebung Gruppierungen, die miteinander wenig zusammenkommen. Berührungen kommen, selbstverständlich, immer wieder vor, aber ich sage: wenige! Unter den Deutschen sind das diejenigen, die eine Arbeit haben, gegenüber denjenigen, die keine Arbeit haben, die erwerbslos und vom Sozialamt abhängig sind ...*[56]

Wie in vielen anderen faktisch oder metaphorisch entkernten bzw. kernlosen Arbeiterwohngegenden vollzieht sich auch hier ein Spaltungsprozeß, der stadtteilpolitisch als unaufhaltsam erscheint. Wir möchten ihn die krisenbedingte Spaltung unter den Konsumenten nennen.

· *Die Erwerbslosen und Sozialhilfeempfänger haben ja nicht die Möglichkeiten, ihr Leben so zu gestalten, wie die Erwerbstätigen. Sie können zum Beispiel am Wochenende nicht ins Grüne fahren; ihre Kinder haben es erheblich schwerer, an einer Klassenfahrt teilzunehmen, als andere Kinder; sie können nicht Freunde einladen oder abends ausgehen, um ein Bier zu trinken oder um ein Kino zu besuchen. Das alles ist ihnen jetzt nicht mehr möglich ...*[57]

Kann die Reduzierung der Konsummöglichkeiten eines Teils der Nachbarn die logische Begründung für die Infragestellung nachbarschaftlicher Beziehungen sein? – eine naive Frage! Denn bei dieser, an sich absurden, Spaltung erkennt man deutlich die »Logik«, die diese in Krise geratenen Beziehungen bestimmte bzw. bestimmt ...

Das ist vorerst eine schockierende Erkenntnis und ein trauriges Erlebnis nicht nur für den einen vom Konsum mehr oder weniger ausgeschlossenen Teil alter Nachbarschafts- und Freundeskreise:

.. *Von meinen Erfahrungen aus Zeiten eigener Arbeitslosigkeit abgesehen, erlebe ich diese schwierige Situation bei meinen Freunden und Bekannten wieder ...*
Oft möchte ich mit ihnen gemeinsam etwas unternehmen und dabei merke ich, daß sich meine Freizeit in Bereichen bewegt, die Geld kosten! Ich lade dann die eine oder andere Freundin mal ein, aber sie haben natürlich auch nicht die Lust, immer eingeladen zu werden, das ist ihnen irgendwie unangenehm ... Und ich weiß, daß ihnen das Geld am nächsten Tag fehlen wird, wenn sie mich mal auch einladen ... Das ist für beide Seiten ein bitteres Erlebnis ...[58]

Bei kritischen Frauen und Männern, die das Inhumane in dieser ihnen aufgezwungenen Spaltung erkennen, lassen sich auch Alternativen zur Fortführung alter, gewohnter Freizeitbeziehungen bzw. politischer Widerstand gegen die kulturelle Isolation Betroffener erkennen. Besonders problematisch ist dagegen die soziokulturelle Lage betroffener Nachbarn/innen, die sich der »Logik« ihrer eigenen Isolation widerstandslos unterworfen zu haben scheinen:

. *Ich erlebe es auch mehr und mehr, daß diejenigen, die finanziell arm sind, auch an gesellschaftlichen Beziehungen arm werden, sich also in die eigenen vier Wände zurückziehen.*[59]

Diese offensichtliche soziokulturelle Verarmung bzw. Isolation kennzeichnet vorwiegend die Lage von Betroffenen, die über kein festes Netz solidarischer Beziehungen innerhalb ihrer Familie bzw. Verwandtschaft verfügen. Feste familiäre Beziehungen wirken sich dagegen integrativ aus:

... *In den deutschen Arbeiter- und Angestelltenschichten gibt es einen ausgeprägten Familismus. D.h. die Menschen sind sehr mit Brüdern und Schwestern zusammen, beziehen sich, in der Regel, stark aufeinander ...*
Wenn also jemand in seiner Familie bzw. Verwandtschaft gut integriert ist, dann ist er wahrscheinlich weniger auf Beziehungen zu Freunden angewiesen ... Es ist sogar eine Frage, ob man Freunde außerhalb der Familie hat. Ich beobachte es seit langem und stelle fest, daß in diesen Schichten die wichtigsten Sozialkontakte innerhalb dieses größeren Kreises von Verwandten statt-

So ginge es aber auch – Hoffest im Hamburger Hof

finden. Die Menschen wohnen zwar in getrennten Wohnungen und/oder in verschiedenen Stadtteilen; sie treffen sich aber, helfen einander, leihen sich Gebrauchsgegenstände aus ... Und die Tatsache, daß man sich eher so zusammengehörig fühlt, lindert die Auswirkungen der materiellen Verarmung und wirkt auf die Menschen integrativ.[60]

Dort also, wo durch intakte familiäre Beziehungen den verarmten Verwandten materiell und psychisch geholfen wird, werden die Arbeitslosigkeit und die Verarmung im privaten Bereich psychosozial verarbeitet oder kompensiert. In der Nachbarschaft fallen diese Betroffenen dann dadurch auf, daß sie, in der Regel, Sozialkontakte oder Zusammenkünfte meiden, wodurch ihr Problem zu einer öffentlichen Frage erklärt werden könnte.

Unter den finanziell Armen im berteffenden Wohngebiet, »die wenig Kraft aufweisen, zu ihrer Armut auch zu stehen, vor allem aber nicht versuchen, ihre Armut nicht als ein persönliches Versagen oder Schicksal, sondern als etwas gesellschaftlich produziertes zu sehen ...«,[61] lassen sich zwar gesellschaftspolitische Gemeinsamkeiten, aber auch soziokulturell unterschiedlich bedingte persönliche Motivationen vermuten.

Den mehr oder weniger familiär Versorgten steht – wie bereits bemerkt – die »Familienlosigkeit« derjenigen gegenüber, die entweder über keine oder über keine integrationsfähigen Verwandtenkreise verfügen, die oft sogar nur eine kleine oder überhaupt keine Familie haben. Hierbei handelt es sich um eine »Spaltung« oder einen bemerkenswerten Unterschied zwischen Betroffenen auf der Ebene ihrer traditionellen Reproduktionsinstanzen. Mit ihrer gemeinsamen Tendenz, »sich in die eigenen vier Wände zurückzuziehen« verursachen die Einen keine lebensbedrohliche Selbstisolierung, während die Anderen »damit einfach kaputt gehen.«[62] Diese »aus ihrer ›persönlichen Verantwortung‹, die sie übernommen haben, herauszuholen«,[63] ist von anderer stadtteilpolitischer Brisanz, als die Politisierung des Verhältnisses der familiär relativ Integrierten zur eigenen Arbeitslosigkeit und Verarmung.

Für beide Gruppen sind gezielte Aktivitäten und längerfristige Projekte zu den Problembereichen: finanzielle und politische Verarmung, soziale Passivität, Isolation und Ausgrenzung, offensichtlich dringend erforderlich. Leider waren zur Zeit unserer Untersuchung die potentiellen Träger intensiver Stadtteilarbeit mit diesen Gruppen nur schwer zu finden! Erwerbslosen- und Sozialhilfeempfängerinitiativen, von denen theoretisch auch stadtteilpolitische Arbeit ausgehen könnte und die als Begegnungs-, Kommunikations- und/oder Interaktionsstätten für diese Betroffenen in Frage kämen, haben wir in dieser Gegend nicht entdecken können.

Wohnen und Leben am Vergnügungsviertel

Spätestens nachdem man die Simon-von-Utrecht-Straße in Richtung Süden überquert hat, kann man sich der Realität nicht mehr entziehen: man befindet sich einfach im Vergnügungsviertel!

Unvoreingenommene Beobachterinnen erleben dieses Sankt Pauli als »vielfältig« und »angenehm aufgeschlossen«:

· *In diesem Stadtviertel stelle ich eine Vielfalt fest. Sie betrifft das äußere Gepräge des Stadtteils, die Zusammensetzung der Bevölkerung sowie auch das Sozialverhalten der Menschen untereinander. …*
Es sind nicht ausschließlich die großen Betriebe und Einrichtungen des Freizeit- oder des Vergnügungsgewerbes, die dieses bunte Bild hier anbieten; viel eindrucksvoller finde ich dabei manche Wohngegend hinter diesen Fassaden, die einen altstädtischen Charakter von Nachbarschaft und Nähe bewahrt zu haben scheint, sowie die vielen kleinen Geschäfte von Deutschen und Ausländern, die hauptsächlich für die Stadtteilbevölkerung da sind. …
Diese Bevölkerung gehört mehrheitlich nicht zu den Wohlhabenden dieser Stadt! Das ist offenkundig … Im Vergleich aber zu anderen, mir bekannten Arbeiterstadtteilen ist die traditionelle Arbeiter- und Kleinbürgerbevölkerung hier generell viel aufgeschlossener. Das merkt man zum Beispiel bei politischen Veranstaltungen, etwa Demonstrationen, oder einfach beim Besuchen des Stadtteils …
Es fällt auf, daß man hier auf der Straße leichter kommuniziert … Es ist, vielleicht, die Vielfalt des sozialen Umfelds, die hier anders sozialisiert … Etwa die vielen Straßencafés, die Kneipen und Restaurants, die Einkaufsläden – Treffpunkte für ältere und jüngere Menschen, kurz die Möglichkeiten, die man hier einfach hat, Kontakte wahrzunehmen. …
Ich glaube, es sind diese Umstände, die die Bevölkerung Sankt Paulis zu einer »besonderen« machen. …[64]

Erfahrungen und Konsequenzen

Die Nähe zu den Betrieben und Lokalen dieses »verrufenen« Sankt Pauli wirkt sich auf die Einwohnerschaft entmystifizierend und desillusionierend aus. Die Dominanz dieser Strukturen in kultureller, sozialer und wirtschaftlicher Hinsicht kann hier unmöglich ignoriert werden. Als Frau in diesem Stadtviertel kritisch integriert zu leben, bedeutet, stets mit Zuständen, die »einfach stören«, konfrontiert zu sein. Dazu eine unserer Diskutantinnen:

·· *Ich wohne ja in der Seilerstraße. … Und wenn ich, zum Beispiel, von meiner Wohnung zur Hafenstraße gehen will, da stehen abends die Frauen … So bekomme ich einfach mit, was das bedeutet, als Frau so zu arbeiten. … Mit diesem Zuhälter-Milieu möchte ich also keine Kontakte haben; ich möchte mit diesen Männern auch nicht reden! Das ist eine ganz klare Grenze!! Da triffst du aber auch auf diese Touristengruppen aus Süd-Deutschland oder aus Skandinavien, die dort aussteigen, um ihre Sankt Pauli-Erlebnisse zu haben. ... Da flanieren ältere Ehepaare über die Reeperbahn und dann gehen die Männer zum Beispiel ins Eros-Center hinein und die Frauen stehen davor und warten! Das ist so ein typisches Verhalten dieser Konsumenten! Sehr unangenehm ... Oder du stellst einfach fest, daß es Orte gibt, die »für Frauen und Jugendliche nicht gestattet« sind! Allein solche Sätze zu lesen, das macht ja was mit dir. ... Mit diesen Zuständen bist du also in Sankt Pauli konfrontiert und dazu mußt du dich in einer bestimmten Weise verhalten ... All das prägt das Leben in Sankt Pauli also mit.*[65]

Dieselbe Befragte hebt jedoch neben dieser unangenehmen eine andere, für viele Menschen existenziell bedeutsame Seite Sankt Paulis hervor:

Ich finde, daß bestimmte gesellschaftliche Normen und Wertvorstellungen in Sankt Pauli nicht so bedeutsam sind, wie in den anderen Stadtteilen. ... Ich fühle mich hier viel freier. Diese Vorstellung kann auch eine Illusion sein, ich weiß es nicht. Aber für mich spielt es schon eine wichtige Rolle, nicht unter starkem Anpassungsdruck zu stehen und nicht an eine bestimmte Lebensform gebunden zu sein. ... Dieses ist möglich, weil hier so viele Leute leben, die so wenig angepasst sind; die irgendwelche Normen brechen oder Werte in Frage stellen. ...

Das ist genau die Kehrseite, das Positive an dieser gesellschaftlichen Konstellation – eigentlich auch eine Auswirkung des »Milieu«.[66]

Das Fehlen von Rigidität beim alltäglichen Umgang mit bürgerlichen Lebensnormen, eine dadurch »aufgelockerte« soziale Kontrolle über die Einzelnen, die eine relative Vielfalt von Lebensmodi zuläßt bzw. fördert; ferner die eindeutigen Schlichtungstendenzen bei unmittelbarem Konfligieren,[67] die eine Einmischung von Ordnungskräften, in der Regel, ausschließen – diese und weitere Freiräume sind Charakteristika eines »Konsensus«, der das grundsätzliche Akzeptieren aller gesellschaftlichen Gruppen in der Nachbarschaft miteinschließt. Am bzw. im Vergnügungsviertel stellt dieser »Konsens« manche Verhaltensnorm auf, die zwar theoretisch keinen Anspruch auf Allgemeingültigkeit haben kann, die aber in Konfliktfällen auch nicht gebrochen werden darf!

.. Ja, es gibt bestimmt welche Normen, die nicht gebrochen werden dürfen! Hierbei fallen mir lediglich Beispiele ein, die mit dem »Milieu« zu tun haben. Wenn Frauen, zum Beispiel, radikale Aktionen gegen die Bordelle bzw. gegen das Zuhälter-«Milieu« organisieren. ... Ich habe persönlich überhaupt nichts dagegen ... Aber wenn du da im Stadtviertel wohnst, dann weißt du eben, daß du dadurch ganz klare Normen verletzen wirst! ... Und das wird Konsequenzen für dich haben, vielleicht auch körperliche ...[68]

Auch unterhalb solcher Ebenen »frontaler Angriffe« bzw. radikaler Interessenskollisionen machen sich gewisse charakteristische Konsequenzen aus dieser Nachbarschaft deutlich. Die kritische Distanz gegenüber dem Wesen, der Funktion und den gesellschaftlichen Auswirkungen bestimmter Einrichtungen des Vergnügungsviertels führt hier, in der Regel, nicht zur Diskriminierung der in diesen Betrieben beschäftigten Menschen durch die Nachbarschaft. Diese wird dagegen – so ein Befragter – »... durch ein hohes Maß an Toleranz gegenüber ›Minderheiten‹ bzw. verfemten Berufen gekennzeichnet, die in anderen Wohngegenden selten oder kaum vorkommt ...«[69]

Erkenntnisse

Das Vergnügungsviertel ist ein wesentlicher Bestandteil des sozialen Kontextes oder Lebenszusammenhangs südlich und nördlich der Reeperbahn. Es bestimmt die Beschäftigungsstruktur, die Zusammensetzung der Bevölkerung und die zwischenmenschlichen Beziehungen in den benachbarten Wohngegenden direkt oder indirekt mit.

In den verschiedenen Einrichtungen des Fremdenverkehrs, des Freizeit- und Vergnügungsgewerbes verdient ein Teil der Nachbarn/innen seinen Lebensunterhalt. Das sind einerseits Berufstätige, die etwa im Hotelgewerbe, in der Gastwirtschaft, in den Bordellbetrieben, den Kasinos etc. »praktisch ein Arbeitsleben lang tätig sein können bzw. sind. Andererseits kann man immer noch davon ausgehen, daß jemand, der vorübergehend eine Beschäftigung sucht, auch eine findet. ... Dadurch wird Menschen geholfen, die zu ihrer kümmerlichen Sozialhilfe etwas dazuverdienen müssen, um sich so über Wasser zu halten. ...

Typisch für dieses Stadtviertel ist auch, daß man hier vorwiegend Kneipen oder Cafés findet, in denen noch ältere Frauen beschäftigt werden. Unter den betreffenden Erwerbstätigen sind also Menschen, die in anderen Stadtteilen kaum eine Chance mehr haben, eine Arbeit zu finden ...«[70]

Die Erkenntnis, daß es sich bei diesen Beschäftigungen, in der Regel, um eine Arbeit »wie jede andere« handelt, hilft unbeteiligten Zugezogenen beim Abbau ihrer Vorurteile:

·· *Zu diesen älteren Frauen, die hier nicht nur in Cafés arbeiten: Für mich war es, zugegeben, unvorstellbar, daß Leute, die in diesen einschlägigen Einrichtungen arbeiten, nichts mit dem »Milieu« zu tun haben! ...*

Darüber habe ich mir auch Gedanken gemacht, immer aber diesen vagen Verdacht gehabt ... Und dann ist mir aufgefallen, daß eine ältere Frau, die bei mir im Haus wohnt, jeden Morgen in einer Spielhalle saubermacht. Ich war total überrascht! Es ist eben eine Arbeit, wie jede andere, die etwas Geld bringt. ...[71]

»Akzeptieren« und »Helfen« – ein Dilemma

Einige traditionelle Attribute der Bevölkerung Sankt Paulis, etwa bedingte Solidarität bzw. Hilfeleistung in der Not, Akzeptanz und Toleranz gegenüber »Minoritäten« usw., die an anderen Stellen dieses Berichtes als Aspekte eines kulturprägenden Lebenszusammenhangs verarmter Menschen diskutiert wurden, stammen vorwiegend aus diesen alten Sankt Pauli-Wohngegenden. Dort erfahren sie bis heute eine bestimmte Auslegung bzw. Anwendung, die auf gewisse Widersprüche dieser Stadtteilkultur hinweisen und stadtteilpolitisch, nicht nur dort, zum Dilemma führen können.

Die Sankt Paulianer – so die Legende – versuchen sich selbst und den verarmten Nachbarn/innen gegen Erwerbslosigkeit und akute Verarmung zu helfen. Gegen Erwerbslosigkeit und akute Verarmung können diejenigen Sankt Paulianer/innen ihren Nachbarn/innen effektiv helfen, die ihnen eine Beschäftigung anbieten. Es sind vor allem die mittleren und kleineren Geschäftsleute, die immer ein konkretes Interesse daran hatten, Arbeitskräfte aus der Nachbarschaft zu rekrutieren und, sich selbst helfend, sozialintegrativ zu wirken. »Die Sankt Paulianer konnten bereits in der Nachkriegszeit die schlimmsten Probleme bewältigen und sich durchschlagen, weil sie teilweise durch die Nachbarschaft, auch durch das ›Milieu‹ selbst, Hilfe bekamen.«[72] Das ruft nachbarschaftliche Beziehungen hervor, die zwar auf der Basis der chronischen Verarmung der Eigentumslosen in Sankt Pauli funktionieren, die aber als Solidarbeziehungen empfunden werden, weil sie sich im Einzelfall auf eine Art von Komplementarität konkreter Erwartungen stützen. Von den »Geholfenen« – in der Regel Gelegenheits-, Teilzeit- und meistens Nebenbeschäftigten – werden Verhaltensweisen wie Konformität und Identifikation mit den Belangen des Betriebes erwartet, die der Selektion dienen und leicht sanktioniert werden können. Die räumliche Nähe von Arbeits- und Privatbereichen, die Vermittlung eines Gefühls der Zusammengehörigkeit, Überschaubarkeit und Kontrolle der Aktivitäten der Einzelnen kennzeichnen diese Beziehungs- bzw. Beschäftigungssyteme, die unwesentlich voneinander divergieren.

Für die Teilnahme an diesem »Markt der Überlebensmöglichkeiten« ist ein gewisses Maß an individueller Integration im sozialen Umfeld erforderlich:

Wenn du also Sankt Paulianer bist, deine Umgebung kennst und zu den Menschen da Kontakte hast, dann weißt du auch, wo du dir Informationen über bestimmte Möglichkeiten herholen kannst. ...
So »fällt einer nicht zurück«, würde ich sagen, auch unter schwierigen materiellen Verhältnissen ...
Und diese Strukturen, die den Sankt Paulianern immer aus akuten Problemlagen herausgeholfen haben, sind noch heute stark ausgeprägt.[73]

Heute haben sich diese Strukturen vermutlich sogar erweitert und machen sich auch im Umkreis ausländischer Geschäftsleute wie auch unter den sogenannten Alternativen bemerkbar. Trotz soziokulturell bedingter oder formal rechtlicher Unterschiede unterliegen diese Beziehungs- und Beschäftigungssysteme denselben ökonomischen und sozialen Prinzipien: sie beuten verarmte Menschen unter unsicheren Arbeitsbedingungen aus. Eine Skandalisierung dieser Praxis von »Helfen« und »Akzeptieren« könnte unter Umständen zu einem stadtteilpolitischen Dilemma führen. Sie könnte die Zerstörung eines Teils von Erwerbsmöglichkeiten bei gleichzeitiger Kriminalisierung der Ausgebeuteten bewirken!

Inhomogen und aktiv

Wir schließen diesen kurzen Bericht zum Wohnen und Leben am Vergnügungsviertel mit einigen kritischen Hinweisen einer Bewohnerin auf die Nachbarschaft ab.[74]

Daraus wird zum Beispiel deutlich, daß die gepriesene Vielfalt Sankt Paulis von den unmittelbar Beteiligten als Inhomogenität wahrgenommen wird:

·· *Ich wohne seit drei Jahren in dieser Gegend und empfinde meine Nachbarschaft als sehr inhomogen. Bei mir im Haus, zum Beispiel, wohnen drei Wohngemeinschaften, zwei Familien, einige alleinstehende alte Leute und ich. Sowohl die Familien als auch die alten Leute leben sehr lange in Sankt Pauli. Eine Frau, sie ist 90, ist hier aufgewachsen! Diese Menschen sind also hier geboren und haben Sankt Pauli immer miterlebt … Wir dagegen sind die Zugezogenen … Das ist ein Unterschied … Die Nachbarn aus den Wohngemeinschaften sind zum Teil Akademiker, einige sind Musiker, manche sind im graphischen Gewerbe tätig. Da wohnen auch eine ganze Reihe von Studenten …*

Die stark inhomogene Zusammensetzung der Nachbarschaft führt zu klassischen Konflikten und zu gewissen Distanzierungen unter den Nachbarn:

·· *Unterschiede sind in den Lebensvorstellungen festzustellen. Ich habe auch zu den Familien, die da wohnen, nicht enge Kontakte, und überhaupt gibt es mit ihnen Alltagskonflikte, etwa wegen der Treppenhausreinigung oder wegen zu lauter Musik, die ich auch in anderen Stadtteilen hätte …*

Trotz angenehmer Aufgeschlossenheit unter der Bevölkerung im allgemeinen, lassen sich beim Austragen von Konflikten in der Nachbarschaft gewisse »Grenzen« erkennen:

·· *Selbstverständlich wird dann über das Problem gesprochen, zu einer Feindschaft kommt es nicht wegen dieser einfachen zwischenmenschlichen Konflikte … Mir wurde aber auch von einem Zusammenhang berichtet, worüber kein Gespräch mehr möglich war: als zwei Frauen, die in vielen autonomen politischen Gruppen aktiv waren, eine Sprühaktion im Hausflur machten! Dann entstand nämlich eine Situation, die keine Kommunikation mehr zuließ. Die beiden wurden darauf nicht angesprochen, die Parolen wurden entfernt, der Konflikt nicht thematisiert … aber sie erfuhren eine deutliche Ablehnung. Das war so eine Art Grenze.*
Ich denke, daß sowohl das Mißachten von Ordnung und Sauberkeit, vor allem aber die politischen Inhalte dabei den Konflikt ausgelöst haben. Aber

daß das Thema nicht angesprochen wurde, hat eher mit den politischen Inhalten was zu tun. Ginge es nur um die Ordnung, hätte es mit Sicherheit eine Diskussion darüber gegeben …

Werden radikale Parolen im Hausflur schweigend abgelehnt, finden politische Auseinandersetzungen, die der Lösung konkreter materieller Probleme gelten, auch dann Verständnis und Akzeptanz bei Unbeteiligten, wenn sie mit Vorgehensweisen ihrer radikalen Nachbarn nicht völlig einverstanden sind:

·· *Ich glaube, daß viele Menschen in der Nachbarschaft – ausgehend von der eigenen Wohnsituation und den Mieterhöhungen – nachvollziehen können, warum Häuser besetzt werden, wobei sie mit vielen Methoden und Vorgehensweisen wiederum gewisse Probleme haben.*

Offensichtlich liegt den unterschiedlichen Aktivitäten betroffener Menschen in der Nachbarschaft auch ein unterschiedliches Politikverständnis zugrunde. Denn die an Häuserkämpfen und ähnlichen Aktivitäten Nichtbeteiligten sind weder als widerstandsunfähig noch als inaktiv zu bezeichnen. Sie praktizieren Selbsthilfe gegen Verarmung und Resignation und das auch »öffentlich«:

·· *Das ist ein normales Café. Die Leute kommen und treffen sich dort und das, was da stattfindet ist sicherlich keine politische Arbeit, sondern so eine Mischung aus Nachbarschaftskontakten, sozialer Hilfe und gegenseitiger Unterstützung, offensichtlich verbunden mit ganz viel Vertrautheit. ...*

Gegen Verarmung und Resignation leisten auch die in Gruppen oder Initiativen organisierten Nachbarn/innen Widerstand, zum Beispiel als Erwerbslose und Sozialhilfeempfänger:

·· *Dabei habe ich aber den Eindruck, daß die politischen Gruppen unter sich werben ... Es ist keinesfalls so, daß die betroffene Bevölkerung Sankt Paulis die Initiativen besucht und sich daran beteiligt. Vielmehr ist es die politische Szene, die sich dort trifft ...*

Wie läßt sich dieses problematische Verhältnis erklären?

·· *Anscheinend ist die Hemmschwelle für viele Betroffene aus der Bevölkerung noch zu hoch; oder aber sie können sich nicht vorstellen, was sie da sollten! Warum es ihnen etwas nützen würde, dahin zu gehen! Das ist ihnen fremd; das ist offenkundig nicht ihre Art, sich zu treffen und sich zu aktivieren ...*

Die letzten Feststellungen unserer Befragten beziehen sich auf Probleme der politischen Kommunikation und Kooperation zwischen zwar aktiven, jedoch soziokulturell unterschiedlichen Gruppen von Betroffenen, die sich nicht ausschließlich in dieser Gegend Sankt Paulis stellen. Einige dieser Fragen werden wir im folgenden und letzten Abschnitt dieser Berichte diskutieren.

IV. Für die Politisierung der Armut aus der Armut heraus

Einige Gedanken
zu Solidarität und
Widerstand

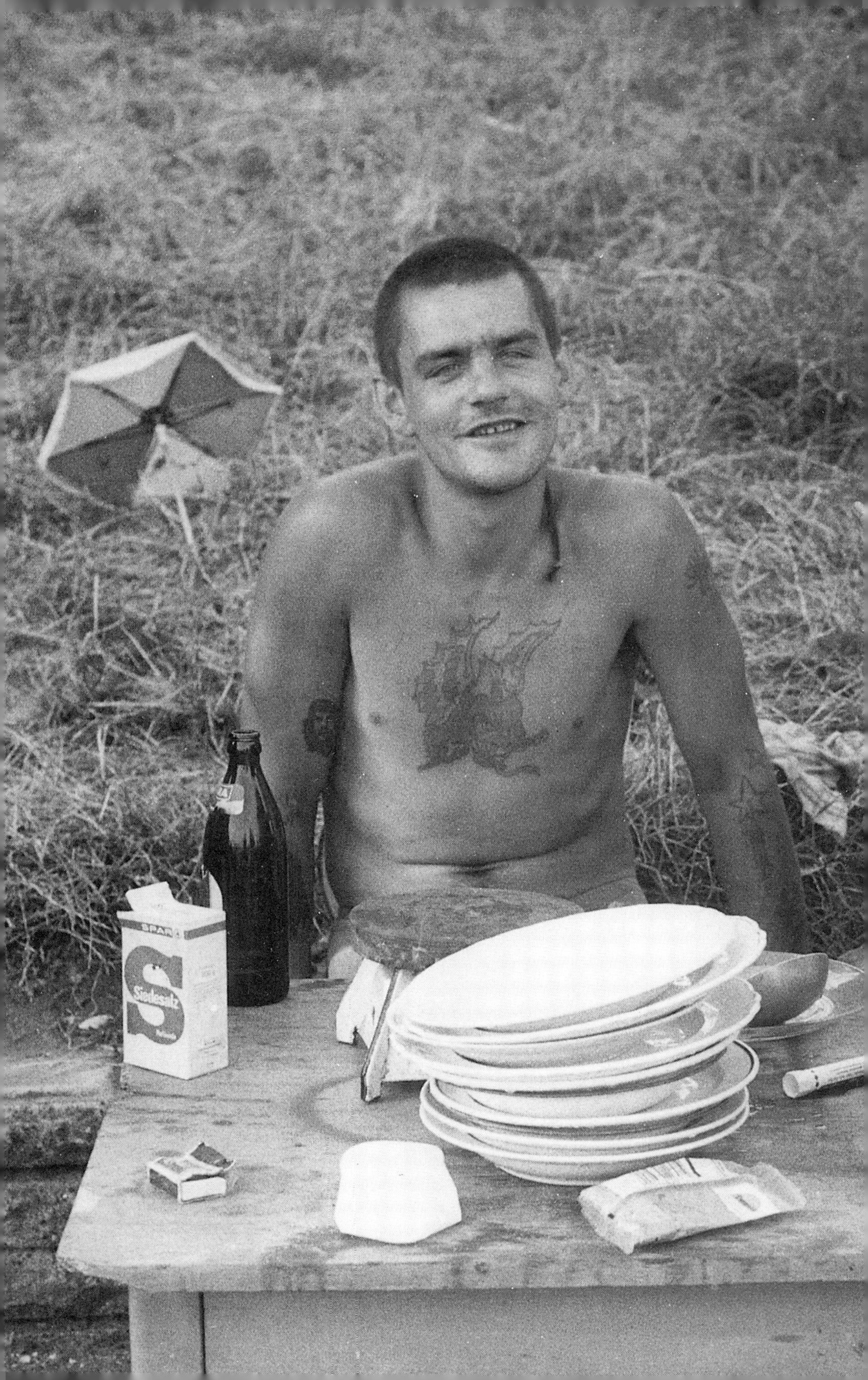
SPAR
Siedesalz

SUPPE
ZU
SOZI-PREISE
1 MARK 50

Damals und heute

Die Alten von Sankt Pauli-Süd

... Also der Widerstand wurde – wie ich sagte – erstmal von den fortschrittlichen Leuten in der Kirchengemeinde und von Studenten, die – wie ich und andere – damals aus der klassischen Studentenbewegung ausschieden, die auch für sich ein neues Betätigungsfeld suchten und im Stadtteil basisnah, zum erstenmal die Möglichkeit sahen, etwas zu machen, vorangetrieben. ... Der wesentliche Unterschied zu den Erfahrungen mit der sogenannten normalen Bevölkerung lag hier darin, daß wir nicht auf Unverständnis oder Ablehnung stoßen, wie vor den Fabriken oder sonstwo. Hier war es eben anders ... Es war offensichtlich, daß es dort lange, relativ ungestörte Zeiten gegeben hatte, in denen sich ja vielfältige Sozialbeziehungen entwickelt hatten ... Manches, was wir aus der Theorie wußten, wie es in der Vergangenheit Hamburgs war, schien dort noch zu leben! Diese Formen, zum Beispiel, von Solidarität und praktischer Nachbarschaftshilfe, die Unterstützung in Krisenfällen usw. – immer gekoppelt mit einem politischen Bewußtsein, das in allen Fällen »dichotomisch« war und oft darüber hinausging ... In näheren Gesprächen mit den Alten wurde dann deutlich: ja, sie waren damals organisiert, etwa in der KP ... Es war also völlig klar, daß sie politische Erfahrungen gemacht hatten. Und sie hatten auch eine ziemlich korrekte Einschätzung des Faschismus – das war für sie kein Thema! Sie brauchten dazu nicht unseren Nachhilfeunterricht, sondern sie wurden für uns auf einmal kostbar, als »lebendige Geschichtsbücher«, die uns auch eine Menge über die Geschichte des Stadtteils erzählen konnten. ...

Die Einen und die Anderen

Es ist klar! Gegenüber dem alten Zustand hat sich in Sankt Pauli eine Menge geändert. ... Zum Beispiel bei den Arbeitern. ...
Einige hatten – so in Verbindung mit der Hafenentwicklung oder dem Schiffbau in der Nachkriegszeit – ein anderes, angepaßteres Bewußtsein entwickelt, so im Sinne »uns kann nichts passieren« ...
Sie haben sich also davon, was sie heute brauchen, nämlich ihre kämpferische Tradition, abgekoppelt, weil sie sie als störend oder unnötig empfanden. ... Und daher sind sie heute besonders betroffen, weil sie allein stehen. ... Die Anderen, die – so nach dem klassischen Vokabular eher »lumpenproletarischen Elemente« – mußten und konnten immer kooperieren; sie waren nicht festgelegt, sie waren flexibler; sie arbeiteten mal am Hafen, mal hier – mal dort, und bei ihnen konnte dieses Bewußtsein nicht entstehen. ... Und ich denke, das schützt sie ein Stück weiter und macht ihre viel beschworene Flexibilität auch heute noch aus. ... Diese ziehen sich eben nicht verschämt zurück, kapseln sich nicht so ab wie die Anderen, sondern aufgrund einer anderen Lebensgeschichte auch ihre Armut öffentlich machen. ... Sie machen sozusagen den ersten Schritt aus der Armut heraus. ...

Der Wunsch rauszukommen

Also diese Situation, arm zu sein, aber sich schamvoll verbergen zu müssen, ist nicht auszuhalten! Da entsteht – das ist klar – der Wunsch rauszukommen. ... Aber das heißt wiederum, erst die Kategorie Armut wieder zuzulassen! Das Problem ist ja, daß die zentralen gesellschaftlichen Organe seit Anfang dieses Jahrhunderts behaupten, die Armut sei endgültig abgeschafft worden! Wenn es denn nach der gesellschaftlichen Definition keine Armut gibt, dann sind die betroffenen Leute definitionsgemäß Nichts! Ein Nichts! Und so fühlen sich viele auch häufig: sie kommen nicht vor; sie gibt es nicht! Sie sind also da, und sie sind Leute, die hier im Viertel wohnen. ... In diesem Treff ist mir aufgefallen, daß dort auch Frauen, sogar mehrheitlich, auftreten. Das sind zum Teil Arbeiterhausfrauen oder zwischendurch Fabrikarbeiterinnen gewesen ... Sie haben sich also auf die Gleichmäßigkeit bürgerlichen Lebens nie einstellen können, sie mußten vielseitiger als die Männer sein, und – ich denke – das macht auch heute ihre Artikulationsfähigkeit und ihr Selbstbewußtsein aus. ... Die Selbsthilfebereitschaft ist bei dieser Armenbegegnung in ganz starkem Maß vorhanden. Das verbreiten diese Leute auch atmosphärisch. Es ist etwas anziehendes für einen einsamen Menschen, von diesen – eben beschriebenen – Frauen mal mit selbstgebackenem Kuchen verwöhnt zu werden. ... Da ist einfach so ein Gefühl: ich bin auch mal dagewesen! Man hält sich dort gerne auf, manfühlt sich aufgehoben, man wird akzeptiert, wenn man relativ fremd ist; und wenn es einem dreckig geht, kann man auch Hilfe finden ... Also ich denke, da werden ganz große Kostbarkeiten gehandelt und die anderen, denen es besser geht, die sind neidisch darauf!

Der Reichtum der Armen

Also nochmal, so in Verbindung mit diesem Sankt Pauli-Image, ich denke: die Reichen sind heute so arm, daß sie den Armen ihren Reichtum neiden! Und daß sie ihn ihnen am liebsten wegnehmen möchten, weil diese Herzlichkeit und diese direkten Formen von Toleranz und Hilfsbereitschaft eben fast nur dort – so scheint es – zu finden sind. ...

Das waren Auszüge aus einem Gespräch zwischen zwei älteren Menschen in Sankt Pauli.[1]

Zur Armut vor Ort

Stadtteile sind in der Regel Orte der sozialen Reproduktion. Zugleich unterliegen sie als Teile der Stadt den Maximen von Kapital und Herrschaft; sie werden verwertet bzw. den jeweils aktuellen Verwertungsbedingungen des Kapitals angepaßt. In die Stadtteile werden soziale Fragen, deren Ursachen gesamtgesellschaftlichen Charakters sind, verlagert; sie werden dort wirksam, d.h. von den Menschen als Alltagsprobleme erlebt.

Arbeits- bzw. Erwerbslosigkeit unter Jüngeren, Dauererwerbslosigkeit unter Älteren, hohe Mieten, hohe Verschuldung, Wohnungslosigkeit und Ausgrenzung, psychosomatische Strörungen, Alkoholismus bzw. Drogenabhängigkeit, psychische Erkrankungen usw.usw. betreffen zur Zeit viele Menschen in dieser Stadt. Nichts ist bei dieser Aufzählung menschlicher Existenzfragen neu, alles ist in allen vergleichbaren Lebenszusammenhängen anzutreffen und zu erfahren. Die spezifische Differenz – insofern es eine gibt – ergibt sich erst nach einer genaueren Betrachtung der jeweils konkreten gesellschaftlichen Konstellation, in deren »Rahmen« diese Existenzfragen gestellt und die Erfahrungen damit realisiert werden. Im Stadtteil, in der Nachbarschaft, am Ort der sozialen Reproduktion, der eine bestimmte Geschichte, eine konkrete Sozialstruktur und politische Kultur hat, gewinnen »kleine Unterschiede« ihre Bedeutsamkeit, treten ungeahnte Gemeinsamkeiten hervor, lassen sich Chancen erkennen und wahrnehmen; dort verdichten sich die »Merkmale« zum Begriff, die Mißstände werden Zustand – Lebenslage.

Stadtteilpolitische Arbeit gegen Verarmung setzt die historische, materielle und kulturelle Spezifizierung des konkreten Ortes bzw. Lebenszusammenhanges voraus. Armut kann nur vor Ort effektiv bekämpft werden.

Materielle und politische Verarmung

Verarmung läßt sich im sozialen Zusammenhang des Wohnviertels oder der Nachbarschaft begrifflich erweitern und konkretisieren. Etwa als Resultat der Störung der Dichte nachbarschaftlicher Beziehungen durch die Entstellung der Umwelt; als Verlust des gesellschaftlichen Reichtums zwischenmenschlicher Solidarbeziehungen und infolgedessen als Flucht der Menschen vor der eigenen sozialen Realität, als Selbstisolierung, Resignation und Passivität oder als Unfähigkeit, den Widerstand gegen materielle Armut und Entfremdung konsequent zu führen. In diesem Zusammenhang wird auch deutlich, daß Erwerbslosigkeit und Reduzierung des Einkommens zwar eine wesentliche, jedoch nicht die einzige Ursache prekärer Lebenslagen ist; ferner, daß die immateriellen Aspekte der Verarmung der materiellen Krise oft vorangehen, um dann als Spaltungs- und Ausgrenzungsmechanismen zur Geltung zu kommen. Bei einer genaueren Betrachtung von Armutszuständen und Verelendungstendenzen im sozialen Zusammenhang, lassen sich viele der beschriebenen immateriellen Verluste, unter denen man heute leidet, als Folgen zwar systemimmanenter, jedoch nicht nur krisenbedingter Prozesse leicht erkennen. Die Unfähigkeit, zum Beispiel, Erwerbslosigkeit, materielle Armut und soziale Ausgrenzung als systemimmanentes Problem zu erkennen und sich dagegen zu empören, weist auf eine politische Verarmung hin, die nicht erst bei der Entlassung der Betroffenen eintritt, sondern ihr Klassenverständnis und ihre Klassenlage als Erwerbstätige kennzeichnete. Die Krisen im sogenannten Privatbereich sind Krisen privatistischer Ideologien, die in Zeiten der sogenannten Vollbeschäftigung aufblühten. Die Identitätskrisen bei manchen Arbeitslosen dokumentieren ihre Unterwerfung unter Leistungsideologien, die bei der Ausgrenzung der Betroffenen aus dem Arbeitsprozeß psychosozial wirksam werden usw.

Stadtteilpolitische Arbeit gegen Verarmung kann unmöglich die immateriellen, politischen und kulturellen Voraussetzungen und Folgen prekärer Lebenslagen ignorieren. Ungeachtet der politischen Intentionen oder Ziele der Akteure bleiben sozialpolitische Aktivitäten ineffektiv, solange sie sich nur gegen bestimmte Aspekte der Verarmung richten.

Viele sozialpolitische Aktivitäten, die auf Sankt Pauli stattfinden, lassen sich nur schwer als stadtteilspezifisch erkennen, während andere, die sich explizit auf den Stadtteil oder bestimmte Wohngegenden beziehen, in der Regel situationsbedingte oder objektbezogene Aktivitäten sind. Zum Beispiel:

Gegen die Unterwerfung des Stadtteils unter die jeweils aktuellen Sanierungspläne der Stadt haben sich Sankt Paulianer/innen oft zur Wehr gesetzt. Bestimmte Merkmale der Auseinandersetzung mit der Verwertung des Stadtteils erweisen sich jedoch als Ausdruck einer ideologischen Verinnerlichung dieser Unterwerfung. Aktionen und Mobilisierungen gegen die Sanierung erlahmen bald danach. Die im Rahmen dieser politischen Prozesse gewonnenen Erfahrungen und Erkenntnisse dienen nicht zur Erhaltung und Politisierung des sozialen Zusammenhanges nach den staatlichen Maßnahmen, etwa zur Bekämpfung der zu erwartenden Entfremdung oder Entsolidarisierung in der Nachbarschaft. Mißerfolge werden dagegen als Niederlage erlebt, man zieht sich zurück und überläßt dem Sieger das Feld!

Oder man kämpft um Teile eines Ganzen, etwa um ein Haus oder Häuser und erkämpft sich somit das Recht auf eine selbstdefinierte innere Autonomie bei der Gestaltung des eigenen Lebens. Der soziale Zusammenhang wird von den Akteuren meistens abstrakt und additiv als Hintergrund thematisiert (etwa: viele Alte, viele Ausländer, viele Arbeitslose, usw.); er ist weder Voraussetzung für das Projekt, noch nimmt er Einfluß auf dessen Entwicklung. Zwar bewirken Haus- und Wohngemeinschaften und Wohnprojekte eine Erweiterung bzw. Differenzierung der Lebensgemeinschaften in der Nachbarschaft, können theoretisch nachgeahmt werden; eine politisch gezielte Hebung der Qualität nachbarschaftlicher Beziehungen beabsichtigen sie, in der Regel, nicht. Sie sind Teilbereiche eines fragmentierten Ganzen und können auch dann »autonom« fortexistieren, wenn die Nachbarschaft (Alte, Ausländer, Arbeitlose, usw.) tief in die Krise geraten ist.

Es fehlt an politischen Konzeptionen zur Überwindung der Fragmentierung und zur Politisierung der Armut aus der Armut heraus.

Gedanken zur Politisierung der Armut vor Ort

Die traditionellen Kulturelemente wie bedingte Solidarität und praktische Hilfeleistung zwischen Nachbarn/innen korrespondieren in Sankt Pauli mit ähnlichen Werten der Alltagskultur der Immigranten und werden von deutschen Zugezogenen nicht selten gezielt gepflegt. Geschätzt und praktiziert wird von den Sankt Paulianern/innen das Akzeptieren des Anderen. Das bedeutet erhalten und fördern von Existenz und Freiräumen bzw. Schutz vor Ausgrenzung und Vernichtung. Diese humanen Werte einer politischen Stadtteilkultur, die aus den Existenzkämpfen chronisch verarmter und faktisch an den Grenzen dieser Gesellschaft lebender Menschen entstanden sind, könnten der Politisierung der Armut aus der Armut heraus als das politisch-moralische Fundament dienen. Akzeptieren und helfen wären dann der Ausgangspunkt und das politisch-moralische Korrektiv eines stadtteilpolitischen Prozesses gegen Resignation und Passivität bzw. für die Entfaltung und die Verankerung des Widerstandes am Ort der sozialen Reproduktion. Dieser Prozeß würde die politische Erkenntnis voraussetzen, daß Stadtteilpolitik in diesem bestimmten wie in ähnlichen Stadtteilen und im hier gemeinten Sinne, ihre Ziele verfehlen würde, würde sie als Teilbereichspolitik verstanden. Sie kann zum Beispiel, nicht nur Wohnungs-, nur Gesundheits-, nur Einkommens-, nur Antidiskriminierungs- usw. -Politik sein, genauso wie die Menschenmehrheit, die im Stadtteil lebt, von allen genannten und weiteren Problemen gleichzeitig mehr oder weniger akut oder direkt betroffen ist. Das ist vorerst eine pragmatische Begründung zu einer weiterführenden Frage, die an dieser Stelle nicht diskutiert werden kann. Der Frage des politischen Stellenwertes und der aktuellen Bedeutung der Erkämpfung einer relativen Autonomie der sozialen Repoduktion vor Ort.[2]

Nehmen wir aber eine relative Autonomie der sozialen Reproduktion als eine bedeutungsvolle politische Zielsetzung an und definieren wir sie vorerst als die Entkoppelung des Rechtes auf menschenwürdige Existenz und Freiräume von kapitalistischen Strukturwandlungen (genannt Krisen) und von staatlichen Herrschaftsinteressen bzw. Reglementierungen – so lassen sich viele auf Sankt Pauli stattfindende politische Aktionen oder Kämpfe, Projekte oder soziale Aktivitäten als elementare Bestandteile einer vor Ort zu entwickelnden Konzeption oder konkreten Vorstellung zur Politisierung der Armut aus der Armut heraus erkennen. Das sind z.B. Aktionen oder Aktivitäten

– für menschenwürdigen, preiswerten Wohnraum vor Ort (Wohnungsfrage);
– für Schutz und Pflege gegen den frühzeitigen Tod, gegen Erkrankung, Sucht und Verelendung (Gesundheitsfrage);
– für die Befriedigung wesentlicher Bedürfnisse: Nahrung,Kleidung, Wärme bzw. Heizung, Güter des täglichen Bedarfs usw. (Fragen der Renten und des Sozialeinkommens);
– für die kostenlose Befriedigung kultutreller Bedürfnisse (Frage der Stadtteilkultur);
– für die Erhaltung von Beschäftigungsmöglichkeiten im Stadtteil (Frage des Erwerbs unter menschenwürdigen Bedingungen); oder
– gegen die Vertreibung akut Verarmter und politisch Aktiver aus dem Stadtteil (bevölkerungspolitische Fragen);
– gegen die weitere Entstellung der sozialen und kulturellen Umwelt und ihrer Folgen (Fragen der Sanierung und Strukturveränderung) bzw.
– gegen die Ausbeutung des Stadtteils durch kapitalistische Projekte auf Kosten der Bevölkerung (Fragen der Stadtteilverwertung) und damit zusammenhängend
– gegen die Militarisierung des Alltags, die Überwachung und Kriminalisierung von Verarmten und von widerstandsfähigen politischen Menschen im Stadtteil.

Allen diesen praktizierten Ansätzen alltäglichen Widerstandes liegen Grundbedürfnisse menschlichen Daseins und die Erfahrung zugrunde, daß sie unter den vorherrschenden ökonomischen und politischen Bedingungen nicht befriedigt werden können. Auf Sankt Pauli wird diese Erfahrung immer gemacht; sie ist so alt wie der Stadtteil selbst. Waren es ursprünglich die einfachen Arbeiterfamilien, die unter chronischer Verarmung, zuweilen unter akuter Not, gelitten haben, breitete sich die Betroffenheit während der letzten zehn Jahre auf weitere soziale Gruppen aus. Zum Beispiel auf die ehemals »stadtteiluntypischen« Gruppen der Zugezogenen: Angestellte, Akademiker, Studenten und Schüler.

Der neue Angriff gegen ihre Existenz, der für sie eine echte Krise ist, rief bei den chronisch verarmten, ausgebeuteten und unterdrückten Einheimischen wie Einwanderern Angst und daher Überlebensstrategien und Schutzmnaßnahmen hervor, die ihnen vertraut sind bzw. ihrer gesellschaftlichen Lage entsprechen. Er bestätigte ihr Mißtrauen gegenüber der »Obrigkeit« und den politischen und Kontrollinstanzen dieser Gesellschaft. Bei den »Neuarmen« oder proletarisierten Zugezogenen, für die die akute Not und die gesellschaftliche Perspektivlosigkeit vorerst ein Schockerlebnis war, ließ der soziale Abstieg, über die Existenzängste, den Zusammenschluß in Gruppen und Gemeinschaften und die Suche nach Reproduktionsmöglichkeiten hinaus auch Empörung entstehen. Er führte zur Bestätigung der politischen Kritik an Kapital und Herrschaft und rief bei den Betroffenen mehr oder weniger radikale Aktivitäten bzw. Widerstand hervor.

Dieser Widerstand konzentrierte sich zunächst auf die Befriedigung gruppeneigener Elementarbedürfnisse – Wohnraum, Sozialeinkommen oder Jobs, politische und kulturelle Freiräume usw., wobei der stadtteiltypische soziale, kulturelle und politische Zusammenhang in der Regel als der geeignete Hintergrund zu den Aktivitäten fungierte. Allmählich machte sich jedoch eine Tendenz unter den politisch Aktiven bemerkbar, sich in den Stadtteil zu integrieren bzw. sich nicht herausdrängen zu lassen und zur Zeit wird bei der politischen Argumentation gegen eine Umstrukturierung des Stadtteils die prekäre Lebenslage verarmter Bevölkerungsgruppen zunehmend thematisiert.[3]

Es mangelt an politischen Vorstellungen zu einer »Öffnung« zum Stadtteil und an einer politischen »Sprache« für die Kommunikation zwischen Betroffenen unterschiedlicher sozialer und politischer Herkunft über das grundsätzlich Gemeinsame.

Für eine Politisierung der Armut aus der Armut heraus scheint die Revidierung bestimmter Begriffe und somit auch bestimter Definitionen unumgänglich zu sein. Revidiert werden sollte zum Beispiel, der Begriff *Armut* nicht nur in quantitativer (veschiedene Aspekte von Verarmung und Betroffenheit), sondern auch in qualitativer Hinsicht. Armut ist ein realer gesellschaftlicher Zustand, der Bewegung, d.h. Unruhe, Suche nach Existenzmöglichkeiten, Entwicklung von Überlebensstrategien, von Normen und Werten zum Schutz des Lebens usw. bis hin zum offenen Widerstand gegen Ausgrenzungs- und Vernichtungspraktiken in sich birgt und so elementar die eigene Negierung beinhaltet. Der Begriff Armut ist dagegen vor allem bei den Deutschen fast ausschließlich negativ besetzt! Er wird also nach wie vor als Herrschaftsinstrument benutzt, um diese Dynamik, diesen Kampf um Existenz und Freiräume zu marginalisieren, zu pervertieren, zu kriminalisieren, d.h. um ihn nicht politisch zum Ausdruck kommen zu lassen. Dies geschieht durch das Verschweigen und die Negierung der Armut als einer sozialen Realität und wenn das – wie heute – nicht mehr möglich ist, durch Ignorierung, Diffamierung und Ausgrenzung.

Den Armutsbegriff zu revidieren oder ihn einfach zu normalisieren, würde heißen, ihn als einen widerspruchsvollen, also vielseitigen, dynamischen Begriff zu verstehen und zu verwenden. Das hätte zur Konsequenz, die Armut, als Kategorie und Zustand nicht ausschließlich mit Passivität zu identifizieren, sie nicht zu verachten und dementsprechend auch nicht, die Armut als Lebenslage für die anderen, die »wirklich« Betroffenen zu reservieren!

Für die politisch Aktiven im Stadtteil wäre es mit Sicherheit eine politische Bereicherung, sich ernsthaft zu überlegen, ob viele Widerstandsaktivitäten im Stadtteil nicht gerade die Widersprüchlichkeit und Dynamik von Verarmungsprozessen zum Ausdruck bringen und ob viele der daran Beteiligten nicht einen Teil der Armen im Stadtteil ausmachen. Die eigene Armut offen politisch zu thematisieren, sie als Armut zu demonstrieren und so die erfahrenen materiellen Entbehrungen, die Diskriminierung und Verfolgung als den Klassenkampf der Herrschenden gegen widerstandsfähige Arme nachzuweisen, wären einige Folgen dieses Umdenkens und einer realitätsnahen politischen Selbstdefinition für die Majorität der Aktiven im Stadtteil. Dieses hätte wahrscheinlich eine Annäherung an die Majorität der Armen im Stadtteil bewirkt, zumindest aber zur Normalisierung der Kommunikation mit ihnen beigetragen. Ein derartiges Verständnis von Armut und Widerstand gegen die Armut wäre ein radikaler Angriff gegen die Verschleierung, Privatisierung und Pervertierung der Armut in bestimmten Nachbarschaften Sankt Paulis und in Hamburg überhaupt!

Für eine Politisierung der Armut aus der Armut heraus bzw. für die Kommunikation verarmter Menschen über das grundsätzlich Gemeinsame und seine politische Bedeutung bedarf es einer Revidierung des Verständnisses über das, was »politisch« bzw. »unpolitisch« sei. Man sollte sich zum Beispiel ernsthaft fragen, ob die Politikfragmente, die zur Zeit im Stadtteil als Selbsthilfe gegen die Angriffe der Krise bzw. die staatlichen Reglementierungen realisiert werden, eine Definitionsmacht darüber begründen, wer denn da politisch sei und wer nicht! Vielmehr scheinen manche Tendenzen, die Mehrheit der Bevölkerung im Stadtteil als unpolitisch zu betrachten, eine politische Verarmung zum Ausdruck zu bringen. Diese läßt sich zum Beispiel darin vermuten, daß unzureichende Kenntnisse über den Stadtteil und seine Bevölkerung bestehen und/oder daß keine politischen Kategorien vorhanden sind für die Auswertung von Alltagserfahrungen. Wir haben wiederholt auf die Bedeutung der sogenannten Kleinarbeit in der Nachbarschaft hingewiesen. Akzeptieren und Helfen, Konfligieren und Schlichten, Kritisieren und Schützen sind Qualitäten aktiven Lebens und bewußten Handelns, die zur kritischen Humanisierung, zur Politisierung des Alltags führen und vor Entfremdung, Verelendung und faschistoiden Tendenzen schützen können. Diese qualifizierten Alltagsbeziehungen können weder durch institutionalisierte Sozial-, Mieter-, Frauen- etc. Beratungen noch durch Veranstaltungen oder Demonstrationen ersetzt werden. Organisierte Daueraktivitäten und politische Aktionen haben dagegen um so mehr Chancen, vermittelt, wahrgenommen und akzeptiert zu werden, je größer das Vertrauen und je breiter die Solidarität in der Nachbarschaft sind. »Kleinarbeit« ist zwar sanfte aber dafür umso wirksamere direkte Aktion im Alltag. Sie ist Widerstand gegen die Barbarei vor Ort.

Wir haben festgestellt, daß es in Sankt Pauli einige wesentliche soziale und kulturelle Voraussetzungen und viele kritische, humane und politisch bewegte Menschen vorhanden sind, die zu einer Politisierung der Armut aus der Armut heraus beitragen könnten. Für diesen stadtteilpolitischen Prozeß erweisen sich als erforderlich:

die Überwindung der herrschenden Ideologien gegen die Armut und der Marginalisierung der Armen;

neue Erkenntnisse über Armut und Widerstand unter den zur Zeit politisch Aktiven; Integration in den Stadtteil und in die Stadtteilkultur durch Übernahme, Kommunikation und Fortqualifizierung ihrer humanen Grundwerte und durch Politisierung des Alltags in der Nachbarschaft;

Entwicklung von lebenswichtigen, stadtteilpolitischen Widerstandsaktivitäten von Armen mit Armen gegen die Spaltung der Betroffenen und die Fragmentierung des Lebens.

Erkämpfung menschenwürdiger Existenzbedingungen und Freiräume vor Ort und für alle!

Gegen Verarmung und Passivität – Kontakte, Kommunikation, Kooperation

Eines der Ziele dieser Untersuchung über Verarmungsprozesse und Verelendungstendenzen auf regionaler bzw. Stadtteilebene war der

Praxisbezug: die im Verlauf der Untersuchung gewonnenen Erkenntnisse, die durch die teilnehmende Beobachtung von Aktivitäten entstandenen Erfahrungen, weiterführende, praxisrelevante Fragen sowie ausgewählte Ergebnisse der Befragung von Experten/innen vor Ort sollten interessierten Kreisen von sozial und politisch engagierten Menschen im Stadtteil mitgeteilt und mit ihnen diskutiert werden; sie sollten zur Gestaltung stadtteilpolitischer Praxis beitragen.

Um die praxisrelevante Orientierung der Untersuchungsarbeit zu fördern, kontaktierten wir eine Reihe von Personen, Gruppen, Initiativen und Vereinen, deren Stellung, Funktion oder politisches Programm einen direkten Bezug zu sozialen Fragen im Stadtteil annehmen ließ. Wir mußten feststellen, daß Sankt Pauli ein beliebter Standort für viele Gruppen ist, deren Aktivitätsradius jedoch sich ausschließlich auf den Mitgliederkreis beschränkt. Einige Initiativen mit gesellschaftspolitischen Anspruch waren prinzipiell mißtrauisch gegenüber »Wissenschaft und Forschung«, andere schienen in einer sozialpolitischen Arbeit »mit der Bevölkerung« nur entfremdete, traditionelle Sozialarbeit zu erblicken, usw.

Zu einer ersten Kooperation mit sozial engagierten Menschen im Stadtteil kam es im Oktober 1986. Mit einer Gruppe von Mitgliedern der *Ambulanten Hilfe Hamburg e.V.* wurden Fragen, Probleme und Perspektiven kooperativer, stadtteilbezogener sozialer und politischer Praxis diskutiert. Dies führte später zu einer Diskussionsveranstaltung mit Mitarbeitern/innen der Gruppe, die sich für eine kritische Umsetzung ihres Arbeitskonzeptes im Stadtteil interessierten und die Möglichkeiten bzw. die Grenzen effekltiver Bekämpfung von Wohnungslosigkeit und sozialer Verelendung problematisierten. Mit unmittelbar gefährdeten Menschen – das wurde dabei deutlich – arbeitet im Stadtteil außer dieser Gruppe die Heilsarmee in der Talstraße in Sankt Pauli-Mitte. »Im Stadtteil« – so ein Mitarbeiter der AHH – »gibt es traditionell eine Einrichtung der Heilsarmee; sie wird von vielen so ein bißchen belächelt. Ich persönlich habe sie immer für eine wichtige Einrichtung gehalten, unabhängig von meinen ideologischen Differenzen zur Heilsarmee ... Es ist eine Tatsache, daß viele der Wohnungslosen oder ›Berber‹ auf Sankt Pauli diese Einrichtung nutzen. Ansonsten gibt es in diesem Bereich kaum Einrichtungen mit ähnlicher Zielsetzung.«[4]

Zu diesen Tatsachen kam unsere Feststellung hinzu, daß von manchen Gruppen zwar eine prinzipielle Ablehnung von Sozialarbeit geäußert, jedoch eine Inanspruchnahme derselben praktiziert wird, sobald es sich um direkt gefährdete Menschen handelt. Wir gewannen den Eindruck, daß eine offene »Vernetzung« zwischen kritischen Sozialeinrichtungen und anderen Gruppen die Kooperation effektivieren und gleichzeitig den Dialog fördern könnte, vorausgesetzt, man hat einen gemeinsamen Bezug auf dieselben Personengruppen im Stadtteil.

Als produktiv und weiterführend erwies sich auch unsere Kontaktaufnahme und Kooperation mit Mitgliedern des *Vereins für stadtteilbezogene Medienarbeit e.V. »die thede«*, in Altona-Altstadt, die an einem Projekt sozialhistorischer und aktueller filmischer Darstellung von Verarmung in Hamburg arbeiteten; ferner die Kontaktaufnahme und Kooperation mit dem am 26.1.1987 gegründeten *»St. Pauli Archiv e.V.«*, dessen Initiatoren die Bedeutung der historischen Stadtteilforschung für die aktuelle Stadtteilpolitik hervorhoben und auf die kritische politische Tradition Sankt Paulis hinwiesen.[5]

Die Notwendigkeit intensiver und langfristiger Zusammenarbeit zwischen sozial engagierten Personen und Gruppen im Stadttteil unterstrichen Mitglieder der Kirchengemeinden Friedenskirche und St. Johanniskirche, die uns auf die krisenbedingte, sich ausbreitende Passivität bei älteren und jungen Betroffenen bzw. auf die prekäre Lage verarmter Frauen, Behinderter u.a. Gruppen aufmerksam machten. Ihre Schilderungen über die Lage sozial isolierter und/oder kranker Menschen im Stadtteil korrespondierten mit Berichten und Einschätzungen von sozial engagierten Ärzten, Mitgliedern der *Bürgerinitiative »Betty Heine Projekt« für die Errichtung eines Ambulatoriums für Sankt Pauli* im ehemaligen israelitischen Krankenhaus, an der Simon-von-Utrecht-Straße[6] sowie mit Berichten und Problemdarstellungen zur Lage pflegebedürftiger Menschen seitens engagierter Pfleger/innen.

Für Solidarität und Widerstand – ein Forum für alle?

Die Einsicht in die Notwendigkeit verstärkter gegenseitiger Information und Kooperation veranlaßte dann im Frühjahr 1987 Mitglieder einiger der o.g. Projekte, einen Vorschlag zur Errichtung eines Forums gegen Verarmung und Passivität in Sankt Pauli und im benachbarten Altona-Altstadt zu verbreiten. In diesem Vorschlag, der an ca. 40 Gruppen, Initiativen, Vereine, Wohnprojekte und Personen gesendet wurde,[7] betonten die Initiatoren/innen nach einer kurzen Schilderung der sozialen Fragen im Stadtteil:

»Bekannt ist aber auch, daß es in unseren Stadtteilen viele Menschen, Gruppen, Initiativen und Organisationen gibt, die in verschiedensten Formen Widerstand gegen die Zunahme dieser Entwicklung und deren Folgen, nämlich Verelendung und Passivität, leisten. Wir erleben allerdings wenig Zusammenarbeit:

Wir vermissen bei uns und im Stadtteil die kontinuierliche Aufdekkung der Misere, in der viele Nachbarn und Nachbarinnen leben müssen.

Wir vermissen den ständigen und gemeinsamen, politisch effektiveren Protest gegen Verarmung und Ausgrenzung. ... .

Wenn wir alle, die im Stadtteil sozial und politisch engagiert sind, in den letzten Jahren keine bemerkenswerte Arbeit für und mit betroffenen Menschen entwickeln konnten, dann liegt das zum Beispiel am Fehlen gegenseitiger Information, an Vorurteilen, Ängsten, oder auch am Mangel an Vorstellungen darüber, wie wir gemeinsam auftreten und handeln können.«

Dieser Einladung folgten einige Organisationen und Personen, die am 11.5.87 das Forum konstituierten. Zur Gründung und Zielsetzung dieser Einrichtung informiert der folgende Abschnitt aus einer Mitteilung:

Forum gegen Verarmung und Passivität
in St.Pauli und Altona/Altstadt
Hamburg, den 07.08.87

Liebe Freundinnen,
Liebe Freunde,

am 11.5.87 hat sich das FORUM GEGEN VERARMUNG UND PASSIVITÄT IN ST.PAULI UND ALTONA/ALTSTADT KONSTITUIERT. AN DIESER ZUSAMMENKUNFT, zu der auch Ihr eingeladen ward, haben folgende Organisationen, Initiativen bzw. Stadtteilgruppen teilgenommen.

ALZ Lindenallee
Erwerbslosen-/Jobberladen Balduinstraße
Schanzenleben Stadtteilzeitung
FAU/R Thadenstraße
FAU-Libertäres Zentrum, Lagerstraße
St.Pauli Archiv e.V.
Friedenskirche Altona
Ambulante Hilfe e.V., Lippmannstraße
Projekt Ambulatorium
Freie ambulante Pflegegruppe e.V.

Projekt Altern in Armut

Einzelpersonen, die sich für Stadtteilfragen und -probleme (z.B. Verarmung von Frauen) interessieren.

Das FORUM ist keine neue Organisation, sondern eine Möglichkeit der kontinuierlichen Auseinandersetzung für diejenigen Menschen, die in unserem Stadtteil an sozialen Fragen und praktischen Problemen stadtteilbezogen arbeiten.

Wesentliches Ziel ist dabei, Formen einer effektiven Zusammenarbeit in dieser stadtteilbezogenen Arbeit zu entwickeln und eine Verbesserung der konkreten praktischen Hilfen zu erreichen. Seit der Konstituierung haben wir uns regelmäßig getroffen. Neue Gruppen und Initiativen sind dazu gekommen. In der ersten Zeit haben wir uns vor allem mit der Frage auseinandergesetzt, auf welche Weise wir unsere Zielsetzung als Forum konkretisieren und die Inhalte am besten der Bevölkerung bekannt machen können. Ein Ergebnis dieser Diskussion war, daß wir als FORUM von den Problemen der Bevölkerung ausgehen und gemeinsame, gruppenübergreifende Aktivitäten entwickeln müssen.

Ausgehend von der sozialen Lage im Stadtteil, ergeben sich hier folgende Problemschwerpunkte:

Erwerbslosigkeit/Verarmung,

Armut unter älteren und jüngeren Menschen,

Obdachlosigkeit,

Krankheit,

die Wohnungsfrage (z.B. Sanierung, Vertreibung von Menschen).

Das Problem Erwerbslosigkeit in St.Pauli und Altona/Altstadt wollen wir als Thema für unsere erste FORUMSVERANSTALTUNG nehmen.

Hiermit möchten wir Euch einladen, aktiv an dieser Veranstaltung teilzunehmen. Sie findet

DONNERSTAG, DEN 24. SEPTEMBER

statt und versteht sich auch als Beitrag des Forums zur Null-Tarif-Aktionswoche.

Es waren vor allem die Mitglieder der sich als überregional verstehenden politischen Organisationen, die, nach einer oder zwei Versammlungen, nicht mehr am Forum teilnahmen. Mitglieder dagegen der Projekte, Initiativen und Vereine, die sich ausschließlich oder vorwiegend mit Fragen des Stadtteils oder betroffener Menschen im Stadtteil befaßten, beteiligten sich kontinuierlich oder oft an Versammlungen des Forums. Bis Ende ›87 erschienen einige neue Gruppen, die über ihre Arbeit und ihre Erfahrungen mit sozialen und/oder Widerstandsaktivitäten im Stadtteil berichteten. Das waren zum Beispiel Mitglieder der Stadtteilgruppe St.Pauli der GAL, der Hamburger Erwachsenenbildung (Alphabetisierung), des Sozialdienstes Katholischer Frauen (SKF) in Altona-Altstadt, des Vereins zur Förderung von Selbsthilfe e.V., Mieterinitiativen und andere Gruppen aus dem Stadtteil.

Inwieweit das Forum als ein Ort offener, undogmatischer Diskussion, gegenseitiger Unterstützung und gemeinsamer stadtteilbezogener Aktion einige seiner Ziele und Intentionen verwirklichen wird, war bis zum Abschluß dieser Untersuchung (Ende 87) noch nicht erkennbar. Leicht einzuschätzen war jedoch, daß die gewünschte Skandalisierung zentraler, gruppenübergreifender Probleme wie Obdachlosigkeit bzw. Wohnungsfrage, Krankheit bzw. Gesundheitsfrage, Verarmung und Verelendung bzw. Entfremdung usw. nur schwer eine neue Qualität und Effektivität erreichen kann, wenn das Selbstverständnis der Aktiven dasselbe und ihre Kommunikations- und Interaktionsmethoden die gewohnten bleiben. Denn alle Engagierten in diesem Stadtteil, auch die Verfasserin dieses Berichtes, sind an den kleinen Erfolgen wie auch an den großen Problemen unseres Stadtteils beteiligt und für die Realisierung von Solidarität und Widerstand in Sankt Pauli verantwortlich.[8]

Anmerkungen

Teil I. St. Pauli heute.

1 Ortsteil 112
2 Ortsteil 109
3 Ortsteil 108
4 Ortsteile 110 und 111
5 Lefèbvre, Henri: Die Revolution der Städte, Syndikat, Ffm 1976, S.21
6 Vor dem und über das Sozialamt Wohlwillstraße fanden in den letzten Jahren zahlreiche Aktivitäten statt: Informationsveranstaltungen, Zwischenkundgebungen bei Demonstrationen der Erwerbslosen- und Sozialhilfeempfängerinitiativen, Aktionen zur Durchsetzung der vollen Mietbeihilfe für Sozialhilfeempfänger aus den Häuserprojekten Hafenstraße und Schanzenstraße 41a und andere. Dazu u.a.: »Schwarze Katze« (Zeitschrift der Erwerbslosen- und Jobberinitiativen in Hamburg) Heft 3, 1985, S. 29f. und Heft 4, 1987, S. 4f; ferner »Wohnsitz: Schanzenstraße 41a« in: »die tageszeitung« v. 18.9.1987
7 Lefèbvre, H.: a.a.O., S. 25f
8 a.a.O., S. 27
9 a.a.O., S. 24f
10 »Experten vor Ort«, Interview Nr. 5, im folgenden zit. Interv. Nr. 5
11 »Experten vor Ort«, Interview Nr. 1, im folgenden zit. Interv. Nr. 1
12 Lefèbvre, H.: a.a.O., S. 25
13 ebd.
14 Interv. Nr. 5
15 a.a.O.
16 a.a.O.
17 »Experten vor Ort«, Interview Nr. 7, im folgenden zit. Interv. Nr. 7
18 Interv. Nr. 1
19 Lefèbvre, H.: a.a.O., S. 25
20 ebd.
21 Vgl. Möller, Ilse: Hamburg, Klett/Länderprofile, Geographische Strukturen, Daten, Entwicklungen, Ernst Klett Verlag, Stuttgart, 1985, S. 73, Tabelle 13
22 a.a.O., S. 234. 1980 lag jedoch die Dichte in Sankt Pauli höher als in anderen innerstädtischen Gebieten, wie z.B. St. Georg (59 Einw./ha) oder in Stadtteilen, die in der Nachkriegszeit eine andere Bevölkerungsentwicklung erfuhren als Sankt Pauli, wie etwa Ottensen (107 Einw./ha) oder Altona-Altstadt (103 Einw./ha). Vgl. ebd.
23 Vgl. u.a. Haak, A./Zirwes, M.: Hamburg, in Friedrichs, J. (Hrsg): Stadtentwicklungen in kapitalistischen und sozialistischen Ländern, Reinbek bei Hamburg, 1987, S. 84–139
24 Vgl. Grüttner, M.: Wem die Stadt gehört, Stadtplanung und Stadtentwicklung in Hamburg 1965–1975, Verlag Association, Hamburg, 1976
25 Vgl. Bura, Josef u.a.: Sanierung und Gegenwehr, Forschungsbericht, Hamburg, 1979, S. 33
26 Möller, I.: a.a.O., S. 123
27 ebd.
28 Vgl. u.a. Dähn, A.: Neu-Altona, Hamburg, 1958, S. 52
29 Vgl. Möller, I.: a.a.O., S. 124f
30 Der größte Teil dieser Untersuchung wurde Ende 1987 abgeschlossen
31 Statistisches Landesamt Hamburg, Einwohnerdatei, Stichtag 20.9.1987 und eigene Berechnungen
32 Ohne die Wohnungsfrage Anfang der 70er Jahre zu unterschätzen (Vgl. Bura, J.

u.a.: a.a.O., S. 44ff), sind wir der Meinung, daß es immer eine Alternative zur Fluchtergreifung aus dem Stadtteil gibt, bzw. daß das Mobilitätsverhalten vieler Betroffener mit Aufstiegsvorstellungen und Entsolidarisierungstendenzen unter Arbeiterfamilien einherging.

33 Der Rückgang der Geburten bei ausländischen Frauen ist keine spezifische Sankt Pauli-Entwicklung, sondern eine allgemeine Tendenz in der Bundesrepublik: »Während das Geburtenniveau deutscher Frauen von 1975 auf 1985, allerdings von sehr niedrigem Ausgangsniveau, nur um sieben Prozent abnahm, sank es bei allen Ausländerinnen um 37 Prozent. Überdurchschnittlich schnell verlief der Anpassungsprozeß bei den Griechinnen (minus 56 %) und bei den Türkinnen (minus 44 %)« schreiben dazu Höhn, C./Schulz, R.: Bericht zur demographischen Lage in der Bundesrepublik Deutschland in: Zeitschrift für Bevölkerungswissenschaft, Heft 2, 1987, S. 154; vgl. ferner Proebsting, H.: Eheschließungen, Scheidungen, Geburten und Sterbefälle von Ausländern 1985, in: Wirtschaft und Statistik, Heft 3, 1987, S. 223–229

34 Statistisches Landesamt Hamburg: a.a.O.

35 Vgl. u.a. Klein, Jürgen: Unsere ausländischen Arbeiter sind Fremdarbeiter, Stiftung Europa-Kolleg Hamburg, 1977, S. 107ff

36 Der Ausländeranteil an der Bevölkerung Sankt Paulis betrug 1985 36,6 v.H. , 1986 36,4 v.H. und 1987 35,8 v.H. Vgl. Statistisches Landesamt: a.a.O., Stichtag 20.9. des betr. Jahres

37 Vgl. Statistisches Landesamt – Einwohnerdatei, Stichtag 20.9.1987

38 Ausführlicher dazu im Abschnitt II. dieses Berichtes

39 Möller, I.: a.a.O., S. 133

40 Braun, P.: Die sozialräumliche Gliederung Hamburgs, Dissertation, Hamburg, 1968, S. 51

41 ebd.

42 Möller, I.: a.a.O., S. 121

43 Schmidt-Relenberg, N. u.a.: Sanierungsbedürftigkeit und Sanierungsbewußtsein, Mieterbefragung in den Hamburger Stadtteilen St. Georg und St. Pauli, Hamburg, 1972

44 a.a.O., S. 38f

45 ebd.

46 Berechnet nach der Tabelle: St. Pauli, Altersgruppen/Untersuchung, a.a.O., ohne Seitenangabe

47 a.a.O., S. 40

48 a.a.O., S. 41f

49 a.a.O., S. 42

50 a.a.O., S. 85

51 a.a.O., S. 41

52 a.a.O., S. 84

53 a.a.O., S. 41

54 a.a.O., S. 84

55 a.a.O., S. 58

56 ebd.

57 a.a.O., S. 57

58 a.a.O., S. 58

59 ebd.

60 a.a.O., S. 58f

61 a.a.O., S. 12. Als den »Gipfel des Zynismus« (ebd.) bezeichneten Schmidt-Relenberg u.a. die sozialen Zielvorstellungen der Hamburger Sanierungsplaner, Sankt Pauli als Wohnstandort breiten Bevölkerungsgruppen anzubieten und zugleich die alteingesessene Bevölkerung im Gebiet behalten zu »wollen«!

62 a.a.O., S. 13

63 a.a.O., S. 12

64 Vgl. Bura, J. u.a.: a.a.O., S. 44ff

65 Vgl. dazu Baubehörde Hamburg in Kooperation mit der Pressestelle Hamburg:

Leitgedanken für Stadtteile der inneren Stadt in Hamburg, Hamburg, 1977

66 Vgl. Bura, J. u.a.: a.a.O., S. 61

67 a.a.O., S. 62

68 Arbeitsgruppe Karolinenviertel, im Auftrag der Freien und Hansestadt Hamburg, Baubehörde: St. Pauli-Nord, Karolinenviertel, vorbereitende Untersuchungen, Sozialstudie, Hamburg, Dezember 1985, S. 31

69 GEWOS GmbH Hamburg: Hamburg, St. Pauli-Nord, Schulterblatt, vorbereitende Untersuchungen, Teil A. , Hamburg, November 1982, S. 46

70 ebd.

71 a.a.O., S. 45

72 a.a.O., Anlage 2, S. 5

73 Im Sanierungsgebiet Schulterblatt hat sich die Bewohnerzahl zwischen 1970 und 1979 um 11,0 v.H. verringert. Vgl. GEWOS: a.a.O., Anlage 2, S. 1

74 Zu den Umzugsabsichten von ausländischen Familien aus dem Sanierungsgebiet Schulterblatt vgl. GEWOS: a.a.O., S. 49

75 Eine einzige Ausnahme bildete 1980 Spadenland im Ortsamtsgebiet Vier- und Marschlande mit einem Median von 23.750 DM; Vgl. Statistisches Landesamt Hamburg: Regionalisierte Daten aus der Lohn- und Einkommensstatistik für Hamburg für die Jahre 1980 und 1983, veröffentlicht 1984 bzw. 1987

76 Statistisches Landesamt Hamburg: a.a.O.

77 Vgl. Behörde für Arbeit, Jugend und Soziales (BAJS) Hamburg: Sozialhilfe in Hamburg 1980 bis 1984/85, Hamburg, 1986, S. 47

78 Statistisches Landesamt Hamburg: a.a.O., Daten des Jahres 1983

79 Zur Entwicklung der Preisindices vgl. u.a. Statistisches Bundesamt (Hrsg.): Statistisches Jahrbuch 1985, Wiesbaden, 1985, S. 516f

80 Einen Überblick über die diskutierten Einkommensentwicklungen in den Ortsteilen Sankt Paulis vermittelt die Tabelle 1, zu einem Vergleich mit ähnlichen Prozessen in benachbarten Stadtteilen dient die Tabelle 2. Beide im Anhang dieses Berichtes.

81 Vgl. BAJS Hamburg: a.a.O.

82 Vgl. BAJS Hamburg: a.a.O.

83 »Vergnügungs- und Gesellschaftszentrum sind Erklärungsgründe für den verhältnismäßig hohen Anteil der Selbständigen, die sonst in den Arbeitervierteln fast völlig fehlen. In größerer Entfernung von dieser trügerischen Fassade läßt sich der Slum-Charakter aber kaum verhehlen« schrieb P. Braun 1968 zur sozialstrukturellen Diskrepanz zwischen dem Vergnügungsviertel an der Reeperbahn und den Wohngegenden Sankt Paulis. Vgl. Braun, P.: a.a.O., S. 53

84 Nur die Stadtteile Veddel mit 2, 2 v.H. und Dulsberg mit 2,4 v.H. wiesen einen niedrigeren Anteil von »Großverdienern« auf.

85 Mit 70,1 v.H. lag Sankt Pauli in dieser Hinsicht höher als etwa die Stadtteile Billstedt mit 54,7 v.H. , Altona-Altstadt mit 62,0 v.H. oder Dulsberg mit 68,9 v.H.

86 Ortsteil 112; vgl. Tabelle 1 im Anhang dieses Berichtes

87 Wie bekannt, werden bei diesen statistischen Datenerhebungen Lohnsteuerpflichtige mit geringem Bruttolohn, der durch rechnerischen Abzug des Versorgungs-, Arbeitnehmer-, Weihnachts- und Werbungskostenfreibetrages aufgezehrt bzw. negativ wird, nicht berücksichtigt.

88 Ortsteil 109; vgl. Tabelle 1, a.a.O.

89 GEWOS: a.a.O., S. 46

90 Durch die von GEWOS durchgeführte Befragung wurden 80,7 v.H. der Haushalte in diesem Sanierungsgebiet erreicht. Vgl. a.a.O., S. 45

91 a.a.O., S. 46

92 ebd.

93 Statistisches Landesamt Hamburg: Empfänger von Sozialhilfe, 1985

94 siehe a.a.O. und nach eigenen Berechnungen

95 Und zwar nach den Stadtteilen Billstedt und Rothenburgsort-Veddel

96 Daten zu den Empfängern von Sozialhilfe 1986 ließen dennoch einen Vergleich der Anteile der LHU-Empfänger/innen an der Bevölkerung Sankt Paulis

1985–1986 zu. Siehe dazu Tabelle 3 im Anhang dieses Berichtes.

97 An dieser Stelle beziehen wir uns auf zwei Einzelinterviews und ein ergänzendes Gruppengespräch mit »Experten vor Ort«, im folgenden zit.: Interv. Nr. 9, Interv. Nr. 9a (Gruppengespräche) und Interv. Nr. 10

98 Interv. Nr. 9

99 Vgl. Tabelle 3, a.a.O.

100 Vgl. Tabelle 4, a.a.O.

101 Interv. Nr. 9a

102 Interv. Nr. 9

103 Interv. Nr. 10

104 ebd. Zur Diskussion um die zukünftige Entwicklung der Renten sowie – damit zusammenhängend – zur Debatte um die geplante Rentenreform Anfang der 90er Jahre vgl. u.a. Ruland, F.: Nur nicht den Mut verlieren, in: Die Zeit, Nr. 14 v. 1.4.1988; Förster, J.: Zwischen Überforderung und sozialer Demontage, in: Frankfurter Rundschau v. 21.7.1988; Günther, I.: Will Bonn das Rentenalter jährlich um drei Monate anheben?, in: Frankfurter Rundschau v. 2.6.1988; Kirchberger, P.: Rentenreform: Flickschusterei am sozialen Netz, in: Die tageszeitung v. 12.4.1988

105 Interv. Nr. 9a

106 ebd.

107 Interv. Nr. 9

108 ebd.

109 Interv. Nr. 9a

110 Zum Zusammenhang von Erwerbseinkommen und Sozialhilfebezug vgl. auch Untersuchungen, die sich mit diesem Problem auf Bundesebene befassen, u.a. Deininger, D.: Die wirtschaftliche Lage von Empfängern von laufender Hilfe zum Lebensunterhalt im Vergleich zum Arbeitseinkommen unterer Lohngruppen, in: Nachrichtendienst des Vereins für öffentliche und private Fürsorge, Heft 4, 1981, S. 104–110; Breuer, W./Hartmann, H.: Sozialhilfeniveau und Einkommen von Arbeitnehmern in unteren Lohngruppen, in: WJS-Mitteilungen, Heft 8, 1982, S. 447–467; Rockauf-Schneider, R.: Kinder als Armutsursache von Lohnempfängern?, in: Zeitschrift für Bevölkerungswissenschaft, Heft 1, 1988, S. 23–48

111 Interv. Nr. 9

112 Vgl. dazu u.a. Hartmann, H.: Sozialhilfebedürftigkeit und »Dunkelziffer der Armut«, Bd. 98 der Schriftenreihe des Bundesministeriums für Jugend, Familie und Gesundheit, Stuttgart, 1981

113 Interv. Nr. 9

114 Interv. Nr. 9a

115 Interv. Nr. 10

116 ebd.

117 Interv. Nr. 10

118 ebd.

119 Interv. Nr. 9a

120 Interv. Nr. 10

121 ebd.

122 Interv. Nr. 9

123 Interv. Nr. 10

124 Interv. Nr. 9

125 Interv. Nr. 10

126 ebd.

127 Interv. Nr. 9

128 Interv. Nr. 10

129 ebd. Zur Problematik älterer, gesundheitlich beeinträchtigter Menschen in Hamburg, insbesondere zu deren Problem, trotz erheblicher Beeinträchtigung ihrer Gesundheit eine Erwerbsunfähigkeitsrente zu bekommen, vgl. Heinsohn, J.: Für die Arbeit zu schwach? Für die Rente zu jung? Eine kritische Auseinander-

setzung mit Verarmungs- und Verelendungstendenzen älterer frühinvalider Menschen unter besonderer Berücksichtigung der Großstadt Hamburg, Diplomarbeit, Universität Hamburg 1987, insbesondere S. 61–101

130 Zwar besteht die Mehrheit dieser Betroffenen aus deutschen Arbeitern; ähnlich betroffen sind aber auch viele ältere Arbeitsimmigranten der ersten Immigrantengeneration. Siehe dazu Abschnitt III dieser Arbeit.

131 Interv. Nr. 10

132 Zur Entwicklung der Wohnungslosigkeit in Hamburg seit 1945 vgl. Plum, W.: Wohnungslosigkeit in Hamburg – Der institutionelle Umgang mit einer akuten Armutssituation und die Konsequenzen für die Lebenslage der Betroffenen, Forschungsreihe des Hamburger Instituts für Sozialforschung, Bd. 4, Hamburg, 1988.

133 »Experte vor Ort«, Interview Nr. 11, im folgenden zit. Interv. Nr. 11

134 Interv. Nr. 2

135 Interv. Nr. 5

136 ebd.

137 Interv. Nr. 11

138 »Experte vor Ort«, Interview Nr. 4, im folgenden zit. Interv. Nr. 4

139 Interv. Nr. 1

140 »Die letzten Wohnwagen verschwinden«, in: »Die Welt« v. 5.8.1960

141 ebd.

142 Mitteilungen des Senats an die Bürgerschaft, Jg. 1959, Gesetz gegen das Beziehen, Aufstellen und Überlassen von Wohnwagen (Wohnwagengesetz), Hamburg, d. 5. Mai 1959, Begründung zum Entwurf des Wohnwagengesetzes, S. 298

143 ebd.

144 ebd.

145 »Wohnwagen-Übel wird radikal beseitigt«, in: »Die Welt« (Hamburg) v. 23.7.1959

146 ebd.

147 Mitteilungen des Senats an die Bürgerschaft ...: a.a.O., S. 296

148 »Die Wohnwagen-Slums lichten sich«, in: »Die Welt«(Hamburg) v. 1.2.1960

149 ebd.

150 Mitteilungen des Senats an die Bürgerschaft ...: a.a.O., S. 295

151 ebd.

152 ebd.

153 Vgl. »Wohnwagen-Übel ...«: a.a.O.

154 Mitteilungen des Senats an die Bürgerschaft ...: a.a.O.

155 ebd.

156 Vgl. »Die letzten Wohnwagen verschwinden«, a.a.O.

157 Interv. Nr. 11. Eine Kritische Auseinandersetzung mit den hier zur Diskussion stehenden Problemen alleinstehender Wohnungsloser oder »Nichtseßhafter« findet man bei Klee, E.: Pennbrüder und Stadtstreicher, Nichtseßhaften-Report, Fischer Verlag, Ffm, 1981

158 Interv. Nr. 11

159 ebd.

160 Interv. Nr. 1

161 Zu den bestehenden rechtlichen Möglichkeiten gegen alleinstehende Wohnungslose vorzugehen vgl. u.a. Kubis, H.: Alleinstehende Wohnungslose auf der Straße: zwischen polizei- und ordnungsrechtlichen Abwehrmaßnahmen und sozialen Hilfen, in: Gefährdetenhilfe, Heft 1, 1986, S. 19–21; ferner Kranz, W.: Polizisten und Stadtstreicher, in: Gefährdetenhilfe, Heft 3, 1984, S. 61–64.

162 Interv. Nr. 2

163 Eine systematische Befragung alter und neuer Sankt Paulianer/innen wäre neben Beobachtungen und Expertenbefragung die Voraussetzung für die Untersuchung dieser politischen Kultur erforderlich.

164 Interv. Nr. 1

165 ebd.

166 ebd.

167 Nach teilnehmender Beobachtung und Straßenbefragung von »Unbeteiligten« in den Jahren 1985–1987 im Zusammenhang mit der Stadtteilblockade/»Hamburger Kessel« (Karolinen- bzw. Schanzenviertel), dem Volkszählungsboykott (Schulterblatt) und den Häuserprojekten (Hafen- und Schanzenstraße).

168 Vgl. Herrmann, M./Lenger, H.-J./Reemtsma, J. P./Roth, K. H.: »Hafenstraße«, Chronik und Analysen eines Konflikts, Verlag am Galgenberg, Hamburg, 1987

169 Interv. Nr. 2. Gemeint sind die Wahl zur Hamburgischen Bürgerschaft am 9. November 1986 und am 17. Mai 1987. Vgl. auch Statistisches Landesamt Hamburg: Analyse der Hamburger Wahlen am 9. November 1986, zur Wahlbeteiligung: Stadtteilkarte S. V; Stimmanteile der SPD: Stadtteilkarte X; ferner Statistisches Landesamt Hamburg: Wie die Hamburger wählten Teil II – Wählerverhalten nach Gebietstypen – Wahlen zur Hamburger Bürgerschaft und zu den Bezirksversammlungen am 17. Mai 1987, insbesondere S. 3 und S. 6. Sankt Pauli, ein Gebiet mit niedrigem sozioökonomischem Status wies bei unterdurchschnittlicher Wahlbeteiligung einen überdurchschnittlichen Stimmenanteil für die Grünen/GAL auf.

170 Interv. Nr. 2

171 Schmidt-Relenberg, N. u.a.: a.a.O., S. 79f

172 Die materielle Grundintention der Kämpfe der Bewohner/innen wurde z.B. im Falle der »Hafenstraße« spätestens dann allen ersichtlich, als das Hafenstraßenplenum im Herbst 1987 beschloß, einen vorerst als »Knebelvertrag« abgelehnten Vertrag mit der Stadt schließlich doch zu unterschreiben, um die Häuser zu erhalten. Siehe dazu »Hafenstraße: ›Knebelvertrag‹«, in: »die tageszeitung« v. 15.9.1987; ferner »Hafenstraße: Vertrag fertig«, in: »die tageszeitung« v. 10.8.1987.

173 Interv. Nr. 1

174 Diese politische Absicht wurde spätestens nach dem Scheitern der Verhandlungen um eine humane Alternative zu der problematischen Situation am Hafenrand deutlich. Vgl. Reemtsma, J. P.: Das Maul der Stadt, in: Herrmann, M. u.a.: a.a.O., S. 104ff, insbesondere Presseerklärung v. 8. Juli 1987, S. 122

175 Interv. Nr. 1

176 Eine Chronologie der Auseinandersetzungen findet man bei Flora-Plenum: Dokumentation, Teil I, September 1988, S. 6f; Ferner »Neues Schanzenleben« (Stadtteilzeitschrift), Heft 8 und Heft 9, 1988.

177 »Das Flora-Plenum der autonomen Gegner/innen von Umstrukturierung und Kommerz leistete ungefähr ab Jahresbeginn '88 Widerstand gegen das Theaterprojekt ... Ende Juni '88 bildete sich zusätzlich eine Initiative von Anwohnern/innen des Viertels. Und seit Anfang August '88 besteht auch ein Zusammenschluß von Gewerbetreibenden, die aus dem Stadtteil wegsaniert werden sollten.« Flora-Plenum: a.a.O., S. 5

178 a.a.O., S. 11

179 a.a.O., S. 10

Teil II. Sankt Pauli in der Vergangenheit

1 Vgl. Möller, I.: Hamburg, a.a.O., S. 61

2 Vgl. Wichmann, E. H.: Der Hamburger Berg, Vorstadt St. Pauli, historisch-topographisch dargestellt, Otto Meisner, Hamburg, 1879, S. 7f

3 Vgl. Landesplanungsamt Hamburg: Städtebaulicher Wettbewerb: Südliches Schlachthofgelände, Dokumentation, 1986

4 Vgl. Wichmann, E. H.: a.a.O., S. 31, Anmerkung; ferner Projektgruppe: »Wohnen im Stadtteil«: Der Schulterblatt, ein Viertel verändert sich, Hamburg, 1982, S. 13

5 Wichmann, E. H.: a.a.O., S. 8

6 ebd.

7 Vgl. Möller, I.: a.a.O., S. 59

8 Wichmann, E. H.: a.a.O., S. 6

9 Möller, I.: a.a.O., S. 59
10 a.a.O., S. 59f
11 Vgl. Projektgruppe »Wohnen im Stadtteil«: a.a.O., S. 13
12 Vgl. Hase, B.: Die Entwicklung von St. Pauli, Hamburg, 1986, S. 3
13 Möller, I.: a.a.O., S. 47
14 Wichmann, E. H.: a.a.O., S. 8
15 ebd.
16 Vgl. Hase, B.: a.a.O., S. 4; ferner Studienprojekt an der TU Hamburg-Harburg, WS/SS 1986/87: Projekt St. Pauli, Eine Untersuchung der Gewerbestruktur in St. Pauli-Süd, S. 10
17 Möller, I.: a.a.O., S. 60
18 Vgl. Engels, H.-W.: »Wo ein St. Paulianer hinhaut, wächst so leicht kein Gras wieder«, St. Pauli und die Revolution von 1848/49, in: Berlin, H (Hrsg): Das andere Hamburg, Pahl-Rugenstein-Verlag, Köln, 1982, S. 94
19 Hipp, H.: Altona, in: Plagemann, V. (Hrsg): Industriekultur in Hamburg, des deutschen Reiches Tor zur Welt, C. H. Beck Verlag, München, 1984, S. 40
20 ebd.
21 Vgl. Wichmann, E. H.: a.a.O., S. 9
22 Vgl. Hase, B.: a.a.O., S. 4; zur »Verwahrung des Elends« in Hamburg und insbesondere auf dem Hamburger Berg, vgl. Bauer, I.: Krankenanstalten als Ort der sozialen Aufbewahrung im 19. Jahrhundert am Beispiel Hamburgs, in: Autonomie Neue Folge, Heft 3, 1980. S. 76
23 Vgl. Mehnke, B.: Armut und Elend in Hamburg, Eine Untersuchung über das öffentliche Armenwesen in der ersten Hälfte des 19. Jahrhunderts, ergebnisse, Heft 17, Hamburg, April 1982, S. 36
24 Vgl. a.a.O., S. 83
25 Wichmann, E. H.: a.a.O., S. 9
26 ebd.
27 a.a.O., S. 10
28 Vgl. Hase, B.: a.a.O., S. 4
29 Z.B. eine größere Kavalleriewache für die 1727 ein Dragonerstall gebaut wurde. Ebd. Nicht selten kamen in diesem Grenzgebiet und Ort der Vergnügungen Streitereien zwischen Altonaern und Hamburgern vor, wie etwa 1734, die in der Regel mit Einmischung des Militärs und Verwundungen endeten. Vgl. dazu Wichmann, E. H.: a.a.O., S. 13f
30 Vgl. a.a.O., S. 18; zur Organisation des Hamburger Staates bzw. seiner »öffentlichen Ordnung« während und nach der »Franzosenzeit« vgl. u.a. Postel, R.: Öffentliche Ordnung, in: Plagemann, V. (Hrsg.): a.a.O., S. 166ff
31 Vgl. u.a. Projektgruppe »Wohnen im Stadtteil«: a.a.O., S. 13
32 Wichmann, E. H.: a.a.O., S. 14
33 Möller, I.: a.a.O., S. 61
34 Vgl. Postel, R.: a.a.O., S. 168
35 Vgl. u.a. Studienprojekt an der TU Hamburg-Harburg: a.a.O., S. 13
36 Vgl. Bauer, I.: a.a.O., S. 77
37 Postel, R.: a.a.O., S. 167
38 Vgl. u.a. Engels, H.-W.: a.a.O., S. 102
39 ebd.
40 Dazu aus der zeitgenössischen Zeitung »Die Reform«, Organ des Bürger-Vereins in St. Pauli, Nr. 37, 1848: »... So wie die Akzise nur einem Armen, der sich sein Brod auf St. Pauli geholt, dies wegnimmt, aber große Schinken in Equipagen einschmuggeln läßt, so macht es auch der Zunftwächter; ein Paar Stiefel, die von St. Georg oder von St. Pauli nach der Stadt gebracht werden sollten, nimmt er zuweilen weg, ohne aber die in Droschken und Equipagen eingebrachten anzuhalten, selbst ohne die aus Elmshorn ankommenden großen Ladungen Schuhe und Stiefel anzuhalten .... « Zit. bei Engels, H.-W.: a.a.O., S. 103
41 Kraus, A.: Die Unterschichten Hamburgs in der ersten Hälfte des 19. Jahrhunderts, Entstehung, Struktur und Lebensverhältnisse, eine historisch-statistische

Untersuchung, Sozialwissenschaftliche Studien, Heft 9, G. Fischer Verlag, Stuttgart, 1965
42 a.a.O., S. 11
43 ebd.
44 Engels, H.-W.: a.a.O., S. 94
45 ebd.
46 a.a.O., S. 93
47 Projektgruppe »Wohnen im Stadtteil«: a.a.O., S. 22
48 a.a.O., S. 20
49 Vgl. Wiek, P.: Das Etagenhaus, in: Plagemann, V. (Hrsg.): a.a.O., S. 248ff
50 Projektgruppe »Wohnen im Stadtteil«: a.a.O., S. 20
51 Haspel, J.: Buden, Sähle, Höfe, Terrassen, Passagen, in: Plagemann, V. (Hrsg.): a.a.O., S. 246
52 ebd. Seit 1981 wird gegen die Sanierung der Jägerpassage bzw. um den Erhalt dieser Häuser gekämpft. Zu den neuen Plänen zur Instandsetzung der Gebäude, um die sich Wohnprojekte, das Museum der Arbeit u.a. Nutzergruppen bemühen, vgl. Radtke, M.: Sanierung der Jägerpassage immer noch fraglich, Gerangel geht weiter, in: »Hamburger Rundschau« v. 4.2.1988
53 Projektgruppe »Wohnen im Stadtteil«: a.a.O.
54 Haspel, J.: a.a.O., S. 244
55 zit. bei Kraus, A.: a.a.O., S. 82
56 Engels, H.-W.: a.a.O., S. 95
57 Haspel, J.: a.a.O.
58 Vgl. Möller, I.: a.a.O., S. 59f
59 Mit einem Durchschnittswert von 6.950 Talern 1839 bzw. 20.839 Talern 1868 waren die Grundstücke in Sankt Pauli, die innerhalb dieser 30 Jahre eine Wertsteigerung von 200 v.H. erfuhren, zwar billiger als in der Innenstadt, teurer jedoch als in der Vorstadt Sankt Georg. Vgl. Möller, I.: a.a.O., S. 60, Tabelle 10
60 Hase, B.: a.a.O., S. 7
61 Zum Thema Vergnügungen in Hamburg des 19. Jahrhunderts vgl. Jaaks, G, : Eine immer größere Vielfalt an Vergnügungen, in: Plagemann, V. (Hrsg.): a.a.O., S. 275ff
62 Zur Ausdehnung des Vergnügungsviertels in Sankt Pauli vgl. Hase, B.: a.a.O., S. 18ff
63 »Große Bedeutung für die St. Paulianer hatten die Gründungen der Dampfzuckersiederei und der Hamburger Amerikanischen Paketschiffahrt im Jahr 1848. Zahlreiche neue Arbeitsplätze entstanden. Der Haupterwerb der Bewohner St. Paulis war jedoch noch die Bewirtung von Gästen an der alten Straße von Hamburg nach Altona.« Studienprojekt an der TU Hamburg-Harburg: a.a.O., S. 17; ferner zu den neuen Einrichtungen des Vergnügungsviertels vgl. a.a.O., S. 18ff
64 Das waren Rechtsstellungen für Bewohner Hamburgs ohne Bürgerecht. Durch ihre Aufnahme in den »Fremdenkontrakt« kamen reiche Fremde, vor allem Christen, aber auch Juden, in den Genuß einer Reihe bürgerlicher Rechte, die ihnen erlaubten, sich – ohne politische Rechte – in das wirtschaftliche Leben und in die bürgerliche Gesellschaft einzufügen. Vgl. Kraus, A.: a.a.O., S. 39
65 Vgl. a.a.O., S. 43, Anm. 69
66 a.a.O., S. 43
67 Vgl. a.a.O., S. 42
68 Zur Problematik der statistischen Erfassung dieser Gruppen in der ersten Hälfte des 19. Jahrhunderts vgl. Kraus, A.: a.a.O., S. 30
69 ebd. Kraus, die diese Daten diskutiert, betont, daß diesen »bei genügender Vorsicht« ein »zureichender Aussagewert« zuzuschreiben sei.
70 Kraus, A.: Armut und Wohltätigkeit, in: Plagemann, V. (Hrsg.): a.a.O., S. 185
71 ebd.
72 Kraus, A.: Die Unterschichten ..., a.a.O., S. 76f
73 Meyer, A.: Massenarmut und Industrialismus im deutschen Vormärz, in: Autono-

mie, Materialien gegen die Fabrikgesellschaft, Neue Folge, Nr. 14, 1985, S. 29

74 Zit. bei Mehnke, B.: a.a.O., S. 35. Kritische Einführungen zu den Prinzipien und der Praxis der Hamburger Armenanstalt geben u.a. Brandt, H.: Die Bestrebungen der Hamburger Armenanstalt von 1788 zur Erziehung der Armenbevölkerung, Dissertation 1937, nachgedruckt in: Preußer, N. (Hrsg.): Armut und Sozialstaat, Bd. 4, Nachrichten aus der gefahrvollen Welt der unteren Klassen, AG Spak M 51, München, 1983, S. 71-140; ferner Lindemann, M.: Bürgerliche Karriere und patriotische Philantropie: Armenpolitik in Hamburg vor und nach der Reform von 1788, in: Sachße, C./Tennstedt, F. (Hrsg.): Jahrbuch der Sozialarbeit Bd. 4, Geschichte und Geschichten, Rowohlt, Reinbek bei Hamburg, 1981, S. 157-180; sowie Albrecht, P.: Die Übernahme der Prinzipien der Hamburger Armenreform für die Stadt Braunschweig, in: Sachße, C./Tennstedt, F.: a.a.O., S. 181-204

75 Kraus, A.: a.a.O., S. 54

76 ebd.

77 Dies betraf insbesondere die Familienernährer, die zum Beipiel als Hafenarbeiter, Zimmerleute oder Maurer ihren Lebensunterhalt zu verdienen versuchten und bei denen die Arbeit auch wetterbedingt vollständig ruhte. Vgl. a.a.O., S. 55

78 a.a.O., S. 57

79 Zur Auseinandersetzung des Armenkollegiums mit diesen Fragen Anfang der 30er Jahre des 19. Jahrhunderts, vgl. Mehnke, B.: a.a.O., S. 125. »Die Debatte entstand vor dem Hintergrund steigender Ausgaben für die Armenfürsorge, zunehmender Verarmung und der Furcht vor sozialen Unruhen der unteren Klassen« (ebd.) und führte zur Minimierung der Arbeitsbeschaffung und zur moralischen Diskriminierung der Armen! Vgl. a.a.O., S. 126f

80 Meyer, A.: a.a.O., S. 29. Zur bürgerlichen Armenpolitik vgl. Köhler, E.: Arme und Irre, Die liberale Fürsorgepolitik des Bürgertums, Wagenbach, Berlin, 1977

81 Vgl. Kraus, A.: a.a.O., S. 74, Tabelle 15

82 Dabei handelte es sich um die sog. Brandsteuer. Trotz schrecklicher Teuerung bestand der Hamburger Staat darauf, auch von den unteren Einkommensgruppen Steuer zu kassieren, um seine großangelegten Bebauungspläne in der Stadt zu finanzieren.

83 »Die Steigerung von 1845 bis zum Sommer 1847 betrug mehr als 150 %. Über Nacht erhöhte sich der Kartoffelpreis im Juni 1847 von 8 Sh auf 14 Sh für einen Spint, es kam zu Auseinandersetzungen zwischen Hungernden und der Staatsmacht.« Mehnke, B.: a.a.O., S. 136; zu den »Hungertumulten« im Juni 1847 vgl. Schmidt, W.: Die Revolution von 1848/49 in Hamburg, ergebnisse, Heft 22, 1983, S. 28

84 Kraus, A.: a.a.O., S. 61

85 a.a.O., S. 74

86 ebd. (Tabelle 15)

87 a.a.O., S. 79

88 a.a.O., S. 75; »Hinzu kam die Dunkelziffer jener Menschen, die – von keiner Statistik, keinem Bürgerbuch und nicht einmal von den Umschreibelisten des Bürgermilitärs erfaßt – praktisch im Zustand der Illegalität und allzuoft in nackter Not lebten.« Bavendamm, D.: »Keine Freiheit ohne Maß«, Hamburg in der Revolution von 1848/49, in: Berlin, J. (Hrsg.): a.a.O., S. 74

89 zit. bei Kraus, A.: a.a.O., S. 87

90 ebd. , Anm. 2

91 a.a.O., Anm. 7

92 Meyer, A.: a.a.O., S. 29

93 Kraus, A.: a.a.O., S. 3

94 Mehnke, B.: a.a.O., S. 95f

95 a.a.O., S. 97

96 a.a.O., S. 93

97 a.a.O., S. 132

98 Vgl. Kraus, A.: a.a.O., S. 59

99 Vgl. Mehnke, B.: a.a.O., S. 120; »Die bürgerliche Diffamierung der Armen, ihre Stigmatisierung zu ›Feinden‹ der Gesellschaft versucht, aus dem Widerstand der arbeitenden Massen gegen die Entwürdigung und Degradierung durch das Armenwesen in allen seinen Formen propagandistisches Kapital zu schlagen; sie versucht, ihrer Angst den Abklatsch bürgerlicher Respektabilität zu verkaufen.« Köhler, E.: a.a.O., S. 67

100 Kraus, A.: a.a.O., S. 63f

101 a.a.O., S. 50f

102 a.a.O., S. 50; Vgl. dazu auch Heede, M.: Die Entstehung des Volksschulwesens in Hamburg, ergebnisse, Heft 18, 1982, insbesondere S. 15ff

103 Wichmannn, E. H.: a.a.O., S. 17

104 ebd.

105 a.a.O., S. 19

106 ebd.

107 ebd.

108 a.a.O., S. 20

109 ebd.

110 ebd.

111 a.a.O., S. 22

112 a.a.O., S. 20

113 Die Industrialisierung der Hamburger Wirtschaft fing, wie bekannt, erst ab der Mitte des 19. Jahrhunderts allmählich an, um ihren Höhepunkt erst Ende des 19., Anfang des 20. Jahrhunderts zu erreichen. 1879 zählte man 563 Fabriken mit 16.369 Arbeitern/innen und im Jahre 1900 1.392 Fabriken mit 45.592 Arbeitern/innen. Vgl. Jerchow, F.: Handel, Schiffahrt und Gewerbe, in: Plagemann, V. (Hrsg.): a.a.O., S. 55

114 Kraus, A.: a.a.O., S. 64

115 a.a.O., S. 3

116 a.a.O., S. 21; zum Widerstand der durch diese Politik des Rats betroffenen Hamburger und Sankt Paulianer vgl. u.a. Stünke, H.-G.: »Wo nix is, hett de Kaiser sien Recht verlor'n« oder »Der Stein auf dem Sofa der Frau Senatorin«, Die Hamburger Unruhen vom 31. August bis 5. September 1830, in: Berlin, J. (Hrsg.): a.a.O., S. 48ff, insbesondere S. 54 und zum Volksaufstand in Sankt Pauli S. 61f

117 Vgl. Grüttner, M.: Hafenarbeiter, in: Plagemann, V. (Hrsg.): a.a.O., S. 110ff

118 a.a.O., S. 111

119 a.a.O., S. 112

120 ebd.

121 ebd.

122 ebd.

123 a.a.O., S. 111; einen guten Überblick mit umfangreichen Quellenangaben über die Streikzyklen, Kampfformen und Arbeitsbedingungen der Arbeiter dieses Typus um die Jahrhundertwende findet man bei Roth, K. H.: Die »andere« Arbeiterbewegung, Trikont Verlag, München, 1973.

124 Vgl. Mehnke, B.: a.a.O. S. 73 und S. 99f; ferner zur Entwicklung der Krankenpflege bei der Hamburger Armenanstalt bis 1850, a.a.O., S. 138ff

Teil III. Berichte

A. St. Pauli-Nord, Berichte aus dem Karolinenviertel

1 Eine weitere Auswertung der Ergebnisse zu dieser Frage kann leider nicht vorgenommen werden, da wir keine systematische Befragung repräsentativer Bevölkerungsteile zum Thema »Wohngegend und Nachbarschaft« geführt haben.

2 Vgl. dazu Teil I. , Städtebauliche »Grenzen« – Nähe und Entfernung, in diesem Bericht.

3 Landesplanungsamt Hamburg: Städtebaulicher ..., a.a.O., o. S.
4 Interv. Nr. 1. Das Interview wurde im Frühjahr 1987 geführt.
5 Hier beziehen wir uns ausschließlich auf die eine, die nord-östliche Wohngegend des geteilten Ortsteils Karolinenviertel.
6 Baubehörde, Landesplanungsamt (Hrsg.): Stadtteilentwicklungsplanung, St. Pauli, Erläuterung zum Programmplan, Hamburg, 1982, S. 9
7 Baubehörde (Hrsg.): Stadterneuerung in Hamburg, St. Pauli-Nord, Hamburg 1985, S. 18
8 Landesplanungsamt Hamburg: Städtebaulicher ..., a.a.O.
9 Aus einem Gespräch mit Frauen, Bewohnerinnen des Karolinenviertels im Frühjahr 1987, im folgenden zit. Interv. Nr. 8
10 SAGA: Mieterhöhungen aus dem Computer, in: »Mensch Mieter«, Organ des Hamburger Mietervereins »Mieter helfen Mietern« e.V. , Nr. 5/6, Dezember 1987, S. 9
11 So Dr. Ing. K.-D. Ebert, Ertster Baudirektor für Städtebau, Baubehörde Hamburg, in: Landesplanungsamt Hamburg: Städtebaulicher ..., a.a.O. (Vorwort) Für die ortsunkundigen Leser/innen dieses Berichtes sei hier bemerkt, daß es sich bei der »Insellage« des Viertels im oben zit. Passus um eine sehr treffende Metapher handelt. Erheblich zutreffender scheint aber die Bezeichnung dieser Lage als die einer »Einkesselung« des Viertels zwischen Hamburger Dom und Schlachthof, Kraftwerk und Messe zu sein. Vgl. dazu Möbius, U.: »Es herrscht Unruhe im SAGA-Land« in: »Hamburger Rundschau« v. 21.1.1988, S. 8.
12 Lünse, D.: »Der schleichende Verfall ersetzt die Abrißbirne , Sanierungspläne im Karolinenviertel«, in: »die tageszeitung« v. 12.9.1987, S. 29
13 Statistisches Landesamt Hamburg, Einwohnerdatei, Stichtag 20.9.1986
14 Gemeint ist hier der Ortsteil 108 insgesamt
15 Statistisches Landesamt: a.a.O., Ausländer in Hamburg
16 Statistisches Landesamt Hamburg, Einwohnerdatei, Stichtag 20.9.1987, Ausländer in Hamburg und eigene Berechnungen
17 Jeweils am 20.9. des Jahres
18 Arbeitsgruppe Karolinenviertel: Sozialstudie ..., a.a.O., S. 30
19 diess.: a.a.O., -Schlußbericht-, Hamburg, April 1986
20 a.a.O., S. 46
21 ebd.
22 ebd.
23 ebd.
24 a.a.O., S. 45
25 ebd.
26 a.a.O., S. 44
27 a.a.O., S. 40
28 a.a.O., S. 49
29 Vgl. »Hamburger Rundschau« v. 15.11.1984
30 Arbeitsgruppe Karolinenviertel: a.a.O., S. 42
31 a.a.O., S. 157
32 a.a.O., S. 47
33 ebd.
34 a.a.O., S. 42
35 »Experten vor Ort«, Interview Nr. 6, zit. Interv. Nr. 6
36 Interv. Nr. 8
37 »Experten vor Ort«, Interview Nr. 7, zit. Interv. Nr. 7
38 Vier Frauen im Alter zwischen 19 und 40 Jahren, unter ihnen eine Arbeitsimmigrantin, beteiligten sich an diesem Gespräch, dessen Ergebnisse, zum Teil zusammengefaßt, als Interview Nr. 8 aufgezeichnet wurden.
39 Interv. Nr. 6
40 ebd.

B. Sankt Pauli-Mitte, Berichte aus dem Westen und Süd-Osten des Stadtviertels

1 Vgl. Baubehörde Hamburg ...: Leitgedanken ..., a.a.O., S. 3

2 Diese Annahme kann sich dann als völlig irrelevant erweisen, wenn – wie befürchtet – die Wohnungen aus der Sozialbindung genommen und finanzkräftigen »Sankt Pauli-Liebhabern« angeboten werden, bzw. wenn in absehbarer Zeit ein neuer massiver Exodus von nun nicht mehr »attraktiven« Arbeiter- und Angestelltenhaushalten aus dem Stadtteil inszeniert wird!

3 Ortsteile 110 und 111

4 Asuzüge aus einem Gespräch mit einem engagierten Christen im Stadtteil, Interv. Nr. 2

5 Interv. Nr. 2

6 ebd.

7 ebd.

8 »Experten vor Ort«, Interview Nr. 3, zit. Interv. Nr. 3

9 ebd.

10 Interv. Nr. 2

11 Interv. Nr. 3

12 ebd.

13 Interv. Nr. 2

14 Interv. Nr. 3

15 ebd.

16 Interv. Nr. 1

17 Interv. Nr. 3

18 Interv. Nr. 9

19 ebd.

20 Interv. Nr. 3

21 ebd.

22 ebd.

23 Statistisches Landesamt, Enwohnerdatei, Stichtag 20.9.1987

24 Ortsteil 110

25 Statistisches Landesamt, a.a.O.

26 Interv. Nr. 3

27 Statistisches Landesasmt, a.a.O.

28 Vgl. dazu: »Die akut Verarmten und Hilfesuchenden« im Teil I. dieses Berichtes

29 Interv. Nr. 3

30 Interv. Nr. 9

31 Zum Problem Verschuldung vgl. Schütte, W./Süss, W.: Armut in Hamburg, eine Dokumentation zu Arbeitslosigkeit und Sozialhilfebedürftigkeit, Hamburg 1986, S. 116; ferner Jakobeit, B.: »Zahl der Zwangsräumungen steigt«, in: »die tageszeitung« v. 28.11.87. Zur hohen Verschuldung von Familien und Alleinstehenden in den Wohnunterkünften für Wohnungslose in Hamburg vgl. Plum, W.: a.a.O., S. 84f

32 Interv. Nr. 9

33 ebd.

34 ebd.

35 Interv. Nr. 11

36 Interv. Nr. 9

37 Interv. Nr. 2 und Interv. Nr. 9

38 Interv. Nr. 3

39 ebd.

40 ebd.

41 Zu den Qualitätsmerkmalen und/oder Funktionen einer Nachbarschaft vgl. »Berichte aus dem Karolinenviertel« in dieser Arbeit.

42 Interv. Nr. 2

43 ebd.

44 ebd.
45 ebd.; bei den genannten Postzustellbezirken handelt es sich um traditionelle Sankt Pauli-Gebiete.
46 Interv. Nr. 2
47 Interv. Nr. 3
48 Interv. Nr. 2
49 Interv. Nr. 3
50 Interv. Nr. 2
51 ebd.
52 ebd.
53 ebd.
54 Diese Einschätzungen, die mit der Kritik vieler unserer Befragten korrespondieren, diskutieren wir politisch am Ende dieser Arbeit.
55 Interv. Nr. 3
56 Interv. Nr. 2
57 ebd.
58 Interv. Nr. 9
59 Interv. Nr. 2
60 »Experten vor Ort«, Interview Nr. 4, zit Interv. Nr. 4
61 Interv. Nr. 2
62 ebd.
63 ebd.
64 Interv. Nr. 4
65 Interv. Nr. 5
66 ebd.
67 ebd.
68 ebd.
69 Interv. Nr. 1
70 ebd.
71 Interv. Nr. 5
72 Interv. Nr. 1
73 ebd.
74 Alle folgenden Zitate aus Interv. Nr. 5

Teil IV. Für die Politisierung der Armut aus der Armut heraus

1 Interv. Nr. 3 (Gespräch)
2 Diese Frage, die hier sehr vereinfacht ausgedrückt wurde, muß erst vollständig formuliert und begründet werden. Das war weder beabsichtigt, noch konnte es geleistet werden im Rahmen dieses Berichtes, der sich politisch als einen Beitrag zur Thematisierung, Problematisierung und Diskussion prekärer Lebenslagen versteht.
3 Das läßt sich zum Beispiel in den Erklärungen und Kommentaren von Initiativen zur Wohnungs- oder zur Gesundheitsfrage deutlich erkennen; vgl. dazu Neues Schanzenleben (Stadtteilzeitung) von April und Mai 1988. Explizit werden die Probleme der Stadtteilbevölkerung als die gemeinsame Lage verarmter Menschen im Stadtteil in den bereits zitierten Veröffentlichungen der Initiativen zum »Flora-Projekt« genannt. Vgl. Flora-Plenum: Rote Flora, Dokumentation Teil 1, z.B. S. 36 und S. 120
4 Interv. Nr. 11
5 Vgl. »St. Pauli Archiv e.V.«: Gründung des Vereins »St. Pauli Archiv e.V.« am 26.1.1987 (Rundbrief) und Satzung des Vereins.
6 Vgl. Bürgerinitiative »Betty Heine Projekt«: Ehemaliges israelitisches Krankenhaus in St. Pauli, Broschüre, ohne Datum
7 Das einzige Kriterium für die Auswahl der Adressaten war die Annahme, daß sie – aufgrund ihres Standortes und ihrer Aktivitäten – ein Interesse an gegenseiti-

ger Information und Kooperation haben könnten.

8 Meinem Kollegen Jörg Heinsohn, der mit mir diese Arbeit, vor allem ihre politischen Intentionen kritisch diskutierte, meinen herzlichen Dank!

Bildnachweis

Archiv neues Schanzenleben: S. 20, 21, 24, 42, 65, 76, 95, 118/11
Thomas Bernd: S. 29, 73
Reinhard Janke: S. 74
Helene Manos: S. 80/81, 86, 88, 90/91, 97, 115 und alle Stadtteilpläne
PAN-Foto GmbH, Günter Zint: S. 190/191
Hinrich Schultze: S. 22/23, 62, 66/67, 70/71, 77, 78, 134, 142, 155, 161, 166, 179
St. Pauli-Archiv: S. 125, 182
Marily Stroux: S. 25, 36/37, 38, 44, 47, 49, 52, 69, 126, 138, 140, 173, 187

Tabelle 1

Die Steuerpflichtigen SANKT PAULIS in % nach Ortsteilen und Höhe ihrer Gesamteinkünfte (in DM) in den Jahren 1980–(1983)

Ortsteil	unter 16.000	16.000 bis 19.999	20.000 bis 24.999	25.000 bis 35.999	36.000 bis 49.999	50.000 bis 64.999	65.000 bis 74.999	75.000 und mehr
108	28,9 (29,4)	7,6 (5,8)	10,6 (9,2)	23,9 (22,6)	17,6 (17,7)	7,8 (10,1)	1,6 (2,7)	2,0 (2,6)
109	32,3 (31,7)	8,4 (6,7)	10,3 (10,2)	23,1 (20,8)	15,7 (16,2)	7,0 (8,8)	1,8 (2,9)	1,5 (2,6)
110	31,5 (31,1)	8,3 (6,6)	10,8 (9,2)	23,0 (22,6)	15,1 (17,8)	8,2 (7,7)	1,6 (2,6)	1,4 (2,4)
111	32,5 (31,0)	8,0 (8,4)	10,2 (9,2)	23,4 (22,3)	17,0 (16,9)	5,5 (6,6)	1,0 (2,4)	2,5 (3,2)
112	34,1 (38,7)	9,3 (6,8)	11,9 (8,5)	23,0 (21,4)	14,3 (15,3)	5,2 (6,5)	0,6 (1,6)	1,5 (1,1)
St.Pauli	31,6 (32,0)	8,2 (6,9)	10,7 (9,2)	23,3 (22,1)	16,1 (16,9)	6,8 (8,0)	1,3 (2,5)	1,8 (2,4)

Quelle: Statistisches Landesamt, regionalisierte Daten aus der Lohn- und Einkommensstatistik für Hamburg, 1980 und 1983

Tabelle 2

Die Steuerpflichtigen in ALTONA-ALTSTADT in % nach Ortsteilen und Höhe ihrer Gesamteinkünfte (in DM) in den Jahren 1980–(1983)

Ortsteil	unter 16.000	16.000 bis 19.999	20.000 bis 24.999	25.000 bis 35.999	36.000 bis 49.999	50.000 bis 64.999	65.000 bis 74.999	75.000 und mehr
201	25,0	7,8	11,0	22,4	20,7	9,3	1,7	2,3
	(28,4)	(6,1)	(8,4)	(21,2)	(19,2)	(10,4)	(2,5)	(3,7)
202	27,5	6,5	8,7	21,5	19,1	9,1	2,2	5,4
	(27,3)	(5,1)	(6,9)	(19,8)	(19,0)	(10,0)	(3,6)	(8,3)
203	23,7	6,5	7,8	21,5	19,3	10,4	3,8	7,0
	(24,5)	(6,0)	(7,2)	(20,3)	(17,5)	(12,4)	(3,3)	(8,7)
204	29,2	6,2	10,2	21,5	19,0	9,4	2,2	2,2
	(30,7)	(6,8)	(8,3)	(19,6)	(17,5)	(10,7)	(3,3)	(3,1)
205	25,8	6,7	10,1	22,3	19,0	11,5	2,3	2,1
	(27,5)	(5,9)	(7,8)	(20,7)	(19,7)	(10,7)	(3,6)	(3,9)
206	32,3	6,6	9,6	19,9	17,6	9,4	2,2	2,2
	(29,6)	(6,1)	(7,0)	(18,9)	(20,9)	(10,8)	(2,9)	(3,9)
Altona Alstadt	27,6	6,7	9,5	21,5	19,0	9,9	2,4	3,4
	(28,3)	(6,1)	(7,6)	(20,0)	(18,9)	(10,8)	(3,2)	(5,0)

Quelle: Statistisches Landesamt, regionalisierte Daten aus der Lohn- und Einkommensstatistik für Hamburg, 1980 und 1983

Tabelle 3

Anteile der Empfänger/innen von Hilfe zum Lebensunterhalt (außerhalb von Einrichtungen) an der Bevölkerung Sankt Paulis 1985 und 1986 nach Geschlecht und Altersgruppen

Jahr	m	w	ges.	unt.7	7-10	11-14	15-17	18-20	21-24	25-49	50-59	60-64	65-69	70-74	75 u.ä.
1985	16,5	13,2	15,0	28,9	18,7	17,7	20,8	26,1	17,8	15,5	12,1	1,8	2,3	0,5	0,4
1986	15,6	14,8	15,3	26,8	20,0	19,9	16,5	26,8	20,2	15,2	15,1	2,4	1,5	0,3	0,2

Quelle: E-Datei 20.9.1985 und 20.9.1986 Sozialhilfeempfänger 1985 und 1986 und eigene Rechnungen: W. Plum, Projekt Altern in Armut

Tabelle 4

Anteile der Empfänger von Hilfe zum Lebensunterhalt außerhalb von Einrichtungen an der Hamburger Bevölkerung nach Ortsamtsbereichen, Geschlecht und Altersgruppen 1986 (ohne Heime, Hauptfürsorgestelle, Landessozialamt und FHH). Alle Angaben in Prozent.

Gebiet	männl.	weibl.	Zusam.	unt. 7	7–10	11–14	15–17	18–20	21–24	25–49	50–59	60–64	65–69	70–74	75 +
KG Mitte	12,7	8,5	10,5	24,2	17,0	16,7	13,9	18,7	15,7	13,0	6,1	3,5	2,8	2,7	3,6
St. Pauli	15,6	14,8	15,3	26,8	20,0	19,9	16,5	26,8	20,2	15,2	15,1	2,4	1,5	0,3	0,2
Billstedt	13,3	13,5	13,4	32,7	25,8	20,7	16,7	19,2	16,7	14,0	6,5	3,9	4,3	3,5	3,5
Finkenwerder	6,3	5,7	6,0	14,1	12,0	12,0	7,1	14,0	10,6	6,5	2,5	1,2	1,5	0,9	1,0
Roth.ort/Veddel	7,9	7,8	7,8	18,8	14,9	13,9	11,2	11,1	10,0	8,9	4,1	1,8	1,4	2,9	1,9
KG Altona	7,2	7,3	7,3	16,2	11,0	9,9	8,9	13,5	11,1	7,5	4,7	3,3	2,8	2,7	3,0
Blankenese	5,3	5,5	5,4	14,6	9,4	8,4	7,2	7,6	8,3	5,5	2,7	2,0	2,0	2,0	2,2
KG Eimsbüttel	7,8	7,3	7,5	14,6	12,0	9,4	8,5	15,2	11,8	7,6	4,8	3,5	3,0	3,8	4,9
Lokstedt	4,8	5,3	5,0	14,1	11,8	8,9	7,0	6,7	5,8	4,9	2,4	1,8	1,9	2,1	2,5
Stellingen	7,5	7,0	7,2	18,9	15,1	12,3	9,6	10,3	10,6	7,6	3,7	3,4	2,0	2,6	3,8
KG Nord	6,2	5,5	5,8	11,8	10,4	8,6	6,9	9,7	9,2	6,1	3,2	2,1	2,2	2,5	4,1
Barmbek-Uhl.	7,2	6,5	6,8	18,5	14,4	10,9	8,0	14,7	10,9	8,1	4,0	2,5	1,9	2,3	3,0
Fuhlbüttel	5,6	5,7	5,7	15,1	12,0	9,7	8,0	9,8	8,5	6,0	2,6	1,8	1,4	1,7	2,4
KG Wandsbek	7,7	7,2	7,4	22,3	17,3	14,5	11,9	12,2	10,6	8,1	3,2	2,2	1,8	1,9	2,3
Farmsen-Berne	6,9	7,4	7,2	20,7	20,6	14,4	11,0	10,6	8,3	7,6	3,0	2,4	1,1	1,5	2,1
Alstertal	2,9	3,1	3,0	8,5	6,4	4,8	3,7	4,1	4,9	3,0	1,3	0,7	0,5	0,7	1,1
Bramfeld	7,7	8,4	8,1	20,4	16,9	15,4	10,8	11,8	11,0	7,9	3,9	2,3	2,2	2,9	3,3
Rahlstedt	7,4	7,8	7,6	21,6	16,2	12,2	7,6	10,6	10,3	7,9	3,1	2,2	2,3	2,4	2,9
Walddörfer	1,8	1,8	1,8	4,5	3,1	2,2	1,2	1,9	3,5	2,0	0,5	0,8	0,6	0,5	1,4
KG Bergedorf	5,8	6,1	6,0	16,0	14,2	11,0	8,1	8,2	7,3	6,0	3,1	1,8	1,5	1,9	2,0
Vier-/Marschl.	1,1	1,4	1,3	2,4	2,2	1,6	1,6	1,4	1,7	1,1	0,7	0,4	0,5	1,4	1,7
KG Harburg	6,7	5,1	5,9	14,1	9,6	8,6	6,0	10,2	9,8	7,3	2,9	1,7	1,4	1,4	1,6
Wilhelmsburg	11,1	11,4	11,3	25,2	19,1	14,1	13,9	19,2	15,3	11,6	5,3	4,3	3,3	4,1	3,4
Süderelbe	9,1	10,1	9,6	25,1	20,4	17,3	13,1	12,1	12,7	8,8	4,3	2,8	2,1	1,8	2,3
Hamburg insges.	7,4	7,1	7,2	18,1	14,1	11,5	9,0	11,4	10,6	7,7	3,8	2,4	2,1	2,3	2,8

Quelle: E-Datei 20.9.86 Sozialhilfeempfänger 1986